U1075844

权威 · 前沿 · 原创

皮书系列为
"十二五""十三五"国家重点图书出版规划项目

天津金融蓝皮书

BLUE BOOK OF FINANCE IN TIANJIN

天津金融发展报告（2016）

ANNUAL REPORT ON THE DEVELOPMENT OF FINANCE IN TIANJIN (2016)

中国滨海金融协同创新中心
主 编／王爱俭 孔德昌

社会科学文献出版社
SOCIAL SCIENCES ACADEMIC PRESS (CHINA)

图书在版编目(CIP)数据

天津金融发展报告.2016/王爱俭，孔德昌主编
.-- 北京：社会科学文献出版社，2017.3
（天津金融蓝皮书）
ISBN 978-7-5201-0327-5

Ⅰ.①天… Ⅱ.①王… ②孔… Ⅲ.①地方金融事业
-经济发展-研究报告-天津-2016 Ⅳ.①F832.721

中国版本图书馆 CIP 数据核字（2017）第 021656 号

天津金融蓝皮书
天津金融发展报告（2016）

主　　编 / 王爱俭　孔德昌

出 版 人 / 谢寿光
项目统筹 / 恽　薇
责任编辑 / 陈　欣

出　　版 / 社会科学文献出版社·经济与管理出版分社（010）59367226
地址：北京市北三环中路甲 29 号院华龙大厦　邮编：100029
网址：www.ssap.com.cn
发　　行 / 市场营销中心（010）59367081　59367018
印　　装 / 北京季蜂印刷有限公司

规　　格 / 开 本：787mm × 1092mm　1/16
印 张：19.25　字 数：288 千字
版　　次 / 2017 年 3 月第 1 版　2017 年 3 月第 1 次印刷
书　　号 / ISBN 978-7-5201-0327-5
定　　价 / 98.00 元

皮书序列号 / B-2014-387

本书如有印装质量问题，请与读者服务中心（010-59367028）联系

《天津金融发展报告(2016)》
学术指导委员会

《天津金融发展报告(2016)》
编　委　会

摘　要

《天津金融发展报告（2016）》是中国滨海金融协同创新中心组织编写的“天津金融蓝皮书”系列年度报告的第5期，旨在概括和分析2015年天津金融发展和创新的主要情况，研讨和评论重要金融事件，分析2016年天津金融发展状况。本书由总报告、分报告和专题报告三个部分组成：总报告包括“天津金融发展指数2015”和“2015年的天津金融形势”两个报告。其中，天津金融发展指数度量了2015年天津金融发展状况和景气程度。分报告包括上下两篇，上篇为“天津金融业发展”，从行业视角分析2015年天津金融业发展状况，具体包括“2015年的天津银行业”“2015年的天津证券业”“2015年的天津保险业”3个分报告。下篇为“天津金融市场运行”，从市场视角分析2015年天津金融市场的运行状况，具体包括“2015年的天津货币市场”、“2015年的天津外汇市场”、“2015年的天津股票市场”、“2015年的天津债券市场”、“2015年的天津信托市场”和“2015年的天津金融租赁市场”6个分报告。专题篇为“天津金融发展研究”，深入探讨天津经济金融发展热点问题，具体包括“我国区域金融视野下的天津金融发展”“DEA模型下京津冀资源利用效率测评”“中国（天津）自贸区的金融改革创新”3个报告。本报告可供相关研究领域的学者、业界人士和政策部门参考，也有助于国际学术界了解天津金融发展和创新的最新动态。

关键词：金融发展　金融创新　天津市　区域金融

Abstract

Tianjin Financial Development Report 2016 is the 5th issue of a series of annual reports compiled by Coordinated Innovation Center for Binhai Finance in China. The Report aims to summarize and analyze the financial development and innovation in Tianjin in 2015, to discuss and comment on important financial events, and to look into the prospects of financial development in Tianjin in 2016. The report is composed of three parts: The general reports, the sub reports and the special reports: The general reports includes two reports, which are "Tianjin financial development index 2015" and "Tianjin financial situation in 2015". Among them, the Tianjin financial development index measures the financial development and the degree of prosperity in Tianjin in 2015. The sub reports include two sections. The first section, entitled "Development of financial industry in Tianjin," analyses the development status and prospects of financial industry in Tianjin in 2015, from the perspective of industry. It includes 3 chapters, i. e. "Tianjin banking industry in 2015", "Tianjin securities industry in 2015" and "Tianjin insurance industry in 2015". The second section, entitled "Operation of financial market in Tianjin," analyses the operation status and prospects of financial market in Tianjin in 2015, from the perspective of market. It includes 6 chapters, i. e. "Tianjin money market in 2015", "Tianjin foreign exchange market in 2015", "Tianjin stock market in 2015", "Tianjin bond market in 2015", "Tianjin trust market in 2015", and "Tianjin financial leasing market in 2015". The special reports, entitled "The research on financial development in Tianjin", deeply discuss the hot issues of economic and financial development in Tianjin. It includes 4 chapters, i. e. "Tianjin financial operation under the perspective of China's regional finance", "The evaluation of resource utilization efficiency in Beijing, Tianjin, and Hebei under the DEA model", "The financial reform and innovation in China (Tianjin) Pilot Free Trade Zone", and "The geographic preference of capital markets and listed companies of Tianjin". This report could provide a reference for scholars in the related research fields, professionals in financial industry and policy departments, and contribute to the international academic community to understand the latest financial development and innovation in Tianjin.

Keywords: Financial Development; Financial Innovation; Tianjin; Regional Finance

目　录

Ⅰ　总报告

B.1　天津金融发展指数（2015） …………………………………… 001

一　天津金融发展指数编制目的和意义 ………………………… 002

二　天津金融发展指数核心观点和整体分析 …………………… 004

三　天津金融发展指数分项分析 ………………………………… 015

B.2　2015年的天津金融形势 ………………………………………… 061

一　2015年天津经济形势 ………………………………………… 061

二　2015年天津金融形势 ………………………………………… 064

三　2015年天津金融运营 ………………………………………… 069

四　2015年天津金融创新 ………………………………………… 071

五　天津金融业发展展望 ………………………………………… 073

Ⅱ　分报告（上篇）

天津金融业发展

B.3　2015年的天津银行业 ………………………………………… 076

一　2015年天津银行业结构 ……………………………………… 077

二　2015 年天津银行业运营 …………………………………… 079
三　2015 年银行业资产质量 …………………………………… 082
四　2015 年银行业改革创新 …………………………………… 084
五　天津银行业的发展展望…………………………………… 087

B.4　2015 年的天津证券业 …………………………………… 094
一　2015 年天津证券业运营 …………………………………… 094
二　2015 年天津基金业运营 …………………………………… 099
三　2015 年天津的上市公司 …………………………………… 103
四　天津证券基金业的展望…………………………………… 105

B.5　2015 年的天津保险业 …………………………………… 109
一　2015 年天津保险业结构 …………………………………… 109
二　2015 年天津保险业运营 …………………………………… 112
三　2015 年保险业大事件 ……………………………………… 118
四　2015 年保险业制度创新 …………………………………… 119
五　2015 年行业代表性观点 …………………………………… 121
六　天津保险业的发展展望…………………………………… 123

Ⅲ　分报告（下篇）

天津金融市场运行

B.6　2015 年的天津货币市场 ………………………………… 125
一　2015 年天津货币市场运行 ………………………………… 126
二　2015 年货币市场利率联动 ………………………………… 135
三　2015 年货币市场资金流动 ………………………………… 142
四　2015 年货币市场重要事件 ………………………………… 143
五　天津货币市场的发展展望………………………………… 145

B.7 2015 年的天津外汇市场 …… 146
一 2015 年全国外汇管理形势 …… 146
二 2015 年天津外汇管理创新 …… 148
三 2015 年天津外汇市场运行 …… 150
四 天津外汇市场的发展展望 …… 161

B.8 2015 年的天津股票市场 …… 164
一 2015 年天津股票市场运行 …… 164
二 2015 年股市暴涨暴跌原因 …… 168
三 2015 年的股票融资和交易 …… 172
四 2015 年股权交易市场发展 …… 176
五 天津股票市场的发展展望 …… 177

B.9 2015 年的天津债券市场 …… 179
一 2015 年天津债券市场运行 …… 179
二 2015 年天津政府债券发行 …… 183
三 2015 年天津信用债券发展 …… 186
四 促进债券市场发展的建议 …… 190

B.10 2015 年的天津信托市场 …… 194
一 2015 年天津信托市场概况 …… 194
二 2015 年信托市场环境分析 …… 197
三 2015 年信托市场机构运营 …… 199
四 2015 年信托市场人才状况 …… 203
五 2015 年信托市场监管动态 …… 204
六 天津信托市场的发展展望 …… 207

B.11 2015 年的天津金融租赁市场 …… 208
一 2015 年金融租赁市场运行 …… 208

二　2015 年金融租赁市场机遇 …………………………………… 214
三　2015 年金融租赁业大事件 …………………………………… 218
四　天津金融租赁市场的展望 …………………………………… 218

Ⅳ　专题篇

天津金融发展研究

B.12　我国区域金融视野下的天津金融发展 ………………………… 221
一　引言 …………………………………………………………… 221
二　天津银行业在全国的位置 …………………………………… 222
三　天津证券业在全国的位置 …………………………………… 226
四　天津保险业在全国的位置 …………………………………… 228
五　各地资金流向和融资结构 …………………………………… 230
六　天津金融创新在全国位置 …………………………………… 232
七　天津金融生态在全国位置 …………………………………… 233
八　总结和展望 …………………………………………………… 234

B.13　DEA 模型下京津冀资源利用效率测评 ………………………… 237
一　引言 …………………………………………………………… 237
二　文献综述 ……………………………………………………… 239
三　基于 DEA 方法的相关理论概述 ……………………………… 240
四　京津冀都市圈现状分析 ……………………………………… 241
五　DEA 评价模型构建与资源利用效率测评 …………………… 245
六　总结与展望 …………………………………………………… 252

B.14　中国（天津）自贸区的金融改革创新 ………………………… 254
一　引言 …………………………………………………………… 254
二　天津自贸区概况和发展优势 ………………………………… 255

三 天津自贸区的金融创新成果 …………………………………… 257
四 天津自贸区的金融创新展望 …………………………………… 269

B.15 **参考文献** ……………………………………………………… 274

B.16 **后记** …………………………………………………………… 282

CONTENTS

I General Report

B.1 Tianjin Financial Development Index (2015) / 001
1. Tianjin Financial Development Index's Purpose and Meaning / 002
2. Core Ideas and General Analysis of Tianjin Financial Development Index / 004
3. Sub-Analysis of Tianjin Financial Development Indx / 015

B.2 Financial Situation of Tianjin in 2015 / 061
1. Economic Situation of Tianjin in 2015 / 061
2. Financial Situation of Tianjin in 2015 / 064
3. Financial Operations of Tianjin in 2015 / 069
4. Financial Innovation of Tianjin in 2015 / 071
5. Outlook of Tianjin Financial Development / 073

II Sub–reports Part I

Part I Development of Tianjin financial industry

B.3 Tianjin Banking Industry in 2015 / 076
1. Structure of Tianjin Banking Industry in 2015 / 077

2. Operation of Tianjin Banking Industry in 2015 / 079
3. The Asset Quality of Banking Industry in 2015 / 082
4. The Reform and Innovation of Banking Industry in 2015 / 084
5. Outlook of Tianjin Banking Industry's Development /087

B.4 Tianjin Security Industry in 2015 / 094
1. Operation of Tianjin Security Industry in 2015 / 094
2. Operation of Tianjin Fund Industry in 2015 / 099
3. The listed companies of Tianjin in 2015 / 103
4. Outlook of Tianjin Security and Fund Industry / 105

B.5 Tianjin Insurance Industry in 2015 / 109
1. Structure of Tianjin Insurance Industry in 2015 / 109
2. Operation of Tianjin Insurance Industry in 2015 / 112
3. Big Events of Insurance Industry in 2015 / 118
4. Institutional innovation of Insurance Industry in 2015 / 119
5. Representative Views of Insurance Industry in 2015 / 121
6. Outlook of Tianjin Insurance Industry's Development / 123

Ⅲ Sub-reports Part II

Part II Operation of Tianjin Financial Markets

B.6 Currency market of Tianjin in 2015 / 125
1. Operation of Tianjin Currency Market in 2015 / 126
2. Interest Rates linkage in Currency Market in 2015 / 135
3. Capital Flows in Currency Market in 2015 / 142
4. Important Events in Currency Market in 2015 / 143
5. Outlook of Tianjin Currency Market's Development / 145

B.7 **Foreign Exchange Market of Tianjin in 2015** / 146

1. Situation of Foreign Exchange Management in China in 2015 / 146
2. Innovation of Foreign Exchange Management in Tianjin in 2015 / 148
3. Operation of Tianjin Foreign Exchange Market in 2015 / 150
4. Outlook of Tianjin Foreign Exchange Market's Development / 161

B.8 **Stock Market of Tianjin in 2015** / 164

1. Operation of Tianjin Stock Market in 2015 / 164
2. The Reason of Soaring and Crashing in Stock Market in 2015 / 168
3. Financing and Trading in Stock Market in 2015 / 172
4. Equity Trading Market's development in 2015 / 176
5. Outlook of Tianjin Stock Market's Development / 177

B.9 **Bond Market of Tianjin in 2015** / 179

1. Operation of Tianjin Bond Market in 2015 / 179
2. Issuing of Tianjin Government Bond in 2015 / 183
3. Development of Tianjin Credit Bond in 2015 / 186
4. Recommendation on Bond Market's Development / 190

B.10 **Trust Market of Tianjin in 2015** / 194

1. Overview of Tianjin Trust Market in 2015 / 194
2. Analysis on Trust Market's Environment in 2015 / 197
3. Operation of Institutions in Trust Market in 2015 / 199
4. Human Resouce of Trust Market in 2015 / 203
5. Supervision on Trust Market in 2015 / 204
6. Outlook of Tianjin Trust Market's Development / 207

B.11 Financial Leasing Market of Tianjin in 2015 / 208

1. Operation of Financial Leasing Market in 2015 / 208
2. Opportunity of Financial Leasing Market in 2015 / 214
3. Big Events of Financial Leasing Industry in 2015 / 218
4. Outlook of Tianjin Financial Leasing Market / 218

Ⅳ Special Research Reports

A Study of Tianjin's Financial Development

B.12 Tianjin Financial Development under Perspective of Regional Finance in China / 221

1. Introduction / 221
2. The Position of Tianjin banking industry in China / 222
3. The Position of Tianjin Security industry in China / 226
4. The Position of Tianjin Insurance industry in China / 228
5. Capital flows and Financing structure of All Regions / 230
6. The Position of Tianjin Financial Innovation in China / 232
7. The Position of Tianjin Financial Ecology in China / 233
8. Summary and Outlook / 234

B.13 Evaluation of resource utilization efficiency on Beijing, Tianjin and Hebei under DEA Model / 237

1. Introduction / 237
2. Literature Review / 239
3. Overview of Relevant Theories Based on DEA Method / 240
4. Current Situation of Metropolitan Area of Beijing, Tianjin and Hebei / 241

5. Construction of DEA Evaluation Model and Evaluation of resource utilization efficiency / 245
6. Summary and Outlook / 252

B.14 **Financial Reform and Innovation in China (Tianjin) Pilot Free Trade Zone** / 254
1. Introduction / 254
2. Overview and Development Advantage of China (Tianjin) Pilot Free Trade Zone / 255
3. Achievement of Financial Reform and Innovation in China (Tianjin) Pilot Free Trade Zone / 257
4. Outlook of Financial Reform and Innovation in China (Tianjin) Pilot Free Trade Zone / 269

B.15 **Reference** / 274

B.16 **Postscript** / 282

总 报 告

General Report

B.1

天津金融发展指数（2015）

摘　要：本报告按照可比口径指标与数据，经过全面统计和分析，测度2006～2015年天津金融发展程度，推出天津金融发展指数。以2006年作为基期（1000），2015年指数达到6705，9年平均增速达23.5%，反映天津金融业稳步发展。金融市场领衔增长（2015年达23702，年均增速42.2%），金融创新水平不断提升（2015年达6272，年均增速22.6%），金融机构较快发展（2015年达4057，年均增速16.8%），金融人才和金融生态环境平稳发展（2015年分别达到1706和1702，年均增速分别为6.1%和6.1%）。

关键词：金融市场　金融机构　金融创新　天津　天津金融发展指数

一　天津金融发展指数编制目的和意义

（一）天津金融发展指数编制的背景

2013年5月，习近平总书记指出，天津需要形成与现代化大都市相适应的服务经济体系。2014年12月，中国（天津）自由贸易试验区（以下简称“天津自贸区”）获批，自由贸易试验区（以下简称“自贸区”）将探索金融制度创新。2015年4月，中央审议通过《京津冀协同发展规划纲要》（以下简称《纲要》）。《纲要》明确北京市、天津市、河北省三省市的功能定位。其中，金融创新运营示范区成为天津的崭新定位之一。2015年11月，天津启动“天津市金融改革创新三年行动计划（2016～2018年）”。

近一段时期，天津迎来京津冀协同发展、自由贸易区试验、多领域深化改革的政策叠加机遇，加快金融创新运营示范区建设，推进天津自贸区金融改革创新，全面提升天津金融改革开放水平和金融业发展质量。2015年，天津围绕国家重大战略和五大发展理念，以自贸区为金融创新载体，以服务京津冀和实体经济为目标，加快建设金融创新运营示范区。

近年来，科学管理和量化评价方法在城市发展中应用日益广泛。目前，全球金融中心指数（GFCI）、新华－道琼斯国际金融中心发展指数（IFCD Index）等国内外现有金融中心指数往往用于测评和比较相对成熟的金融中心城市的竞争力，不能完全适用于处在快速成长期、秉持特定发展思路和要求、突出金融创新运营示范功能的天津金融业。因此，需要编制一个代表性强、开放全面、操作性好的金融发展指数，为评价天津金融发展、服务政府和市场决策提供依据。

（二）天津金融发展指数编制的目标

天津金融发展指数基于一套科学、全面、精准、动态度量天津金融发展状态的评估体系，该研究的起点和归宿是观测、记录和评估天津金融业的发展状况和景气程度。通过编制天津金融发展指数，有助于实现以下目标：（1）明确、集成、深化天津金融业的定位、目标、内涵；（2）科学、客观、全面测度天津金融业发展和景气状况；（3）逐层解构天津金融发展景气状况促进行业协调发展；（4）为观测督导天津金融业定位实现水平提供标准。

（三）天津金融发展指数编制的意义

天津金融发展指数以金融中心指数研究相关理论方法和应用经验为基础，针对天津金融业各个领域开展深入调查研究，在获得大量第一手资料的情况下，课题组综合运用跨学科交叉分析方法，实现天津金融业发展和现有理论技术的紧密结合，编制具有鲜明针对性兼具普适性的金融发展指数，应用于评价天津金融业发展状态和景气程度，服务政府部门、市场参与主体决策。

（1）功能作用明确

深入研究国内外典型的纵向发展类指数及横向竞争力比较类指数的编制方法和应用经验，获得丰富的研究思路和指标样本。结合天津金融发展状况，演绎并凝练出天津金融业发展的核心要素和关键目标。通过选取代表性强、可操作性好的指标，降低评价对象的复杂度，实现了天津金融业定位内涵、金融发展状态景气程度与各级指数一一对应的度量。

（2）实用价值突出

作为金融业的晴雨表和风向标，金融发展指数指标体系中每个指标都是跟踪天津金融业发展状态的有益工具，也是金融监管部门、金融机构内部交流以及对外交流的重要媒介，为推动天津金融业持续快速发展提供监测工具。

（3）应用前景广泛

基于数据收集的完善以及实践检验的持续优化，课题组将定期连续发布天津金融发展指数。这不仅可以实现对天津金融业定位实现程度、金融业发展速度与景气状况的纵向对比，还为实现多个新兴金融区竞争力的横向比较打下了基础。

（4）研究方法创新

与发端于 20 世纪 80 年代的传统金融中心指数不同，本指数应用于对处在快速成长期、秉持特定发展思路和要求的天津金融业的量化评价，弥补了传统金融指数侧重于评价成熟型金融中心的空白，丰富了金融发展指数研究方法和应用经验。

二　天津金融发展指数核心观点和整体分析

（一）核心观点

课题组按照可比口径指标与数据，经过全面统计和分析，测度 2006 ~ 2015 年天津金融业发展程度，推出天津金融发展指数（见图 1）。指数显示，自“十一五”时期以来，天津金融业整体发展势头强劲，在 2007 年快速发展和 2008 年略有放缓后，金融业连续 7 年保持平稳增长。2015 年，天津金融业稳步发展，金融市场成为亮点，对应指标成为领跑指标，带动天津金融发展指数的整体增长。金融创新快速发展，各类金融机构与金融人才不断聚集，金融生态环境持续优化。

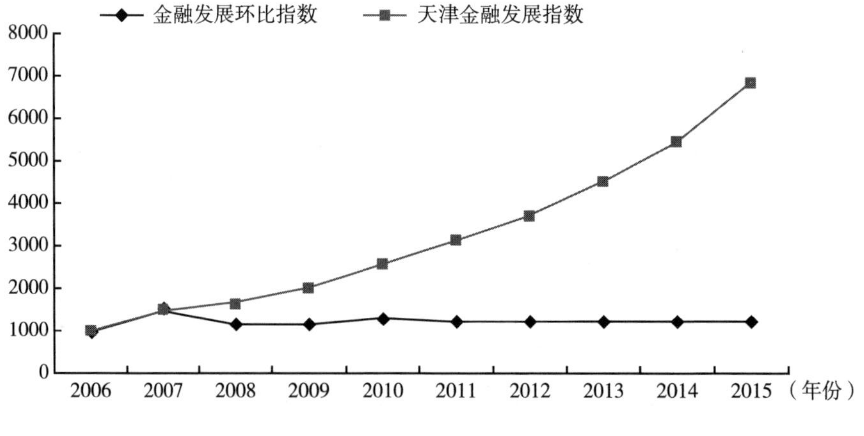

图 1　2006 ~ 2015 年天津金融发展指数及其增速曲线

资料来源：课题组制作。

（二）指数编制方法

本研究紧紧围绕天津金融业定位，完成了以下几方面工作。（1）研发出以客观评价为主、主观评价为辅的指标体系，包括金融市场、金融机构、金融人才、金融创新、金融生态环境等五方面内容，依据指标的客观重要性以及天津金融业定位的战略导向，采用专家打分法设置权重。（2）赋予该指数有效地反映金融发展速度和景气程度的两种内涵。其中，发展速度全面刻画了金融业发展轨迹，体现了指数的连续性；景气程度反映了金融业行情冷暖趋势，体现了指数的前瞻性。通过向市场释放发展和景气信号，准确预测未来金融业的发展前景。（3）通过权威机构、公开渠道、调查问卷等途径获得原始数据和评价，采用逐级加权平均法构建指数计算模型，计算金融发展指数。

在指标体系设计思路和方法上，使用全面的客观指标评价体系，并对金融创新、金融生态环境、金融人才等难以量化的内容使用主观评价方法。遵循全面性、战略导向、开放性、数量精简的原则选取指标，所有三级客观指标均采用通过公开渠道获取的权威机构的原始数据，专业团队会定期更新和维护数据。在金融市场、金融机构、金融人才、金融创新和金融生态环境等5个一级指标之下，设置35个二级指标和104个三级指标，具体见图2。

在完成评价指标体系的设计后，本研究以2006年末为基期（基期值设为1000，下同），计算所有三级指标自2007年至2015年的相对数值（点数），并针对各个指标分别计算其连续9年的年均增速。此后，以逐级加权平均法构建的指数计算模型得出各级指数的数值。

（三）金融业整体分析

课题组按照具有可比性的指标口径和数据，再经过全面统计和系统分析，测度了2006～2015年天津金融发展水平。

第一，从发展速度看，将2006年作为计算基期，截至2015年指数值达到6705，2015年当年增幅达到23.5%，年均增速达23.5%，比天津GDP平均增速高50个百分点，比全国GDP平均增速高70个百分点；以上年为指数计算

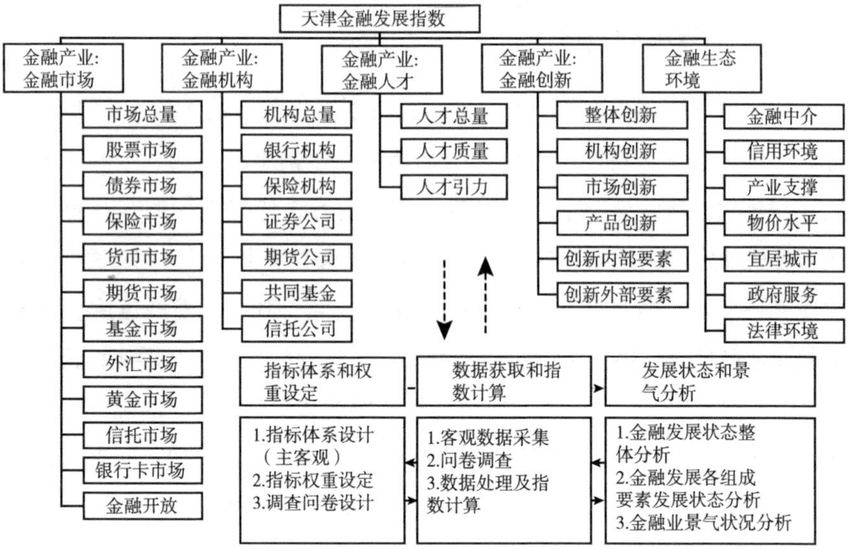

图 2　天津金融发展指数指标体系框架

资料来源：课题组制作。

基期，景气情况能够更加清晰地识别。其中，2007 年景气程度达到最高点，较 2006 年增长 46.4%，随后在 2008 年增速出现回落，较 2007 年增长 15.3%，2008 年之后增速每年保持在 20% 左右（见表 1、图 3）。

表 1　选取不同基期的天津金融发展指数

年份	以 2006 年为基期	以上年为基期
2006	1000	1000
2007	1464	1464
2008	1688	1153
2009	2033	1204
2010	2549	1254
2011	3132	1228
2012	3703	1182
2013	4540	1226
2014	5428	1196
2015	6705	1235

资料来源：课题组制作。

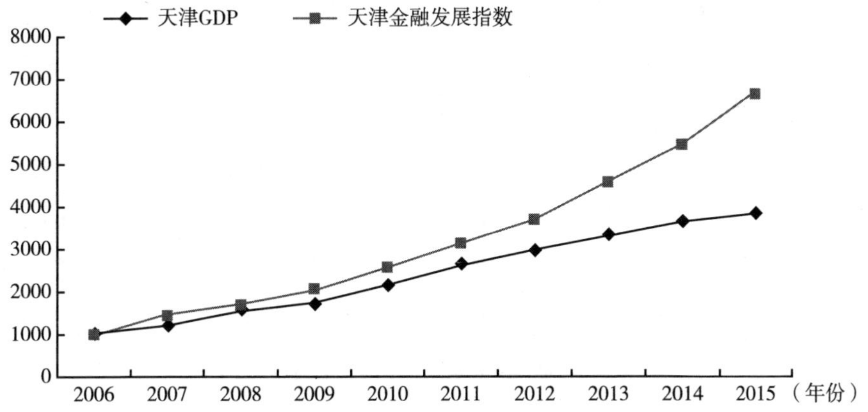

图3　2006～2015年天津金融发展指数与天津GDP

资料来源：课题组制作。

第二，从指数的发展结构看，金融市场引领增长（2015年达到23702，年均增速为42.2%），金融创新水平不断提升（2015年达到6272，年均增速22.6%），金融机构发展较快（2015年达到4057，年均增速16.8%），金融人才和金融生态环境稳定发展（2015年分别达到1706和1702，年均增速分别为6.1%和6.1%），如图4所示。

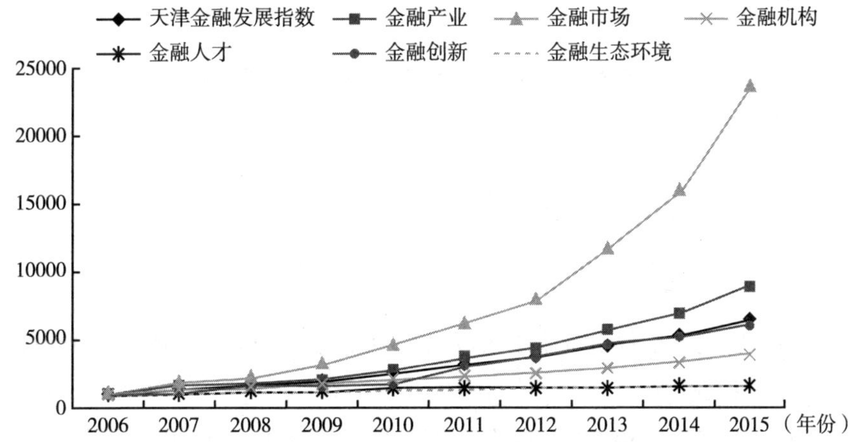

图4　天津金融发展指数及其一级指标（以2006年为基期）

资料来源：课题组制作。

第三，从2015年景气程度看，金融业稳健增长，与往年的平均增速相对基本持平。2015年同比增速为23.5%，与过去9年的年均增速23.5%持平。金融市场继续保持快速增长的态势，2015年同比增速高达48.2%，比过去9年的年均增速41.4%高6.8个百分点。金融创新继续保持较快增长，2015年同比增速为19.0%，比过去9年的年均增速23.1%低4.1个百分点。金融机构同比增速为15.7%，比过去9年的年均增速17.0%低1.3个百分点。金融人才和金融生态环境同比增速分别为2.6%和3.5%，比过去9年的年均增速分别低4.0个百分点和2.9个百分点（见图5）。

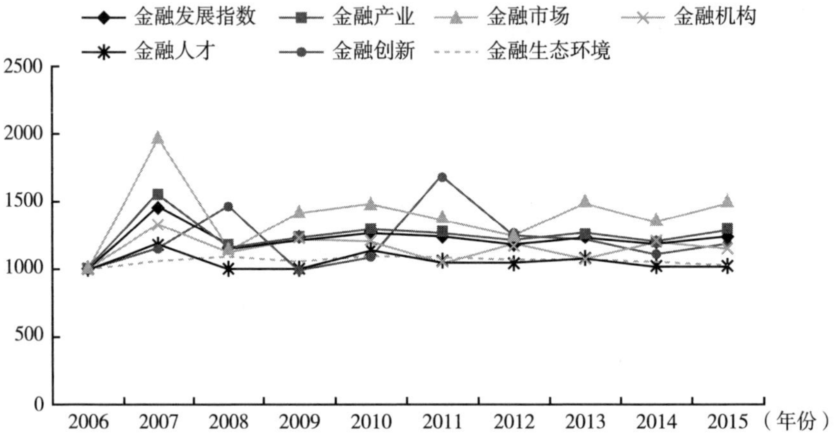

图5　天津金融发展指数及其一级指标（以上年为基期）

资料来源：课题组制作。

（四）金融业分项走势分析

1. 金融市场发展指数

金融市场发展指数由金融子市场（10种）、金融市场总量、金融开放共12个要素子指数构成。

从发展速度看，以2006年为计算基期，2015年金融市场发展指数为23702，2015年当年增幅达48.2%，过去9年平均增速为42.2%，为天津金融发展指数平均增速的1.79倍。其中，2007年景气程度达到最高点，较2006

年增长幅度达到97.2%，随后2008年出现放缓迹象，但仍比上年增长13.3%，2009年和2010年增速分别为40.9%和48.0%，2011年、2012年、2013年、2014年增速分别为35.6%、25.9%、48.5%和35.5%，2015年增速达到48.2%（见表2）。

表2　选取不同基期的天津金融市场发展指数

年份	以2006年为基期	以上年为基期
2006	1000	1000
2007	1972	1972
2008	2234	1133
2009	3148	1409
2010	4658	1480
2011	6314	1356
2012	7950	1259
2013	11805	1485
2014	15998	1355
2015	23702	1482

资料来源：课题组制作。

从指数发展结构看，过去9年中年均增速最快的市场是：债券市场、基金市场、信托市场和期货市场，指数过去9年的年均增速超过44%，高于金融市场发展指数平均水平（42.2%）。股票市场、货币市场、银行卡市场、黄金市场、外汇市场、保险市场指数较为平稳，9年年均增速分别为36.2%、29.3%、27.8%、26.1%、13.9%、5.7%，低于金融市场发展指数平均水平（42.2%）。与此同时，金融市场总量和金融开放的年均增速分别为26.6%和26.6%。

从2015年景气程度看，金融市场增长稳健，与往年平均增速相比略有上升。2015年同比增速为48.2%，比2006～2014年41.4%的年均增速高6.8个百分点。股票市场、基金市场增长态势强劲，同比增幅在255.9%以上，景气程度高。货币市场、期货市场、保险市场、外汇市场、债券市场增速较快，同比增幅分别为70.0%、63.5%、21.5%、12.7%、10.8%，景气程度较高；信托市场同比增幅为 -0.7%；黄金市场、银行卡市场同比增幅分别为0.0%、0.0%。金融市场总量和金融开放同比增幅分别为40.0%和7.9%，前者比上年增速增加了20.2个百分点，后者比上年降低了16.5个百分点。

2. 金融机构发展指数

金融机构发展指数由金融机构总量和各种机构（6种）共7个要素子指数构成。

从发展速度看，以2006年为计算基期，2015年金融机构发展指数为4058，当年增幅达15.7%，过去9年平均增速为16.8%，低于天津金融发展指数平均增速。其中，景气程度在2007年达到高点，较2006年大幅增长33.5%，随后在2008年增长趋势放缓，但仍比上年增长12.2%，2009年和2010年增速较高，分别为22.3%和20.2%，2011年、2012年、2013年和2014年增速分别为4.6%、18.5%、7.7%和19.3%，2015年增速为15.7%（见表3）。

表3　选取不同基期的天津金融机构发展指数

年份	以2006年为基期	以上年为基期
2006	1000	1000
2007	1335	1335
2008	1498	1122
2009	1831	1223
2010	2201	1202
2011	2301	1046
2012	2727	1185
2013	2938	1077
2014	3506	1193
2015	4058	1157

资料来源：课题组制作。

从指数发展结构看，过去9年中年均增速最快的机构分别是：共同基金、保险机构、银行机构，指数9年年均增速均超过了16.9%，高于金融机构发展指数平均水平（16.8%）。证券公司、期货公司、信托公司发展较为平稳，指数9年年均增速分别为16.79%、13.1%、0，低于金融机构发展指数平均水平（16.8%）。金融机构总量的年均增速为5.7%。

从2015年景气程度看，金融机构增长平稳，平均增速相对往年略有下降。2015年同比增速为15.7%，比过去9年年均增速16.8%低1.1个百分点。共同基金、证券公司、保险机构增长较快，同比增幅均在20%以上，景气程度高；银行机构同比增幅为4.8%，景气程度较高；期货公司、信托公司同比增幅均为0，与2014年同比增速持平。金融机构总量同比增幅为0。

3. 金融人才发展指数

金融人才发展指数由人才总量、人才质量和人才引力共3个要素子指数构成。

从发展速度看，以2006年为计算基期，2015年金融人才发展指数为1706，当年增幅达2.6%，过去9年平均增速为6.1%，是天津金融发展指数平均增速的0.26倍。其中，2007年和2010年景气程度达到高点，分别同比增长19.6%和14.2%，2008年、2009年、2011年、2012年、2013年和2014年增速分别为0.5%、1.7%、4.8%、4.3%、6.9%和1.9%。2015年增速为2.6%（见表4）。

表4　选取不同基期的天津金融人才发展指数

年份	以2006年为基期	以上年为基期
2006	1000	1000
2007	1196	1196
2008	1202	1005
2009	1223	1017
2010	1396	1142
2011	1463	1048
2012	1526	1043
2013	1631	1069
2014	1662	1019
2015	1706	1026

资料来源：课题组制作。

从指数发展结构看，人才引力和人才质量过去9年的年均增速最快，年均增速超过6.9%，高于金融人才发展指数平均水平（6.1%）。人才总量增长较为平稳，指数9年年均增速为4.0%，低于平均水平（6.1%）。

从2015年景气程度看，金融人才稳健发展，平均增速相对往年略有放缓。2015年同比增速为2.6%，比过去9年年均增速6.6%下降4.0个百分点。人才质量增长较快，同比增幅为4.2%，景气程度高；人才总量和人才引力的同比增幅分别为2.0%和1.5%。

4. 金融创新发展指数

金融创新发展指数由整体创新、产品创新、市场创新、机构创新、创新内部要素和创新外部要素共6个要素子指数构成。

从发展速度看，以2006年为计算基期，2015年金融创新发展指数为6272，当年增幅达19.0%，过去9年平均增速为22.6%，是天津金融发展指数平均增速的0.96倍。其中，2008年和2011年景气程度达到高点，分别较上年大幅增长47.1%和68.5%，2007年、2009年、2010年、2012年、2013年和2014年的同比增速分别为15.8%、0.3%、6.9%、25.7%、22.6%和11.2%。2015年同比增速为19.0%（见表5）。

表5 选取不同基期的天津金融创新发展指数

年份	以2006年为基期	以上年为基期
2006	1000	1000
2007	1158	1158
2008	1704	1471
2009	1709	1003
2010	1827	1069
2011	3079	1685
2012	3869	1257
2013	4743	1226
2014	5271	1112
2015	6272	1190

资料来源：课题组制作。

从指数发展结构看，机构创新、产品创新、市场创新是过去9年中年均增速较快的创新类型，指数9年年均增速分别为28.6%、26.4%、24.6%，全部高于金融人才发展指数平均水平（22.6%）。整体创新、创新内部要素、创新外部要素指数较为平稳，指数9年年均增速分别为11.0%、5.4%、5.2%，低于平均水平（22.6%）。

从2015年景气程度看，金融创新发展较快，相对往年平均增速略有放缓。2015年同比增速为19.0%，比2006～2014年23.1%的年均增速低4.1个百分点。产品创新、市场创新和机构创新保持快速增长，同比增幅分别在54.8%、33.1%和9.5%，景气程度高；创新内部要素、创新外部要素和整体创新增速较快，同比增幅分别在5.3%、5.2%和3.9%。

5. 金融生态环境发展指数

金融生态环境发展指数由信用环境、金融中介、产业支撑、宜居城市、物价水平、法律环境、政府服务共7个要素子指数构成。

从发展速度看，以2006年为计算基期，2015年金融生态环境发展指数为1702，当年增幅达3.5%，9年平均增速为6.1%，是天津金融发展指数平均增速的0.26倍。其中，2008年和2010年景气程度达到高点，分别较上年增长8.1%和8.7%，其余各年同比增速维持在4%～8%，较为平稳（见表6）。

表6　选取不同基期的天津金融生态环境发展指数

年份	以2006年为基期	以上年为基期
2006	1000	1000
2007	1058	1058
2008	1144	1081
2009	1198	1047
2010	1302	1087
2011	1402	1077
2012	1488	1061
2013	1563	1051
2014	1644	1052
2015	1702	1035

资料来源：课题组制作。

从该指数的发展结构看，2006～2015 年年均增速最快的要素为产业支撑，指数年均增速约为 10.0%。其中，政府服务、法律环境、宜居城市、信用环境、金融中介指数较为平稳，年均增速分别为 5.2%、5.1%、3.6%、3.4%、3.3%，低于 6.1% 的平均水平。此外，物价水平指数 9 年平均增速为 -1.4%[①]。

从景气程度看，2015 年同比增速为 3.5%，比 2006～2014 年 6.4% 的年均增速下降了 2.9 个百分点。其中，信用环境、宜居城市、政府服务、法律环境、金融中介、产业支撑、物价水平保持增长，同比增幅分别为 6.3%、5.4%、5.2%、5.1%、4.8%、1.3%、1.3%，景气程度高。

（五）金融业发展信号预警

2015 年，金融业整体持续稳定发展，比上一年增速有所提升。其中，金融市场增速达到 48.2%；金融创新增速达到 19.0%。金融机构增速为 15.7%，比上一年有所回落；金融人才和金融生态环境增速相对稳健。从 2006～2015 年的综合发展状况看，在 5 个一级指标中，金融市场和金融创新的年均增速相对较高。

2015 年，5 个一级指标比上一年均有不同程度的增长。其中，金融市场环比指数达到 1482，高于 2015 年天津金融发展环比指数（1235）；金融机构、金融生态环境的环比指数分别为 1157、1035，比上一年有所回落；金融创新、金融人才和金融产业的环比指数分别为 1190、1026 和 1285，比上一年均有所提升。

2015 年，天津金融业整体景气状况处于正常趋缓状况；金融市场、金融产业属于正常趋涨状况；金融机构、金融创新和金融生态环境属于正常趋缓状况；金融人才属于增长偏低状况（见表 7）。具体来说，天津金融业整体、金融机构、金融创新以及金融生态环境的指数增速处于过去 8 年历史平均水平的 0.5～1 倍水平上；金融市场、金融产业的指

---

① 本报告中物价水平指数为负，原因是物价水平为逆指标，物价上涨物价指数为负。

数增速低于过去 8 年历史平均水平的 1.5 倍，高于过去 8 年历史平均水平；金融人才的指数增速为正，但低于过去 8 年历史平均水平的 0.5 倍。

作为反映地区金融体系发育状况的指标，尤其是在京津冀协同发展和自贸区建设的大环境中，天津金融市场交易和金融创新活动更应发挥示范引领作用。此外，加快金融人才集聚，特别是创造必要的制度环境和文化“土壤”，显得尤为重要。

表 7　2015 年天津金融业景气程度信号分析

指数	金融业整体	金融产业	金融生态环境	金融市场	金融机构	金融创新	金融人才
增长趋热							
快速增长							
正常趋涨		√		√			
正常趋缓	√		√		√	√	
增长偏低							√
不景气							

资料来源：课题组制作。

三　天津金融发展指数分项分析

对天津金融发展指数一级指标及二级指标分别进行详细分析，可以更加深入地了解天津金融业的发展程度和景气状况，探索主要发展驱动因素及亟待提升的核心领域。

（一）金融整体发展度分析

以 2006 年为基期，通过综合天津金融业在金融产业（包括金融市场、金融机构、金融人才和金融创新 4 个一级指标）和金融生态环境的主客观评价，测算金融业整体的发展状况以及景气程度。2015 年，天津金融发展指数达到 6705，比上一年增长 23.5%，保持 2006 年以来的高位运行。

从发展速度看，2015 年，金融市场、金融创新和金融机构“三驾马车”共同成为推动天津金融发展指数上升的核心动力；金融人才和金融生态环境均保持稳健上升的趋势。天津金融发展指数在 2006 ~ 2015 年的年均增速为 23.5%，高于同期天津 GDP 年均增速（16.0%）。2015 年，天津金融发展指数增速为 23.5%，继续处于快速上升阶段（见图 6）。

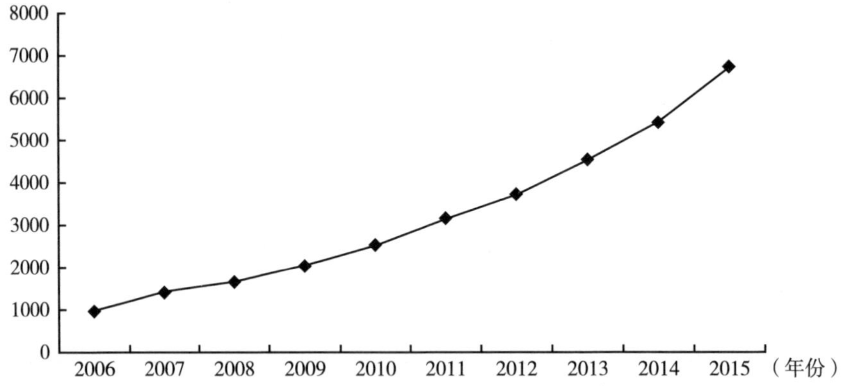

图 6　天津金融发展指数曲线

资料来源：课题组制作。

从增速判断景气状况，2006 ~ 2015 年天津金融业的发展呈现“先波动后平稳”的特征，尤其是 2008 年以来波动趋于平稳；2015 年天津金融发展指数增速比上一年有所提升，继续保持快速增长，反映天津金融发展比较景气。从具体数据看，2015 年天津金融业增加值达到 1588.12 亿元，比上一年上涨 11.7%；金融业增加值占 GDP 比重达到 9.6%，比上一年提升 0.8%；2015 年天津社会融资规模达到 4474 亿元，比上一年有所降低。

综观 5 个一级指标，金融市场增幅领跑，是带动天津金融发展的关键力量；金融创新、金融机构在波动中上行；金融人才和金融生态环境保持稳健上升，发展态势良好。

（二）金融市场发展度分析

金融市场既是金融产品交易的场所，也是天津金融创新运营示范区建设的潜在突破口。2015 年，天津金融市场交易规模进一步扩张，市场结构和质量进一步优化，金融服务功能全面拓展。

在天津金融发展指数分析中，金融市场一级指标被赋予最高权重，达到 42%。该指标包括 12 个二级指标，金融市场及其二级指标权重如表 8 所示。

表 8　金融市场及其二级指标权重

单位：%

金融市场指标权重	42	7. 基金市场	4
1. 金融市场总量	20	8. 外汇市场	3
2. 股票市场	10	9. 黄金市场	3
3. 债券市场	13	10. 信托市场	9
4. 保险市场	5	11. 银行卡市场	5
5. 货币市场	10	12. 金融开放	12
6. 期货市场	6		

资料来源：课题组制作。

1. 金融市场整体

2015 年，金融市场发展速度在 4 个一级指标中继续保持首位。金融市场指数达到 23702，比上一年增长 48.2%，见图 7。从整体来看，金融市场总量和金融开放均比上一年有所提升。从金融市场的子市场看，基金市场、股票市场、货币市场、期货市场增长明显，增速均在 63.5% 以上；保险市场、债券市场、外汇市场有一定增长，增速均在 10% 以上；黄金市场、银行卡市场发展速度平缓。值得注意的是，信托市场首次出现负增长，同比增速为 -0.7%（详见各金融子市场分析部分）。

金融市场交易活跃度、市场规模对市场发展趋势的变化十分敏感。2015 年，伴随中国经济步入“新常态”，金融市场景气状况呈现较高水平，增速达到 48.2%（见图 8）。

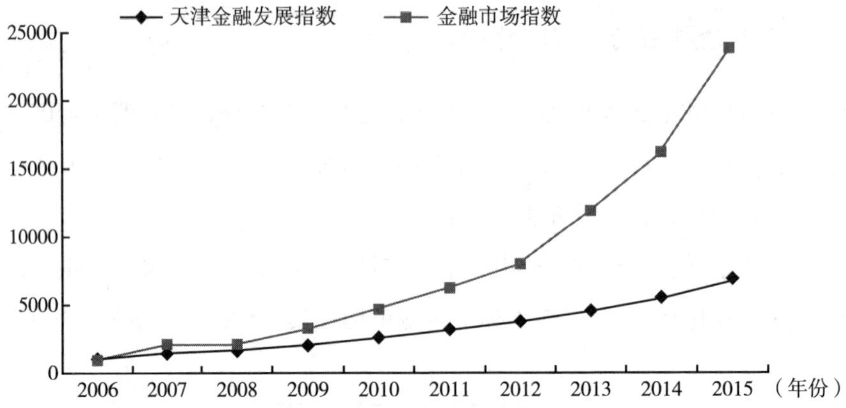

图 7　金融市场指数与天津金融发展指数

资料来源：课题组制作。

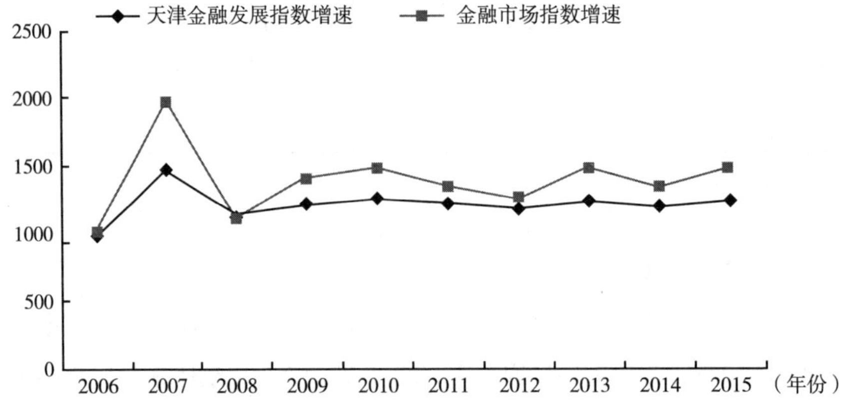

图 8　金融市场指数增速与天津金融发展指数增速

资料来源：课题组制作。

2015 年，天津金融市场整体发展良好，大多数金融子市场较上一年有明显发展。金融市场总量指数达到 8348，比上一年增长 40.0%；金融开放指数达到 8353，较 2014 年增长了 7.9%。其中，2015 年，基金市场交易额达到 5641 亿元，比上一年增长 250.3%。股票市场交易量显著上升，融资额略有下降。股票交易量达到 58748 亿元，比上一年增长 229.0%；股票市场融资额达到129.4亿元，比上一年降低28.9%；境内上市公司数量达到42家，与2014年持平。货币市场交易额达到123606亿元，比上一年增长70.0%。期货市场交易额达到135600亿元，比上一年增长63.5%。保险市场的保险深度达到2.4%，比上一年增长0.4%；保险密度达到2575元/人，比上一年增长22.9%。2015年，外汇市场交易额达到173.8亿美元，比上一年增长12.7%。此外，2015年债券市场交易额为2.2万亿元，融资额为1596.7亿元，分别比上一年提升12.8%和6.2%。

2. 金融市场总量及金融开放

（1）金融市场总量

金融市场总量是天津金融业发展状况的重要体现，它反映了本地区金融市场的深度和广度，是刻画天津金融创新运营示范区建设程度的一个重要指标。考虑到金融市场总量的重要性，课题组对该指标赋予20%的权重。2015年，金融市场总量指数达到8348，较上一年明显提高；环比指数为1400，较上一年增加202。

2015年，天津金融市场交易总量（沪深两市交易总额）为86437.1亿元，比上一年提升了121.6%；天津金融业增加值达到1588.12亿元，比上一年增加11.7%；金融业增加值占GDP比重达到9.6%，比上一年增加0.8%；社会融资规模达到4474亿元，比上一年降低7.2%。从过去10年的趋势看，天津金融市场在融资能力、交易规模、产出水平等维度均有所提高。

2015年，金融市场交易总量环比指数为2216，延续了2014年该指数高位运行的局面；社会融资规模环比指数为928；金融业增加值占GDP比重环比指数为1087；金融业增加值环比指数为1117。上述环比指数大多为正值，说明天津金融业实现较快增长。

（2）金融开放

金融开放指标反映了天津金融业的国际化程度，课题组为该指标设定了12%的权重。自“十一五”时期以来，天津各个金融市场的对外开放水平不断提高。尤其是天津自贸区成立后，天津通过金融制度创新，不断提升跨境贸易和投资的便利化。2015 年，金融开放指数 8353 点，比上一年有所上升；环比指数为 1079 点，比上一年降低 165，继续保持较快发展态势。

2015 年，天津外资银行和外资保险公司总数达到 67 家，与上一年持平；外资银行资产总额达 869.2 亿元，比上一年增长 2.4%；外资保险公司和海外上市公司（H 股）个数与上一年持平；跨境贸易人民币结算金额达到 3111.0 亿元，比上一年提升 30.8%。

2015 年，天津与 130 个国家和地区发生跨境人民币结算业务往来，共计金额 3111.0 亿元，同比增长 30.8%，占全年银行代客跨境收支总额的 25.7%；累计 4017 家企业办理跨境人民币业务，同比增长 54.1%；天津生态城 10 余家企业与新加坡的银行机构签订了跨境人民币贷款意向协议；天津生态城企业在新加坡成功发行人民币债券，是全国首支境内企业在新加坡发行的人民币债券。

3. 金融市场子市场

2006 ~ 2015 年，天津金融子市场有不同程度的发展。基金市场、债券市场、期货市场和信托市场是这 9 年中年均增速最快的市场，指数年均增速超过 44%。2015 年，天津各金融子市场的发展都处在上升通道中。其中，基金市场表现突出，指数达到 144391，比上一年增长了 250.3%；债券市场和期货市场的指数分别达到 70892 和 45200，比上一年分别增长了 10.8% 和 63.5%；信托市场指数达到 26633，比上一年增长了 -0.7%。股票市场、银行卡市场、货币市场、外汇市场、黄金市场、保险市场的指数分别达到 16148、10136、9114、8084，3214、1642，比上一年分别增长了 156.0%、0.0%、70.0%、12.7%、0.0%、21.5%。

2015 年，各金融子市场的增长状况有所分化。其中，基金市场、股票市场、货币市场、期货市场、保险市场呈现加速增长的态势，环比指数分别达到 3503、2559、1670、1635、1215，比上一年分别增长了 174、721、447、503、131。2015 年，外汇市场环比指数达到 1127，比上一年降低 108。债券市场在经历此前快速增长后，继续保持稳定增长，但当年增速比上一年有所降低，环比指数为 1108，比上一年降低 342。信托市场在 2015 年首次出现负增长，环比指数为993，比上一年降低78。

为深入分析各个金融子市场的结构和特征，本部分将逐一分析各个子市场在2006～2015年10年间的发展状况。

（1）股票市场

在天津建设金融创新运营示范区的进程中，十分重视股票市场发展，将提升直接融资比重作为建设示范区的关键。鉴于此，课题组为股票市场指标设置10%的权重。

2015年，股票市场指数为16148，较上一年显著增加；环比指数为1400，比上一年上涨202，增速显著提升。2015年，天津股票市场交易量有所上升，股票市场融资额有所下降，境内上市公司数量与2014年持平。2015年，股票市场融资额为129.4亿元，同比下降28.9%；境内上市公司数达42家，与2014年持平，其中A股公司37家，AB股公司1家，AH股公司3家，AS股公司1家。2015年，天津股票市场交易量为58748亿元，同比上升229.0%。2015年，天津的上市公司总股本544.8亿股，总市值6221.4亿元，同比增长16.9%；流通市值5351.0亿元，同比增长18.3%。2015年，股票市场交易量环比指数为3290，股票市场融资额环比指数为711，境内上市公司数环比指数为1000，上述3个指标的增长呈现不同格局。

（2）债券市场

债券市场是金融市场的核心部分之一，这一市场的融资功能突出，对于实施宏观调控、稳定金融市场、提升融资效率具有积极作用。基于债券市场的重要地位，课题组赋予该指标13%的权重。2015年，债券市场指数达70892，比上一年增长10.8%；环比指数为1108，比上一年降低了342，增速有所下降。

2015年，债券市场呈现平稳较快发展。2015年天津国内债券筹资额达到1596.7亿元，是2015年股票市场融资额的12.3倍，比上一年增长6.2%。2015年，天津（交易所）债券市场交易量达到22047.5亿元，比上一年增长12.8%。2006～2015年，天津债券市场保持稳健发展，融资能力和交易规模均有上升（见表9和表10）。

表 9 债券市场组成要素增速

单位：%

项目	2006～2015 年年均增速	2015 年增速
债券市场交易量(交易规模)	46.5	12.8
国内债券筹资额(融资能力)	41.3	6.2

资料来源：课题组制作。

表 10 2015 年债券市场组成要素环比指数

指数类型	2015 年环比指数
债券市场交易量(交易规模)	1128
国内债券筹资额(融资能力)	1062

资料来源：课题组制作。

2015 年，天津市直接融资规模和品种进一步拓宽。当年国内债券筹资额为 1596.7 亿元，其中短期融资券筹资额为 394.9 亿元，中期票据筹资额为 926.7 亿元。此外，企业通过银行间债券市场融资的规模不断扩大。

（3）保险市场

保险市场是重要的避险和投资平台，并且具有一定的资金筹措功能，保险市场的深化发展有助于完善一个地区的金融功能。鉴于保险市场的重要功能，课题组为该指标设定了 5% 的权重。2015 年，天津市保险公司总资产为 1556.9 亿元，同比增长 13.6%。保险从业人员 6.36 万人，同比增长 27.9%，服务社会和经济的作用进一步增强。2015 年，保险市场指数为 1642，比上一年增长 21.5%；环比指数为 1215 点，比上一年有所上升，市场发展前景良好。

2015 年，天津的保险密度和保险深度继续上升（见表 11）。2015 年，天津市保险业经营主体稳步扩张，渤海人寿保险等金融机构投入运营。此外，天津保险业以多种方式投资实体经济，支持天津社会经济发展：一是中国人寿保险集团投资 10 亿元在天津空港经济区建立中国人寿养老养生基地，带动天津市健康服务产业发展；二是中国人寿保险集团将与天津市政府相关部门共同推动“国寿天津地铁股权计划”，同时对天津地铁 10 号线投资 200

亿～300 亿元，此外，泰康资产计划投资天津地铁债权 13.5 亿元；三是泰康人寿以购买投资基金、基础设施债券计划等方式支持天津社会经济建设，截至 2015 年 10 月底，累计投资金额已达 111.58 亿元。

表 11　2015 年保险市场组成要素环比指数

指数类型	2015 年环比指数
保险深度	1200
保险密度	1299

资料来源：课题组制作。

（4）货币市场

货币市场是短期资金交易市场，为金融机构提供灵活有效的资金管理手段。鉴于货币市场在金融市场中的重要地位，课题组为该指标设置 10% 的权重。2015 年，货币市场指数达 9114，涨幅达 70.0%；环比指数达 1700，比上一年增长 447，增速有所提升（见表 12）。

2015 年，货币市场交易额达到 12.4 万亿元，市场继续保持活跃。2015 年，天津货币市场交易仍以短期为主，利率有所下降。2015 年，债券回购交易量继续迅速增长，累计成交量同比增加 1.3 倍。2015 年，天津市银行间同业拆借市场累计完成信用拆借 1926 笔，累计交易金额 8552.8 亿元，交易金额同比上升 37.1%；2015 年，净融入资金 7202.7 亿元，同比增加 1.3 倍。

表 12　2015 年货币市场环比指数

指数类型	2015 年环比指数
货币市场（交易额）	1700

资料来源：课题组制作。

（5）期货市场

2015 年天津市期货市场指数达到了 45200，同比增长 63.5%，市场扩张速度有所提高；期货市场环比指数为 1635，其增速相对于 2014 年有所下降。

期货市场是金融衍生品市场的重要组成部分。伴随我国股指期货的推出，国内期货市场进入了新的发展阶段。鉴于此，课题组赋予期货市场6%的权重。2015年天津市期货市场指数达到了45200，同比增长63.5%，比上一年涨幅有所上升，其发展速度在各个金融子市场中处于中间位置。经历了2009年、2010年的高速增长，2011年、2012年的增速放缓，以及2013年、2014年增长速度显著回升，2015年天津市期货市场环比指数达1635，相对于2014年上升503（见表13）。

2015年，法人期货公司的业务规模保持了持续增长的态势。2015年末，天津市6家法人期货公司资产总计61.0亿元，同比增长46.3%；辖区期货营业部数为29家，与2014年持平；期货交割库达到50家，比2014年增加4家。全年代理交易量同比增加1801.7万手。但受期货市场价格竞争激烈影响，部分公司业务手续费下降，持续亏损。

表13　2015年期货市场环比指数

指数类型	2015年环比指数
期货市场(交易额)	1635

资料来源：课题组制作。

（6）基金市场

基金市场指数在2015年增长到了144391，相对于2014年提高了250.3%；环比指数提升至3503，相对于2014年增加了174，增长速度进一步提高。

建设资产管理中心是国内主要金融城市的发展目标之一。随着天津金融创新运营示范区建设的不断推进，天津基金市场将会拥有更加优良的发展环境和更多的机遇。考虑到基金市场的重要性，课题组为该指标设定4%的权重。2015年，天津市基金市场指数高达144391，相对于2014年大幅增长250.3%；2015年环比指数为3503，相对于2014年增加了174，增长速度创历史新高（见表14）。

从基金市场规模看，2015 年，天津基金市场交易规模高达 5640.7 亿元，相对于 2014 年提高了 250.3%。

表 14　2015 年基金市场环比指数

指数类型	2015 年环比指数
基金市场(交易额)	3503

资料来源：课题组制作。

（7）外汇市场

2015 年，天津市外汇市场指数上升到 8084，相对于 2014 年增长 12.7%，增速趋于平稳；外汇市场环比指数为 1270，增长速度有所放缓（见表 15）。

中国的外汇市场包含外汇即期、外汇远期及外汇掉期等业务，以人民币外汇市场为主。积极发展本地区的外汇市场，有助于天津市建设北方国际航运核心区目标的实现。鉴于外汇市场的作用和地位及其所处发展阶段，课题组赋予其 3% 的权重。2015 年，外汇市场指数上升至 8084，相对于 2014 年上涨 12.7%，增速趋于平稳；环比指数为 1270，增速放缓。

2015 年 4 月 11 日，天津自贸区挂牌，极大地促进了当地外汇市场的发展。截至 2015 年末自贸区内主体累计开设人民币银行结算账户 11539 个，外汇账户 1715 个；跨境收支（含跨境人民币业务）规模高达 280.2 亿美元，分别占滨海新区和全市跨境收支的 66.9% 和 19.1%，其中跨境收入共计 128.4 亿美元，跨境支出共计 151.8 亿美元；跨境人民币结算业务合计 721.6 亿元，分别占滨海新区和天津市跨境人民币收支的 41.5% 和 27.8%，其中跨境收入共计 404.9 亿元，跨境支出共计 316.7 亿元；累计结售汇 120.8 亿美元，其中结汇 43.2 亿美元，售汇 77.6 亿美元。

环球银行金融电信协会（SWIFT）的数据显示，截至 2015 年末，人民币在全球支付体系中排名保持第 5。人民币国际化和自贸区试验，为天津外汇市场发展创造了有利条件。

表 15　2015 年外汇市场环比指数

指数类型	2015 年环比指数
外汇市场(交易额)	1270

资料来源：课题组制作。

（8）黄金市场

2015 年，黄金市场指数为 3214，与 2014 年基本持平；环比指数为 1000。作为国际金融市场的重要组成部分之一，黄金市场具有独特的保值增值及货币政策功能，有鉴于此，课题组为其赋予 3% 的权重（见表 16）。

黄金市场持续稳步发展。2015 年，天津市黄金市场整体运行态势良好，其中天津市金融机构黄金市场业务发展较为平稳，总体趋势与全国基本一致，呈现交易量和交易金额大幅攀升、交易品种不断丰富、交易机构数量不断增加三大特点。2015 年，天津黄金市场交易机构由四大国有商业银行发展至包括国有银行、股份制银行、地方性银行和外资银行在内的多种类型的金融机构。

表 16　2015 年黄金市场环比指数

指数类型	2015 年环比指数
黄金市场(交易额)	1000

资料来源：课题组制作。

（9）信托市场

2015 年，天津市信托市场指数为 26633，相对于 2014 年下跌了 0.7%；环比指数为 993，相对于 2014 年下跌 78，增速放缓（见表 17）。信托市场是一个快速成长的市场。信托市场通过提供丰富多样的投资渠道，在投资领域和产品架构方面持续创新，尽职尽责管理受托资产，吸引着越来越多投资者通过信托市场进行资产配置。有鉴于天津信托市场的作用及其地位，课题组赋予其 9% 的权重。2015 年信托市场指数为 26633，相对于 2014 年有所下降。信托市场环比指数为993，比去年减少了78，增速持续回落，首次出现负增长。

2015年，天津法人信托公司管理的资产总规模为4251亿元，相对于2014年下降了0.7%。从行业分布的角度分析，信托资金主要投向租赁和商业服务业、建筑业、水利环境和公共设施管理业、批发和零售业以及制造业，上述行业信托资金占比较高；从企业类型的角度分析，资金信托业务主要投向大型企业，近几年一直保持在高位运行。过度集中的资金投向使得信托资产质量容易受到个别企业和行业经营波动的冲击。

表17　2015年信托市场环比指数

指数类型	2015年环比指数
信托市场(法人信托公司资产总额)	993

资料来源：课题组制作。

（10）银行卡市场

2015年，天津市银行卡市场指数为10136，与2014年基本持平；环比指数为1000点。

近一段时期，天津银行卡市场发展迅速，电子支付环境愈发成熟完善，极大地方便了城市居民生活。考虑到银行卡市场的重要性，课题组为银行卡市场设置了5%的权重（见表18）。

2015年，天津银行卡产业发展迅速。银行卡具有安全可靠、支付快捷、标准一致等特点，其应用领域涵盖金融、社保、公共交通、公用事业、医疗卫生、企业等领域。随着京津冀协同发展战略的实施，银行卡与金融信息化、城市智能化建设紧密结合，使公众享受金融创新的成果。2014年9月，华夏银行在北京、天津、石家庄三地推出了京津冀协同卡，协同卡持卡人可在京津冀部分地区享受在华夏银行网点柜台及ATM办理存款、取款、转账支付均不收取手续费等优惠政策。

表 18　2015 年银行卡市场环比指数

指数类型	2015 年环比指数
银行卡	1000

资料来源：课题组制作。

（三）金融机构发展度分析

金融机构是金融创新运营示范区的参与者和建设者，是区域集聚各种金融要素、金融资源的关键。鉴于金融机构重要的战略意义及其对金融业发展的影响程度，课题组将金融机构的权重设定为 33%。我们在金融机构这一指标下设定了 7 个二级指标，各二级指标权重见表 19。

表 19　金融机构及其二级指标权重

单位：%

金融机构指标权重	33	4. 证券公司	15
1. 金融机构总量	5	5. 期货公司	6
2. 银行机构	40	6. 共同基金	4
3. 保险机构	20	7. 信托公司	10

资料来源：课题组制作。

1. 金融机构整体

2015 年天津市金融机构继续保持平稳快速增长的态势，2015 年指数为 4058，相对于 2014 年上升 15.7%；环比指数达到 1157，比上年下降 36，增速略有放缓（见图 9 和图 10）。

从发展速度角度看，2015 年金融机构指数上升到 4058，相对于 2014 年增长 15.7%。2007 年、2009 年、2010 年、2012 年和 2014 年金融机构指数增速均在 17% 以上，分别为 33.5%、22.3%、20.2%、18.5% 和 19.3%。金融机构的整体发展速度处于高位运行，受国际金融危机的冲击，2008 年增速有所放缓，但仍比上年增长 12.2%，2011 年、2013 年增速分别为 4.6%、7.8%。2015 年增速为 15.7%，发展速度相对于 2014 年略有下降。

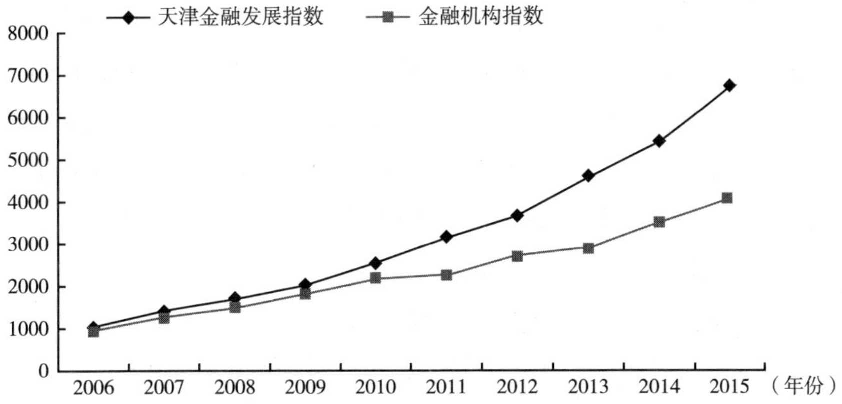

图 9　金融机构指数与天津金融发展指数

资料来源：课题组制作。

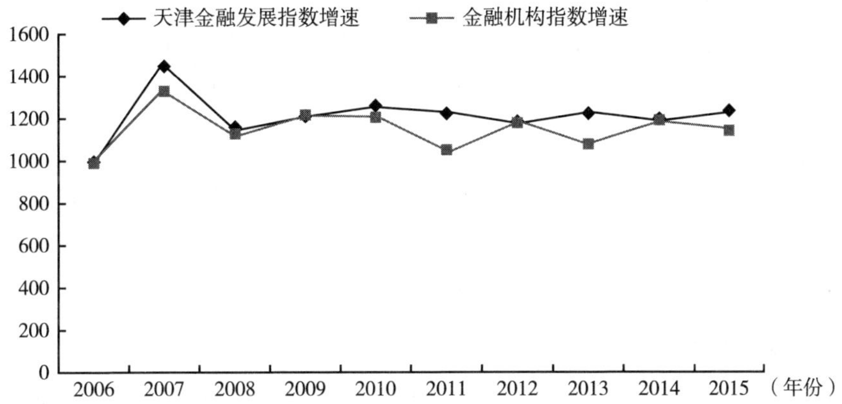

图 10　金融机构指数增速与天津金融发展指数增速

资料来源：课题组制作。

金融机构增速虽然出现了一定的波动，但其总体发展趋势仍是扩张的，受金融危机的影响，金融机构增速在 2007 年大幅提升之后，2008 年增速放缓，经历了后续的持续调整后，2015 年金融机构增速恢复了较高水平。

天津市金融机构数量和实力在 2015 年均获得了持续的增长和进步。一方面，2015 年天津市法人商业银行（中资）达到 11 个，与 2014 年基本持平，商业银行机构达到3021个，比2014年增加73个；法人保险公司达到6个，保险公司机构621个，与2014年持平；法人证券公司1个，证券公司营业部达到132个，相对于2014年增加了10个；截至2015年，天津市法人期货公司共有6个，期货公司营业部达到29个，与2014年基本持平。另一方面，2015年银行业金融机构资产总额达到4.5万亿元，比上一年提升0.1万亿元，不良贷款率达到1.49%，比2014年增加0.55个百分点；2015年，法人证券公司资产总额高达483.58亿元，与2014年相比增加了221.22亿元；2015年，保费收入398.34亿元，比上一年增加80.59亿元；法人期货公司手续费净收入高达1亿元，与2014年持平；法人基金管理公司管理资产总额上升至10742.0亿元，相对于2014年增加了4836.0亿元。“实力增强，总量扩张”成为天津金融机构在2015年整体发展的主要特征。

2. 金融机构总量

从2015年天津市金融机构总量的角度来看，发展十分稳健。2015年，金融机构总量指数达1641，与2014年持平；环比指数为1000，相对于2014年下降了84，增速有所放缓。

一个地区金融机构的数量反映了该地区金融体系中“岛屿”的丰富程度，所以，课题组为其设定了5%的权重。2015年，天津金融机构总量指数为1641，与2014年基本持平；环比指数为1000，相对于2014年下降84，增长速度略有下降。

截至2015年末，天津市共有金融机构4891个，与2014年持平。2006～2015年，天津金融机构总数的年均增速为5.7%，增长较为稳健。

3. 金融机构子行业

从金融机构行业结构的角度来看，共同基金、证券公司在2015年的增长速度较快，发展态势强劲；保险机构、银行机构、期货公司、信托公司的增速相对平稳，发展态势比较稳健。

除机构整体评价外，金融机构所包含的7个二级指标还包括6类金融机构。伴随全球经济回暖，天津市保险机构发展速度相对于2014年有所回升，证券公司和共同基金持续高速发展，银行机构、信托公司、期货公司的发展速度保持稳定，2015 年增速与 2014 年相比略有降低或持平。

6 类金融机构中，发展速度最快的是共同基金，2015 年共同基金指数高达 8603，环比指数为 1778，与 2014 年相比降低了 1159，增速有所放缓。最近几年，共同基金这一行业的发展整体上呈现先稳后快的特征，在经历了 2007～2012 年的波动上扬后，2013～2015 年共同基金迎来“井喷”式快速发展。保险机构、银行机构和证券机构的发展速度仅次于共同基金，指数值分别为 5218、4069 和 4041。其中，银行机构的发展经历了由波动到收敛的过程，2007～2012 年 5 年内增速的波动幅度较大，2013～2015 年波动幅度收窄。2015 年银行机构的指数为 4069，环比指数为 1048。与此同时，在经历了 2007～2013 年的大幅波动后，保险机构的增速在 2014 年和 2015 年有所回升。2015 年，保险机构的指数为 5218，环比指数为 1220。证券公司的增速在经历了 2007～2011 年的大幅波动后，自 2012 年开始回升。2015 年证券公司的指数达到 4041，环比指数达到 1420。

期货公司和信托公司的增速落后于上述 4 类机构，其指数分别为 3018 和 1000。受金融危机影响，期货公司的增速在 2007～2011 年共 5 年间出现震荡调整后，2012 年开始逐步趋于平稳，2015 年期货公司的指数达到 3018，环比指数上升至 1000。近年来信托公司的法人机构数未发生变化，因此，信托机构指数的增速维持不变。

（1）银行机构

2015 年，银行机构指数提升到 4069，发展状况平稳，比上一年增长 4.8%，增速略有放缓。

2015 年，天津市银行机构持续快速增长，机构的数量和实力相对于上年均有所提升。2015 年，银行机构指数上升至 4069，相对于 2014 年增长了 187，增幅为 4.8%。2015 年，天津市银行业金融机构总资产规模合计 4.5 万亿元，与 2015 年初相比增加了 0.1 万亿元，同比增长 2.3%，增速趋于收敛。

2015 年，本外币存款余额为 28149.4 亿元，同比增长 11.9%，比上年明显上升，比年初增加 2969.1 亿元，同比多增 1552.3 亿元。从存款结构看，非金融企业存款和非银行业金融机构存款增加较多，而广义政府存款在财政性存款下降影响下，同比增速下降。非银行业金融机构存款增速明显高于其他类型存款。

2015 年，本外币贷款余额为 25994.7 亿元，同比增长 11.8%，比上年有所回升，比年初增加 2664.9 亿元，同比多增 306.2 亿元。从贷款结构看，住户贷款、非金融企业及机关团体贷款同比增加，而非银行业金融机构贷款比年初下降。其中，非金融企业及机关团体贷款项下的票据融资同比增长 37.4%，增速比上年加快。从期限看，短期贷款同比少增，而中长期贷款同比多增 393.4 亿元。信贷投向重点突出。累计发放项目贷款 2159.2 亿元，同比多发放 39.8 亿元。小微企业贷款比年初增加 718.2 亿元，同比多增 274.3 亿元。消费贷款比年初增加 512.8 亿元，同比多增 249.6 亿元。涉农贷款同比增长 14.1%，高于贷款平均增速 2.3 个百分点。保障性住房开发贷款同比增长 36.4%，高于房地产贷款增速 16.7 个百分点。外币贷款有所减少，受人民币贬值预期及外贸经济等因素影响，2015 年末，外币贷款余额 230.0 亿美元，增速为 -6.6%，比年初下降 16.4 亿美元，而上年同期增加 16.0 亿美元。其中，短期贷款下降 20.6 亿美元，中长期贷款下降 6.6 亿美元，融资租赁有所增加。

2015 年，天津不良贷款率为 1.49%，比年初上升 0.53 个百分点，不良贷款余额为 412.0 亿元，比年初增加了 176.3 亿元，不良贷款继续承受“双升”压力。银行业地方法人金融机构进一步壮大，金城银行成为国内首批 5 家民营银行试点之一，年内金融租赁公司、财务公司、汽车金融公司数量均有增加。

（2）保险机构

2015 年，保险机构实现较快发展，指数达 5218，比上一年增长 22.0%，与上年同期相比增速有所上升。

2015 年，天津市保险机构持续快速增长，保险机构的数量和实力均有所提升。2015 年，保险机构指数上升至 5218，相对于 2014 年增长了 942 点，增幅高达 22.0%。2015 年，总部设在天津的法人保险公司 6 家，与上一年一致。2015 年，天津市拥有保险中介分支机构 621 个，与上一年持平。

天津全市保费收入在2015年上升至398.3亿元，比上一年上升25.4%。其中，2015年，财产险公司企业财产保险赔付明显提高。积极办理“8·12”事故赔付，全年财产险公司合计赔款支付68.0亿元，同比上升11.0%，相对于上年增加8.7个百分点，其中，企业财产保险赔款支出同比增长137.2%，比上年提高110.1个百分点。人身险公司产品结构调整效果显著。2015年，普通寿险实现保费收入126.3亿元，占人身险公司保费收入的45.9%，比上年提高13.3个百分点。分红保险实现保费收入107.9亿元，占人身险公司保费收入的39.2%，比上年下降11.5个百分点。银邮代理渠道实现保费收入122.1亿元，同比增长65.8%。法人机构偿付能力充足。2015年末，6家法人保险公司偿付能力充足率分别为171.7%、213.6%、276.0%、296.6%、359.8%和4444.1%。6家法人保险公司有5家赢利，其中两家扭亏为盈，1家亏损。

（3）证券公司

2015年，证券业机构稳步发展，指数上涨至4041，相对于2014年提升42.0%，环比指数为1420。

2015年，天津证券公司稳步发展，证券公司指数高达4041，与2014年相比上涨42.0%，环比指数为1420，增速相对于2014年有所下降。伴随天津证券业的稳健发展，证券业机构的数量和实力均有所提升。2015年，天津共有法人证券公司1家，与上一年持平。2015年，拥有证券公司营业部132个，比上一年增加10个。2015年天津法人证券公司总资产合计达483.58亿元，相对于2015年初增加了221.22亿元，同比增长96.7%，总负债同比增长80.6%，全年实现净利润同比增长99.0%。

2015年，天津证券营业部开立A股证券账户374.74万户，同比上升26.2%，客户交易结算资金余额290.02亿元，同比上升69.3%。

（4）期货公司

2015年，天津期货公司指数为3018，与2014年基本持平，发展步伐比较稳健。

受国际金融危机以及主权债务危机的后续影响，天津期货公司指数在经历了2007～2010年连续4年的快速上升后，增速在2011年有所降低，跌入谷底，2012～2013年增长速度逐步回升，并于2014年达到新的高点。2015年天津期货公司指数达3018，环比指数为1000。2015年，期货公司的机构数量和机构实力保持平稳发展，其中，法人期货公司保持6家。2015年，法人期货公司手续费净收入达到1亿元，资产同比增长46.3%，全年代理交易量同比增加1801.7万手。但受期货市场价格竞争激烈影响，部分公司业务手续费下降，持续亏损。

（5）共同基金

2015年，共同基金增长势头强劲，指数提升到8603，比上一年有显著提升。

近年来，天津市共同基金业发展迅速。2006年法人基金管理公司管理资产总额仅1.88亿元，在2007～2012年的振荡式增长后，2013年迅速提高至1943.62亿元，2014年提升至5906.05亿元，2015年进一步扩张至10742亿元（含专户业务）。

2015年，天津共同基金指数达到8603，比上一年有显著提升。2015年，天津法人基金管理公司仍然只有1家，不过该公司管理的资产总额已扩张至2014年的1.82倍，高达10742亿元。天弘基金资产规模快速提升，这主要得益于与蚂蚁金服合作的“余额宝”（增利宝）。该创新型业务的开展转变了货币基金的销售模式，使天弘基金的货币基金规模得以迅速扩张。2015年末该公司管理的基金总数达到83支。总的来看，天津共同基金业在2015年继续保持快速增长的态势。

（6）信托公司

2015年，天津市信托公司继续保持稳定发展的态势，指数为1000，与2014年基本持平。

近一段时期，天津市的信托公司持续稳健发展。2015年天津市共有法人信托公司2家，营业机构2家，从业人员合计275人，与2014年相比未发生明显变动。法人信托公司固有资产总额合计87.8亿元，与2014年相比增加了14.6亿元。

（四）金融人才发展度分析

全球金融中心指数（GFCI）的研究表明，人才供给因素是影响国际金融中心的6个因素之中最重要的因素。鉴于金融人才在区域金融发展中的重要作用，天津不断加大对海内外高层次、紧缺金融人才的引进和培养力度，持续推动人才引进方式的创新，金融人才的聚集效应逐渐显现。

天津金融业的发展需要金融人才，金融人才是制约金融发展的关键软因素，而考虑到天津市金融业的发展受金融市场和金融机构的影响更为显著，相关政策也发挥着举足轻重的主导作用，因此金融人才的权重设定为10%。

金融人才的数据更新存在滞后性，单一数据不能全面反映金融人才的整体发展水平。为全面反应天津金融业人才发展状况，课题组采取了主观指标和客观指标相结合的方式。金融人才包含3个二级指标，二级指标的权重见表20。

表20　金融人才及其二级指标权重

单位：%

金融人才指标权重	10	2. 人才质量	35
1. 人才总量	40	3. 人才引力	25

注：2006～2011年，不纳入主观指标时的二级指标权重分别为：人才总量40%，人才质量20%，人才引力40%。

资料来源：课题组制作。

1. 金融人才整体

2015年，金融人才整体发展稳中有进，指数达到1706，比上一年增长2.6%，增长速度有所上升；环比指数达到1026，比上年增加7（见图11和图12）。

从发展速度看，2015年金融人才指数达到1706，比上一年增长2.6%。2007年和2010年，金融人才的增长速度较快，增速超过14.2%，受国际金

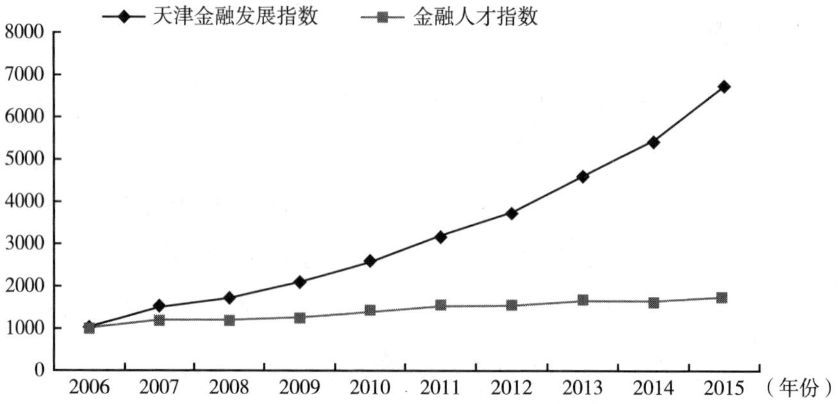

图 11　金融人才指数与天津金融发展指数

资料来源：课题组制作。

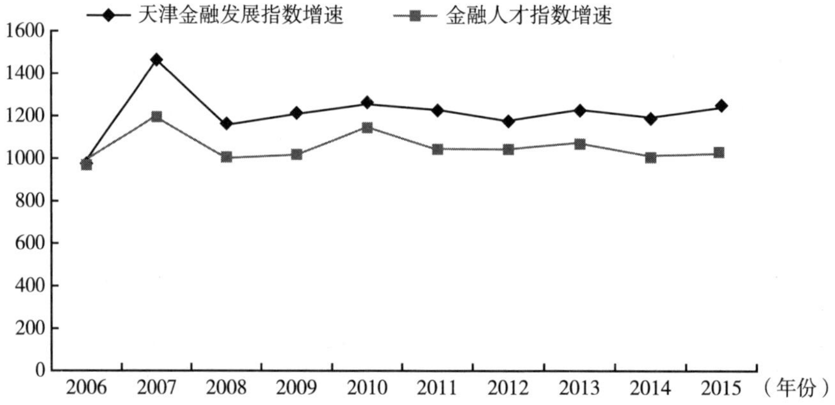

图 12　金融人才指数增速与天津金融发展指数增速

资料来源：课题组制作。

融危机和欧债危机的影响，2008 年和 2009 年金融人才的增速有所放缓，伴随经济局势的缓和复苏，2011～2015 年，天津金融人才增速维持在 5% 的稳定发展状态。

从增速的波动趋势来看，金融人才增速呈现在波动中稳步上升的趋势，在经历了 2007 年金融人才增速迅速提升后，2008 年、2009 年受金融危机的影响，增速逐步放缓，此后，在 2010 年增速再次提升后，2011 ~ 2013 年金融人才增速趋缓，维持在 5% 左右，2015 年金融人才增速为 2.6%。

近年来，天津金融人才素质大幅度提高，天津市加强了对金融人才的引进力度，其金融发展对高质量的金融人才具有越来越强的吸引力。从客观数据看，2015 年，天津金融从业人员达到 16.00 万人，比 2014 年增加 0.3 万人，比 2006 年增加 7.93 万人；金融从业人员占地区的比重达到 1.79%，比 2006 年增加 0.36 个百分点；高等学校毕业生人数达到 13.21 万人，比 2014 年增加 0.86 万人；金融从业人员高等学历比例达到 71%，比 2014 年提升 1 个百分点；金融从业人员人均年工资水平达到 118263 元，比 2006 年增长 58467 元。从主观评价看，55.59% 的受调查人群认为金融人才质量提高效果显著；51.57% 的受调查人群认为天津金融人才的缺口正在逐步弥补；40.46% 的受调查人群认为金融人才引进力度有所加强。

2. 金融人才各方面

从人才发展结构看，2015 年金融人才质量稳步提高，人才结构更加健康；人才引力、人才总量的增速较低，发展态势稳定。

金融人才下设 3 项二级指标，分别是人才总量（即人才充裕度）、人才质量、人才引力（金融人才引进力度）。整体来看，伴随全球经济复苏和天津市对金融行业的大力支持，2015 年天津金融人才整体发展水平较 2014 年得到了一定程度的改善。其中，人才质量的提升较为显著，人才引力和人才总量的发展态势稳定。

在反映金融人才发展的 3 个指标中，人才引力的中长期发展是十分突出的，指数达到 1911。2015 年，人才引力的环比指数达到 1015，比 2014 年增加 1，增速持平。人才引力在 2007 年和 2010 年的增速较快，其余年份增速处于相对较低水平。2015 年人才质量指数达到 1832，环比指数为 1042，与 2014 年持平。人才质量在经历了 2007 年和 2008 年的大幅提升后，2009 ~ 2015 年增速维持在 3% ~4%。2015 年人才总量指数达到 1429，环比指数为

1020，比2014年增速稍有提升，提高了18。人才总量在经历了2010～2013年的较快增长之后，2014年和2015年增速趋缓，其余年份增速均处于相对较低水平。

（1）人才总量

2015年，人才总量指数达1429，比上一年增长2.0%，增速较上年略有提高。

从客观数据看，2015年，天津金融从业人员占地区的比重达到1.79%，比2006年提升了0.36个百分点。2015年，天津金融从业人员达到16.0万人，其中，银行业金融机构从业人员达到6.42万人，2006～2015年，天津金融从业人员的年均增速达到7.9%。2015年天津高等学校毕业生数达到13.21万人，2006～2015年，天津大学毕业生人数的年均增速达到5.4%。本地区的金融人才充裕度进一步提升。从主观评价看，2015年，分别有3.20%、48.40%、34.90%、13.50%的受调查人群认为天津金融人才充裕度显著改善、较为改善、没有变化、持有其他观点。

（2）人才质量

2015年，金融人才质量实现平稳发展，指数达1832，比上一年增长4.2%，增速与上年持平。

2015年，天津金融人才质量保持平稳增长。2015年，金融人才质量指数达1832，比上一年增长73，增幅达4.2%。从客观数据看，2014年天津金融从业人员高等学历比例达到71%，比上一年提高1个百分点。从主观评价看，2015年分别有3.98%、51.56%、34.13%、10.33%的受调查人群认为天津金融人才质量显著改善、较为改善、没有变化、持有其他观点。

（3）人才引力

2015年，人才引力稳步提升，指数达1911，比上一年上涨1.5%，环比指数达1015。

2015年，天津人才引力稳步提升，人才引力指数达1911，比上一年上涨1.5%，环比指数为1015。从客观数据看，2014年天津市金融从业人员工资水平达到118263元，2006～2015年的10年间天津市金融从业人员工资水平的年平均增速达到7.9%。从主观评价看，2015年分别有3.98%、36.50%、46.04%、13.48%的受调查人群认为天津金融人才引力显著改善、较为改善、没有变化、持有其他观点。

3. 金融人才服务体系

天津市不断搭建金融人才综合服务平台，逐步形成集人才培训、综合服务和法规政策为一体的创新型城市。

近年来，天津市积极落实“十二五”规划、“十三五”规划中有关金融人才的各项任务，人才资本优先积累、人才投入优先保证机制不断完善健全，“引才、育才、聚才、用才”工作体系的构建工作稳步开展。

“十三五”期间，天津市将在多方面支持人才的交流、引进与培养工作，为天津金融业的发展储备高素质金融人才。根据天津金融业发展的实际情况，逐步制定金融人才引进、交流、培养的相关方案，制定人才引进标准，对符合引进条件的人才给予政策支持。与国家金融监管部门以及中央金融企业加强联系，采取挂职、任职等方式挑选金融人才，为天津市金融行业的发展提供高端人才，优化政府机关部门的人才结构。

（五）金融创新发展度分析

在天津金融发展指数中，金融创新是关键衡量指标。2015年，紧抓国家多种战略机遇，天津市委市政府积极推动，相关金融政策相继落地，天津金融工具和金融产品不断创新，在新的经济形势下，金融机构改变传统的发展模式，转型创新的步伐不断加快，金融市场规范化发展，为加快建设金融创新示范区创造了良好的经济环境。课题组综合考虑创新发展速度的衡量方法仍处于探索尝试阶段，以及金融创新对一个地区金融发展的战略重要性较高等因素，为保证最终指标的正确性，设置金融创新的权重为15%。该指标包括6个二级指标，二级指标权重见表21。

表 21　金融创新及其二级指标权重

单位：%

金融创新指标权重	15	4. 产品创新	15
1. 整体创新	10	5. 创新内部要素	25
2. 机构创新	20	6. 创新外部要素	10
3. 市场创新	20		

资料来源：课题组制作。

1. 金融创新整体

2015 年，金融创新发展态势向好，其指数达 6272，比上一年提升 19.0%，连续 5 年保持较快增长，发展稳健。

金融创新指数的计算采用主观和客观方法相结合的方式。客观数据法反映被评价主体的客观表现，主要运用于对机构创新和市场创新的计算，整体创新和产品创新则采取主观评价法和客观数据法相结合的方法，主观评价法主要用于衡量创新内部要素和创新外部要素。利用主观评价法进行往年倒推是无法实现的，因此，主观评价法仅在 2012 年及其后年份的天津金融发展指数中进行了引用，2006～2011 年的天津金融发展指数及其子指数仅使用客观数据法。

2015 年，金融创新指数达到 6272，比上一年增长 1001，增幅达 19.0%，连续 5 年保持较快增长；环比指数达到 1190，在一级指标的比较中，占据绝对领先的位置，为提升天津金融发展指数带来了动力（见图 13 和图 14）。

从具体金融创新事件看，2015 年天津金融创新取得较好成绩。在银行业方面，银行业金融机构体制改革稳步推进，大型银行不断健全制度体系，内控和风险管理日趋精细化，组织架构调整凸显发展重点，例如，有效发挥内委会监督审议平台作用，实行穿透式管理；提升重点客户授信业务发起层次，逐渐建立客户分层营销体系。中小银行创新推出很多特色产品，产品创新密切贴合形势需要，例如，推出“小额快捷通——小微企业连续贷”产品，设计了“天津滨海高新技术产业开发区科技型中小企业信

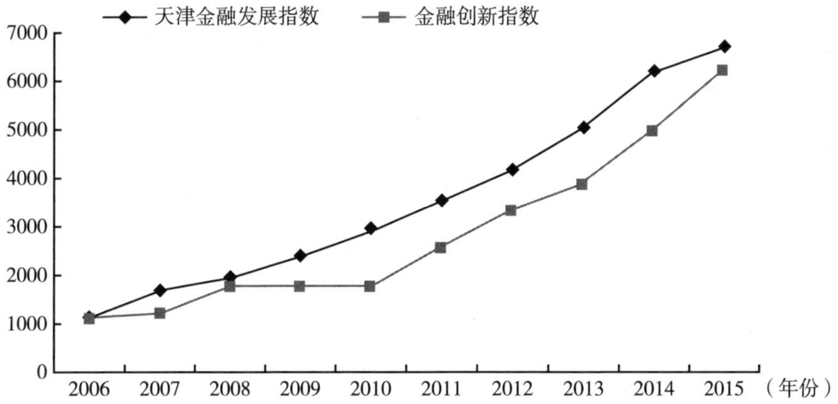

图 13　金融创新指数与天津金融发展指数

资料来源：课题组制作。

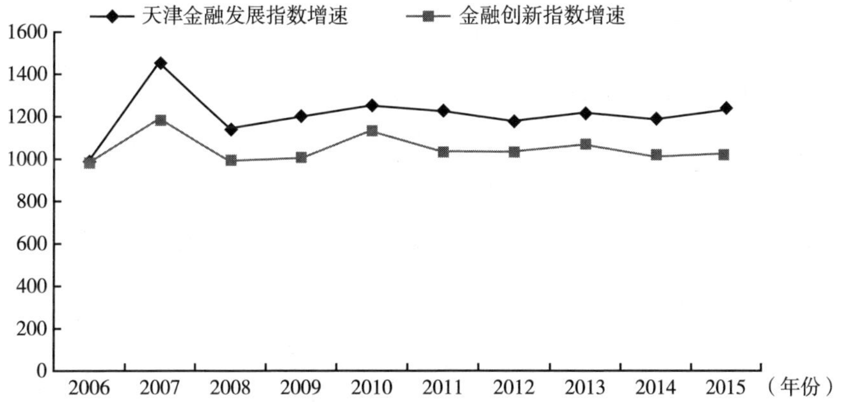

图 14　金融创新指数增速与天津金融发展指数增速

资料来源：课题组制作。

用贷款风险补偿机制下融资模板”。跨境人民币业务快速发展，天津生态城企业在新加坡成功发行人民币债券，是全国首支境内企业在新加坡发行的人民币债券。在金融市场方面，2015 年，天津在全国银行间市场发行 3 单永续票据；成功发行全国首单保障房中期票据。在自贸区金融改革方面，2015 年 12 月 9 日，天津自贸区“金融改革 30 条”正式发布。经国家外汇管理局批复，12 月 18 日，落实“金融改革 30 条”的首个实施细则在天津发布，内容主要包括：①自贸区内 A 类企业货物贸易收入无须开立待核查账户业务；②跨境双向人民币资金池业务；③外债意愿结汇业务；④融资租赁收取外币租金；⑤外商投资企业外汇资本金实行意愿结汇；⑥为境外机构办理人民币与外汇衍生产品交易业务；⑦推出京津冀协同卡等 8 项创新业务；⑧直接投资外汇登记下放银行办理。

2. 金融创新各方面

金融创新涉及方面广泛，各方面发展速度不一。2015 年，产品创新、机构创新、整体创新在宏观经济的影响下显露生机；创新内部要素和创新外部要素平稳发展；市场创新稳健运行。总的来说，2015 年天津金融创新水平处于良性发展的稳健阶段，产品、机构和市场等创新领域继续保持较高的增长速度，处于国内金融创新的前沿。

2006～2015 年金融创新在各个方面都实现了发展，其中，在过去 9 年增长速度一直处于领先位置的有机构创新、产品创新、市场创新，9 年年均增速超过 24.5%，高于其他创新领域；整体创新在过去 9 年中年均增速达到 11.0%，增长速度稳中有进。2012 年引入的主观评价类指标即创新内部要素和创新外部要素，将 2012～2015 年增速的几何平均值设定为过去 9 年的年均增速，分别达到 5.4% 和 5.2%，保持在相对稳定的水平。

2015 年，在机构创新、产品创新、市场创新 3 个创新领域中，机构创新的增长速度尤为显著，指数达到 9598，比上一年增长了 33.1%；产品创新、市场创新的指数分别达到 8230 和 7228，比上一年分别增长了 54.8% 和 9.5%。除 3 个创新领域外，整体创新的指数达到 2561，比上一年增长了 3.9%。创新内部要素和创新外部要素的指数分别为 1235 和 1223。

从增长速度来看，2015 年，整体创新、机构创新、市场创新、产品创新呈现稳步增长的态势，环比指数分别达到 1039、1331、1095、1548，环比指数比上一年分别为持平、提升 105、回落 98、提升 512；创新内部要素和创新外部要素环比增速分别为 1053 和 1052，增速仍然处于较低水平。

以下报告将具体展示金融创新各子领域在 2006～2015 年的发展速度和 2015 年最新的走势，解读各子领域的结构和特征。

（1）整体创新

2015 年，整体创新指数为 2561，比上一年有所提升，涨幅达 3.9%；环比指数为 1039，增速与 2014 年持平。

作为滨海新区综合配套改革试验的核心内容之一，金融先试先行不仅是中国金融“自下而上”改革创新的关键支撑，也是金融创新示范区建设的重要组成因素，还是天津自贸区试验的重点内容。基于整体创新的重要作用，该指标的权重被设定为 10%。

客观数据显示，2015 年天津金融先试先行试点数目与 2014 年保持一致。从主观评价角度来看，2015 年对天津金融整体创新进展情况进行的调研结果显示，分别有 2.30%、53.60%、36.00%、8.10% 的受调查人群认为整体金融创新显著改善、较为改善、没有变化、持有其他观点。

从主观评价的角度来分析，2015 年对天津金融创新人才充裕度进行的调研结果显示，分别有 4.83%、46.78%、41.12%、7.27% 的受调查人群认为金融创新人才充裕度显著改善、较为改善、没有变化、持有其他观点。

整体创新通过 3 项三级指标进行衡量（1 个客观指标和 2 个主观评价指标），分别从金融整体创新、金融先试先行试点、金融创新人才充裕度 3 个方面反映金融整体创新，2015 年金融整体创新的 3 个领域都有了长足的提升和改善。其中，天津金融重大先试先行试点数由 2009 年的 1 个提升为 2012 的 3 个，此后 2013 年、2014 年、2015 年保持不变；2015 年，对天津金融创新人才充裕度的主观评价，折合为环比指数达到 1048；2015 年，对天津金融整体创新的主观评价，折合为环比指数达到 1049。上述情况反映受调查人群对于天津金融整体创新发展的乐观态度。从总体看，金融整体创新在上述 3 个指标的共同带动下，发展态势稳健。

2015 年，金融重大先试先行试点环比指数为 1000，金融创新人才充裕度主观评价环比指数为1048，金融整体创新主观评价环比指数为1049，呈现稳健发展趋势。

（2）机构创新

2015年，机构创新指数达9598，比上一年增长33.1%；环比指数为1331，比上一年上升105，增速有所提高。

机构创新是金融创新活动的重要组成，对于建设金融创新运营示范区具有重要作用。考虑到该指标的重要性，机构创新指标被赋予10%的权重。

2015年，金融机构创新呈现平稳较快发展，创新型金融机构数量和种类均有所提升，发挥了金融创新运营示范区的示范效应。2015年，天津融资租赁法人机构数达到697家，比上一年增加362家；2006～2015年融资租赁法人机构数的年均增速达到91.6%，增速迅猛；融资租赁合同余额达到1.41万亿元，同比增长41.0%；在天津注册的金融租赁公司达7家，比年初增加2家。2015年，产业基金公司数达到1家，与上一年持平。2015年，天津财务公司数达到5家，比上一年增加1家。2015年，私募股权基金本地投资案例数达到44个，比上一年增加37个；私募股权基金本地投资金额达到7.86亿美元，比上一年增加2.62亿美元。2015年，典当公司数达到176家，小额贷款公司数达到110家，均与上一年持平。2015年，金融租赁公司、汽车金融公司、中德住房储蓄银行、金城银行等其他法人金融机构合计达到10家，比上一年增加2家。

金城银行是天津自贸区内注册设立的唯一一家民营法人银行，也是北方地区唯一获批设立的民营银行。金城银行的成立为近年来的天津金融机构创新注入新鲜血液。金城银行在2015年4月27日营业，自营业开始，各项指标运行平稳，在民营银行的综合排名中位居前列，截至2015年7月，金城银行的资产总额达到72.1亿元，所有者权益总额达到30.1亿元。此外，金城银行积累了广泛的客户资源，涉及业务金额160亿元，涵盖融资租赁、能源材料、互联网金融等领域。

（3）市场创新

2015年，市场创新指数为7228，比2014有所提升；环比指数为1095，比上一年有所降低，降低了98，发展总体稳健。

金融先试先行的首要目标就是市场创新，市场创新的实现与否直接关系到金融市场能否健康发展，对天津滨海新区的金融改革创新发展具有重要意义，基于此，市场创新被赋予20%的权重。2015年底，市场创新环比指数为1095，比上一年降低了98，发展增速放缓。

2015年，金融市场创新呈现稳健发展，区域创新型市场的交易品种、交易规模持续提升，金融市场创新为天津建成金融创新运营示范区创造了条件。2015年，天津股权交易所交易量达到28065.59万股，成交金额7.31亿元；天津铁合金交易所成交量115.68万吨，成交金额61.90亿元；天津渤海商品交易所成交量27696.80万吨，成交金额15296.53亿元。此外，在构建全国中小企业股份转让系统（"新三板"）的过程中，天津市有关部门给予大力支持，促进京津金融协同发展。截至2015年末，天津已有92家企业在"新三板"挂牌，比2014年末增加51家。截至2015年，连续成功举办9届中国企业国际融资洽谈会，自2007年首次成功举办至今，累计已有来自全球五大洲30多个国家及地区的近万家实体企业、金融机构参加中国企业国际融资洽谈会，该洽谈会成为国际上层次高、交易多、规模大、影响广的年度投融资盛会。2015年，中国企业国际融资洽谈会意向融资额达到375亿元，意向融资额较上一年提升23亿元。在其带动下，多样化的创新型资本及要素市场在天津规范有序发展。

（4）产品创新

2015年，金融产品创新指数8230，比上一年增长54.8%；环比指数为1548，比上一年提升512，增速显著提升。

产品创新是金融创新活动①的重要组成部分。考虑到金融产品创新在金融创新中的重要作用，该指标被赋予15%的权重。金融产品创新的迅速发

① 根据《帕尔格雷夫经济学大辞典》的界定，"当一个新的金融产品或服务被人们广泛接受用来代替或补充已有的金融工具、机构或业务流程时，就可以称为创新性的，而不只是新的或新颖的，这和任何其他创新性产品或服务一样。……金融创新重要的不是一种产品或过程（这通常是不明显）的创新，而是创新在市场中的扩散"。

展，创新产品种类和交易额的增加，都在一定程度上反映了2015年的金融创新活跃度较高。从客观数据看，2015年，天津市小微企业贷款余额达到4127.43亿元，小微企业贷款比年初增加718.2亿元，同比多增274.3亿元。2015年，法人基金管理公司新基金产品数达到83个，比2014年增加54个，比2006年增加82个。从主观评价来看，分别有3.21%、53.21%、37.14%、6.44%的受调查人群认为天津金融产品创新数量显著改善、较为改善、没有变化、持有其他观点。

（5）创新内部要素

2015年，创新内部要素指数达1235；环比指数为1053，发展状态稳健。

创新内部要素由金融机构创新能力、技术创新程度、组织形式创新程度、管理创新程度、服务创新程度等反映金融体系内部影响金融创新能力的要素构成。考虑到这些影响要素不容易获取数据，本报告采取主观评价方法获得各个要素的评分。同时，考虑到主观评价法难以进行往年倒推，所以，仅获得创新内部要素2012～2015年的主观评价。考虑到创新内部要素在金融创新中的影响，创新内部要素指标被赋予25%的权重。

创新内部要素包括金融机构创新能力、组织形式创新程度、技术创新程度、服务创新程度、管理创新程度等5个三级指标，每个三级指标的权重均为20%（见表22）。

表22　创新内部要素及其三级指标的权重

单位：%

创新内部要素指标权重	25	3. 管理创新程度	20
1. 组织形式创新程度	20	4. 技术创新程度	20
2. 金融机构创新能力	20	5. 服务创新程度	20

资料来源：课题组整理。

第一，对于2015年“技术创新程度”的主观评价，分别有4.83%、47.59%、40.30%、7.28%的受调查人群认为金融技术创新程度明显改善、较为改善、没有变化、持有其他观点。

第二，对于 2015 年“组织形式创新程度”的主观评价，分别有 4.87%、43.91%、44.70%、6.52%的受调查人群认为金融组织形式创新程度明显改善、较为改善、没有变化、持有其他观点。

第三，对于 2015 年“服务创新程度”的主观评价，分别有 8.21%、52.45%、35.22%、4.12%的受调查人群认为金融服务创新程度明显改善、较为改善、没有变化、持有其他观点。

第四，对于 2015 年“管理创新程度”的主观评价，分别有 5.68%、52.86%、36.56%、4.90%的受调查人群认为金融管理创新程度显著改善、较为改善、没有变化、持有其他观点。

第五，对于 2015 年“金融机构创新能力”的主观评价，分别有 4.82%、47.57%、37.94%、9.67%的受调查人群认为金融机构创新能力明显改善、较为改善、没有变化、持有其他观点。

综合以上评价结果，对 5 个三级指标进行折合形成新的环比指数，分别为：技术创新程度是 1049、服务创新程度是 1064、管理创新程度是 1059、组织形式创新程度和金融机构创新能力都是 1046。

（6）创新外部要素

2015 年，创新外部要素指数为 1223；环比指数是 1052，增速多年保持稳定。

一些在金融体系外部影响创新能力的要素，如高校合作进行创新的力度、监管部门促进创新的力度等，共同构成了创新外部要素。同创新内部要素相同，由于数据度量较困难，本报告同样选取了主观评价法对创新外部要素进行评分。由于主观评价法的固有限制，时间倒推较为困难，所以在创新外部要素主观评价的数据选择上，只提取了 2012 ~ 2015 年的数据。综合创新外部要素对金融创新的影响力度，给予该指标 10% 的权重。

构成创新外部要素的两个三级主观评价指标为监管部门推动创新力度、高校合作创新推动力度。这两个三级指标都赋予 50% 的权重（见表 23）。下面逐个介绍受调查人群对三级指标的有关判断。

表 23　创新外部要素及其三级指标的权重

单位：%

创新外部要素指标权重	10
1. 高校合作创新推动力度	50
2. 监管部门推动创新力度	50

资料来源：课题组整理。

一方面，关于 2015 年“高校合作创新推动力度”的主观评价，分别有 10.3%、43.3%、43.0%、3.4%的受调查人群认为天津高校合作创新推动力度明显改善、较为改善、没有变化、持有其他观点。

另一方面，关于 2015 年“监管部门推动创新力度”的主观评价，分别有 3.22%、48.40%、39.51%、8.87%的受调查人群认为天津金融监管部门推动创新力度明显改善、较为改善、没有变化、持有其他观点。

综合以上评价结果，对 2 个三级指标进行折合形成新的环比指数，分别是：高校合作创新推动力度是 1060、监管部门推动创新力度是 1044。

（六）金融生态环境发展度分析

从世界各地金融中心的发展经验看，金融生态环境对金融业的持续健康发展具有积极作用。一个良好的金融生态环境不仅可以推动金融业的前进，而且对于实现金融定位、促使金融市场健康有序发展至关重要。众所周知，政策规划和政策指导方向直接影响金融业的发展。所以，可以将政策作为传导介质，通过其影响打造良好的外部环境，直接创建一个稳定、健康的金融生态环境。综合上述因素，课题组给予金融生态环境 20% 的权重（见表 24）。本研究在评价、度量天津金融生态环境方面，选择了 7 个不同的领域。其中，法律环境和政府服务选取主观问卷调研的方式；物价水平、产业支撑、宜居城市使用定量指标度量。信用环境和金融中介使用主观问卷和定量指标结合的方式。

表 24　金融生态环境及其二级指标的权重

单位：%

金融生态环境指标权重	20	4. 物价水平	10
1. 金融中介	12	5. 宜居城市	5
2. 信用环境	8	6. 政府服务	20
3. 产业支撑	35	7. 法律环境	10

资料来源：课题组制作。

1. 金融生态环境整体

金融生态环境呈现连续稳健发展的良好态势，2015 年指数为 1702，与 2014 年相比，小范围上升 3.5%，增速相对略微下降，但趋势依旧稳定。

近一段时期以来，天津金融生态环境持续改善，虽然进步的速度相对低于金融机构、金融市场，但是仍旧稳步增加，逐渐积累，为天津市金融发展提供了稳定的保障和健康的基础。法律环境、金融中介、信用环境、产业支撑等领域都在逐步走向完善与成熟，其发展历程与发展程度与天津金融生态环境发展的每一时期和整个社会经济环境的特点具有一定的契合度。2015 年，金融生态环境指数为 1702，与 2014 年相比而言增长了 58，环比指数为 1035，与其他 4 个一级指标相比而言较低（见图 15 和图 16）。

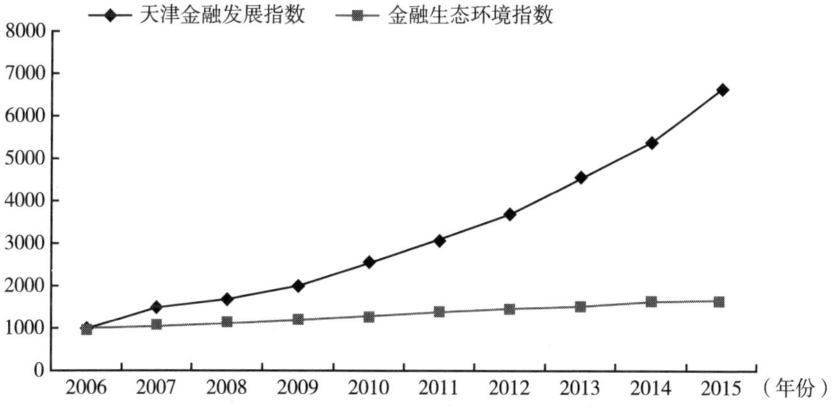

图 15　金融生态环境指数与天津金融发展指数

资料来源：课题组制作。

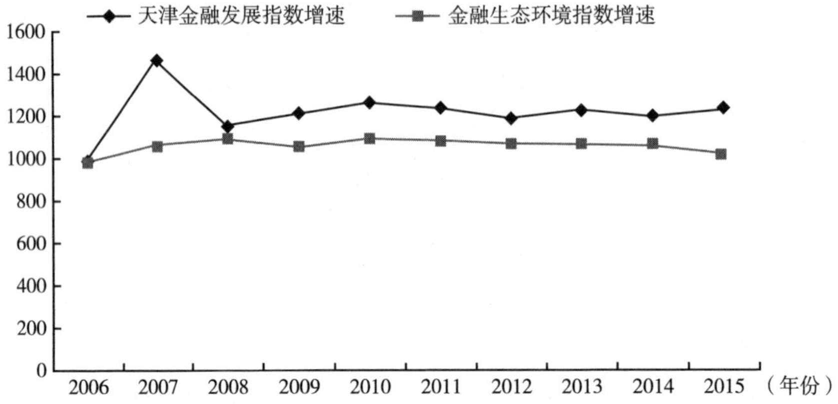

图 16　金融生态环境指数增速与天津金融发展指数增速

资料来源：课题组制作。

2015 年，对于天津市金融生态环境的具体建设而言，天津市印发了《天津市社会信用体系建设规划（2014～2020 年）》，同时采取多项措施，全方位、多角度推动金融生态环境的建设与发展。金融消费权益保护成果明显。2015 年，全市 73 家银行业金融机构全部运营了金融消费权益保护信息管理系统。目前，金融消费权益保护信息管理系统、12363@126.com 投诉邮箱、“12363” 投诉电话等多方面、全角度的金融消费权益保护基础设施已经基本建设完成。天津市支付机构业务快速扩展，银行卡市场已经基本上是支付机构收单业务与传统银行业的天下。天津市支付体系建设进一步臻于成熟。支付清算各系统的主导者依然是大额支付体系，票据及银行卡等非现金支付工具的发展继续维持平稳，同城票据清算量缩减，电子化支付方式的影响和替代作用进一步凸显。

2. 金融生态环境各方面

金融生态环境各方面的发展速度各有不同。物价水平发展依旧平稳，指数是 884；法律环境和政府服务有序逐步发展，指数分别为 1222 和 1226；金融中介、宜居城市、产业支撑、信用环境快速发展，指数分别为 1335、1370、2363、1354。

可以用7个二级指标来测度金融生态环境，这些指标基本涵盖金融生态环境的主要方面，其中采取定量指标测度物价水平、宜居城市以及产业支撑的情况；采取问卷调查测度法律环境和政府服务；采取问卷调查和定量指标相结合的方法测度信用环境和金融中介。由于主观评价法难以进行时间倒推，所以在法律环境和政府服务的数据选择上，仅提取2012～2015年的数据。2015年，法律环境和政府服务的指数分别为1222和1226；宜居城市的指数是1370，与2014年相比，上升了5.4%；产业支撑的指数是2363，与2014年相比，上升了1.3%；物价水平的指数为884；信用环境指数达到1354，与2014年相比，提高了6.3%；金融中介的指数是1335，与2014年相比，提高了4.8%。

综观2006～2015年金融生态环境主要子领域的前进趋势，不难发现，在9年中，年均增速位于榜首的是产业支撑指数，超过了10.0%，远大于其他子领域。金融中介、宜居城市和信用环境居于产业支撑之下，在过去9年中，这3个子领域的年均增速分别为3.3%、3.6%和3.4%。在指数评价方法上，由于2012年首次引入主观评价法，所以对于采取主观评价法收集数据的法律环境和政府服务而言，其2012～2015年的年均增速假定为2006～2015年的年均增速，分别为5.1%和5.2%，较为稳定。在9年间，年均增速是负的子领域为物价水平。总体而言，2015年天津金融生态环境依旧呈现良好的增长趋势，法律环境、信用环境、产业支撑、政府服务和金融中介等子领域呈现较好发展态势。

从增长速度来看，2015年，保持稳定增长趋势的子领域为法律环境、宜居城市和政府服务。3个子领域发展前景较为乐观，环比指数分别达到1051、1054和1052；2015年，信用环境和金融中介的环比指数分别达到1063和1048；产业支撑和物价水平的环比指数相同，都达到1013。

下面将详细阐述2006～2015年金融生态环境各个子领域的发展状况以及最新进展，具体说明每个子领域的特点和结构。

（1）金融中介

2015年，金融中介指数是1335，与2014年相比相对上升，上涨了

4.8%；环比指数是1048，与2014年相比，涨幅达到61，但增速相对来说略微降低。

目前，城市的金融功能区或金融中心频繁出现的一个现象是金融机构与金融中介服务机构共生并存，这映射出在整个金融业的发展中，金融中介服务所扮演的角色越来越重要，影响力越来越大。基于目前的发展趋势，金融中介服务机构在金融环境中地位比较重要，所以，把12%的权重赋予金融中介服务机构。

2015年，金融中介指数达到1335，与2014年相比略有升高；环比指数达到1048，与2014年相比下降9，总体来说发展趋势较为稳定。

从行业数据来看，发现金融中介服务机构和金融中介专业人才的数量同时呈现增加的趋势。①2015年，专业保险中介机构覆盖率达到0.081个/万人，与2014年相比增加0.003个/万人，与2006年相比增加0.014个/万人；②2015年，会计师事务所覆盖率达到0.063个/万人，与2014年相比增加0.002个/万人，与2006年相比增加0.016个/万人；③2015年，天津律师事务所覆盖率达到0.38个/万人，比2014年提升0.03人/万人，与2006年相比增加0.15个/万人；④2015年，注册会计师覆盖率达到1.25人/万人，比2014年下降0.01人/万人，与2006年相比增加0.25人/万人；⑤2015年，天津执业律师覆盖率达到3.679人/万人，与2014年相比增加0.34人/万人，与2006年相比增加1.85人/万人。

从主观评价数据，第一，关于2015年“会计审计服务”的主观评价，分别有45.82%、45.82%、46.68%、2.50%的受调查人群认为会计审计服务明显改善、较为改善、没有变化、持有其他观点。在金融中介主观评价的7个类别里，会计审计服务环比指数居第1位，环比指数达到1053。

第二，关于2015年“金融法律服务”的主观评价，分别有5.73%、44.27%、45.89%、4.11%的受调查人群认为金融法律服务明显改善、较为改善、没有变化、持有其他观点。在金融中介主观评价的7个类别里，金融法律服务环比指数居第2位，环比指数达到1052。

第三，关于2015年“融资担保服务”的主观评价，分别有2.41%、

50.82%、38.70%、8.07%的受调查人群认为融资担保服务明显改善、较为改善、没有变化、持有其他观点。在金融中介主观评价的7个类别里，融资担保服务环比指数居第3位，环比指数达到1048。

第四，关于2015年“资讯信息服务”的主观评价，分别有5.73%、42.63%、45.92%、5.72%的受调查人群认为天津资讯信息服务明显改善、较为改善、没有变化、持有其他观点。在金融中介主观评价的7个类别里，资讯信息服务环比指数居第4位，环比指数达到1048。

第五，关于2015年“投资咨询服务”的主观评价，分别有4.91%、46.72%、39.35%、9.02%的受调查人群认为投资咨询服务明显改善、较为改善、没有变化、持有其他观点。在金融中介主观评价的7个类别里，投资咨询服务环比指数居第5位，环比指数达到1047。

第六，关于2015年“信用评级服务”的主观评价，分别有4.02%、41.94%、48.38%、5.66%的受调查人群认为信用评级服务明显改善、较为改善、没有变化、持有其他观点。在金融中介主观评价的7个类别里，信用评级服务环比指数居第6位，环比指数达到1044。

第七，关于2015年“资产评估服务”的主观评价，分别有2.43%、39.85%、53.65%、4.07%的受调查人群认为资产评估服务明显改善、较为改善、没有变化、持有其他观点。在金融中介主观评价的7个类别里，资产评估服务环比指数居第7位，环比指数达到1040。

由于7个指标采用主观评价法获取数据，所以各个环比指数仅获取了2012~2015年的数值。在本报告里，将各个指标两年的环比指数连续乘以1000来获得其发展指数。

（2）信用环境

2015年，信用环境指数为1354，与2014年相比上涨了6.3%；环比指数达到1063，与2014年相比基本持平，增速较为稳定。

信用环境是考量某个地区金融生态环境发展状况的重要指标。基于它的重要性，本报告为信用环境指标设定8%的权重。2015年底，信用环境指数为1354，环比指数是1063，增速较为稳定，与上年基本持平。

2015 年，天津社会信用体系建设进入快速发展期。客观数据显示，截至 2015 年底，天津市共有 24 万户企业和其他经济组织的信用信息和基本信息被全国企业征信系统收录，与 2014 年相比增加 1 万户。天津市共计 960 万名自然人的信用信息和基本信息被全国个人征信系统收录，与 2014 年相比增加了 10 万人。2015 年天津信用评级公司数达到 8 家，与 2014 年相比基本持平，发展前景乐观。

具体分析主观评价，首先，关于 2015 年“公民信用意识”的主观评价，分别有 7.93%、64.30%、24.61%、3.16% 的受调查人群认为天津公民信用意识明显改善、较为改善、没有改变、持有其他观点。“公民信用意识”在信用环境主观评价的 7 个类别里，环比指数位居第 1，其环比指数是 1077。

其次，关于 2015 年“信用数据库建设”的主观评价，分别有 5.60%、63.20%、27.20%、4.0% 的受调查人群认为天津信用数据库建设明显改善、较为改善、没有改变、持有其他观点。“信用数据库建设”在信用环境主观评价的 7 个类别里，环比指数位居第 2，其环比指数是 1070。

2015 年，民营中小企业信息收集和考察工作、基层社会信用环境建设工作综合评价考核在天津市迅速展开。截至 2015 年底，个人信用报告互联网查询服务普遍开展，对该项服务的需求迅速增加，天津市个人信用报告互联网全年查询量达到 32 万笔。天津市共有 19 家融资性担保公司试点和小额贷款公司与金融信用信息基础数据库连接。天津市共发布 446 户农民合作社信用评价名单，向金融机构公布 86 家民营企业信用评价等级 A 类名单，极大地促进了诚信以及征信意识的普及。天津市农村以及中小微企业信用信息系统建设完成，共计收录 342 户农民专业合作社和 626 户中小微企业信用信息。

再次，关于 2015 年“信用文化建设”的主观评价，分别有 6.34%、59.53%、29.36%、4.77% 的受调查人群认为天津信用文化建设明显改善、较为改善、没有改变、持有其他观点。“信用文化建设”在信用环境主观评价的 7 个类别里，环比指数位居第 3，其环比指数是 1067。

最后，关于2015年“政府补贴政策”的主观评价，分别有7.19%、53.61%、31.19%、8.01%的受调查人群认为天津政府补贴政策明显改善、较为改善、没有改变、持有其他观点。“政府补贴政策”在信用环境主观评价的7个类别里，环比指数位居第4，其环比指数是1060。

（3）产业支撑

2015年，天津产业支撑指数达到2363，与2014年相比上升了1.3%；环比指数达到1013，与2014年相比稍微下降，降低了46。

自天津滨海新区纳入国家战略以来，天津市金融业基于本市原有的主体产业和先进的制造业，不断积累自己的优势，发展服务实体经济和产业金融两个本地金融特色，并得到了切实的成果。产业支撑为天津市金融业的发展提供了契机和活力。基于其重要性，课题组给予产业支撑35%的权重。截至2015年底，产业支撑指数为2363，与2014年相比相对上升；环比指数达到1013，与2014年相比稍微下降。

2015年天津市产业支撑和实体经济继续稳步发展，经济总量持续扩大，截至2015年末，全市生产总值为16538.19亿元，与2014年相比，增加815.72亿元，在此基数下，人均地区生产总值为106908元，与2014年相比，增加1706元。工业增加值为6981.27亿元，与2014年相比下降102.12亿元。2015年贸易往来十分活跃，港口货物吞吐量为5.41亿吨，与2014年相比增加了0.01亿吨。对外贸易进出口总额为1143.47亿美元，与2014年相比下降195.63亿美元。实际直接利用外资金额为211.34亿美元，与2014年相比增加了22.67亿美元，与2006年相比增加了170.03亿美元。2015年，天津经济结构持续保持优化，服务业增加值占GDP的比重达到52%，与2014年相比增加了2.7个百分点，与2006年相比增加了11.8个百分点。高新技术产业产值占规模以上工业产值的比重为30.3%。

（4）物价水平

2015年，天津物价水平指数为884，与2014年相比增加了1.3%；环比指数是1013，与2014年相比降低了6，增速小幅度回落。

一般而言，一个地区的物价水平，既影响该地区的居民生活、企业运营成本，又影响该地区的经济繁荣程度。为了把物价因素植入天津金融生态环境，在研究物价水平时，本报告选取了办公室租用成本和居民消费价格指数两个指标。基于物价水平对金融生态环境的影响，给予其10%的权重。2015年，天津物价水平指数为884，与2014年相比增加了1.3%；环比指数是1013，与2014年相比降低了6，增速稍微减缓。

2015年，居民消费价格指数达到101.7%，与2014年相比下降了0.15个百分点，可以看出居民消费价格持续保持平稳状态；天津办公室月租用成本为124元/平方米，与2006年相比增加了27.60元/平方米，与2014年相比减少了3.0元/平方米，据以上数据可得出结论，在短期，天津市办公室租用成本略有下降，但在中长期，办公室租用成本则在平稳中缓慢上升。

（5）宜居城市

2015年，天津宜居城市指数为1370，与2014年相比上升5.4%；环比指数达到1054，与2014年相比上升了14，发展增速相对提高。

天津市城市定位的重要目标之一就是“美丽天津”，生态宜居城市的规划和建设对加快聚集天津市金融人才和金融机构有极大的促进作用。考虑到宜居城市在金融生态环境建设中的重要作用，课题组给予宜居城市5%的权重。2015年末，宜居城市指数达到1370，与2014年相比上升5.4%；环比指数是1054，与2014年相比上升了14，发展增速呈小范围加快现象。

2015年，建成区绿化覆盖率达到35%，与2014年相比提高0.07个百分点。2015年，空气质量达到或好于二级的天数占全年比重达到60.3%，与2014年相比上升了约12.35个百分点，空气质量相对提升。2015年，影剧院数达到74个，与2014年相比基本持平。2015年，城市轨道交通覆盖率达到0.098公里/万人。

（6）政府服务

2015年，政府服务指数为1226；环比指数达到1052，以平稳的速度向前发展。

若干体现政府服务的要素共同构成了政府服务，如金融机构奖励政策、金融监管、金融人才奖励政策、金融区域布局和基础设施建设政策、政府推动信用环境建设活动、税收优惠相关政策、基础设施建设、金融配套服务产业相关政策、政府补贴政策。综合考虑政府服务对金融生态环境的作用，课题组给予其 20% 的权重。由于政策支持要素获得数据较为困难，本报告在获得要素评价数据方面采用了主观评价法。由于主观评价法难以进行时间倒推，所以在政府服务的数据选择上，仅提取了 2012 ~ 2015 年的数据。

政府服务的 8 个三级主观评价指标为税收优惠相关政策、政府推动信用环境建设活动、政府补贴政策、金融机构奖励政策、政府补贴政策、金融人才奖励政策、金融配套服务产业相关政策、金融区域布局和基础设施建设政策、金融监管，这 8 个三级主观评价指标的权重不尽相同（见表 25）。

表 25　政府服务及其三级指标的权重

单位：%

政府服务指标的权重	20
1. 税收优惠相关政策	15
2. 政府补贴政策	15
3. 金融机构奖励政策	10
4. 金融人才奖励政策	10
5. 金融区域布局和基础设施建设政策	10
6. 金融配套服务产业相关政策	15
7. 金融监管	15
8. 政府推动信用环境建设活动	10

资料来源：课题组整理。

从主观评价结果来看，第一，关于 2015 年“政府补贴政策”的主观评价，分别有 4.8%、52.7%、39.3%、3.2% 的受调查人群认为政府补贴政策明显改善、较为改善、没有改变、持有其他观点。“政府补贴政策”在政府服务主观评价的 8 个三级指标里环比指数高居榜首。基于上述评价所得数据，政府补贴政策的环比指数是 1058。

第二，关于 2015 年“金融区域布局和基础设施建设政策”的主观评价，分别有 7.3%、48.4%、39.4%、4.9% 的受调查人群认为金融区域布局和基础设施建设政策显著改善、较为改善、无变化、持有有其他观点。“金融区域布局和基础设施建设政策”在政府服务主观评价的 8 个三级指标中环比指数居第 2 位，其环比指数为 1057。

作为天津金融改革创新工作的重要组成部分，于家堡金融区具有较强的区位优势，其位于天津滨海新区中心商务区的中心区，将逐步建设成全国领先、世界一流、功能完善、服务健全的金融改革创新基地，于家堡金融区注册企业情况如表 26 所示。

表 26　于家堡金融区注册企业情况

年份	2011	2012
累计注册企业户数	300 余家	502 家
累计注册资本金	700 亿元	880 亿元

资料来源：2012 天津金融白皮书。

第三，关于 2015 年“金融机构奖励政策”的主观评价，分别有 9.90%、42.16%、42.16%、5.78% 的受调查人群认为金融机构奖励政策显著改善、较为改善、无变化、持有其他观点。“金融机构奖励政策”在政府服务主观评价的 8 个三级指标中环比指数居第 3 位，其环比指数达到 1055。

第四，关于 2015 年“政府推动信用环境建设活动”的主观评价，分别有 6.6%、48.8%、39.0%、5.6% 的受调查人群认为政府推动信用环境建设活动显著改善、较为改善、无变化、持有其他观点。“政府推动信用环境建设活动”在政府服务主观评价的 8 个三级指标中环比指数居第 4 位，其环比指数为 1054。

第五，关于 2015 年“税收优惠相关政策”的主观评价，分别有 6.5%、41.5%、48%、4% 的受调查人群认为天津税收优惠相关政策显著改善、较为改善、无变化、持有其他观点。“税收优惠相关政策”在政府服务主观评价的 8 个三级指标中环比指数居第 5 位，其环比指数为 1050。

第六，关于 2015 年“金融配套服务产业相关政策”的主观评价，分别有4.0%、49.2%、39.5%、7.3%的受调查人群认为金融配套服务产业相关政策显著改善、较为改善、无变化、持有其他观点。“金融配套服务产业相关政策”在政府服务主观评价的8个三级指标中环比指数居第6位，其环比指数达到1049。

第七，关于2015年“金融监管”的主观评价，分别有3.23%、49.19%、40.32%、7.26%的受调查人群认为金融监管显著改善、较为改善、无变化、持有其他观点。“金融监管”在政府服务主观评价的8个三级指标中环比指数居第7位，其环比指数达到1048。

第八，关于2015年“金融人才奖励政策”的主观评价，分别有8.87%、36.29%、48.39%、6.45%的受调查人群认为金融人才奖励政策显著改善、较为改善、无变化、持有其他观点。“金融人才奖励政策”在政府服务主观评价的8个三级指标中环比指数居第8位，其环比指数达到1047。

（7）法律环境

2015年，法律环境指数达1222，环比指数为1051，发展速度稳健。

法律环境由全国金融法律规章，天津市金融法规、规章，金融执法，金融诉讼仲裁环境几个反映法律环境的要素构成。考虑到法律环境对金融生态环境的影响，法律环境指标被赋予10%的权重。考虑到法律环境相关要素不容易获取数据，本研究采取主观评价法获得要素评分。同时，考虑到主观评价法难以进行往年倒推，因此，仅获得了法律环境指标2012~2015年的主观评价数据。

法律环境包括全国金融法律规章等4个三级主观评价指标，每个三级指标的权重不尽相同，具体情况见表27。下面逐个介绍受调查人群对于4个三级指标的评价。

表27　法律环境及其三级指标的权重

单位：%

法律环境指标的权重	10	3. 金融执法	25
1. 全国金融法律规章	25	4. 金融诉讼仲裁环境	25
2. 天津市金融法规、规章	25		

资料来源：课题组整理。

从主观评价结果看，首先，关于2015年“天津市金融法规、规章”的主观评价，分别有9.6%、44.0%、44.0%、2.4%的受调查人群认为天津市金融法规、规章显著改善、较为改善、无变化、持有其他观点。根据上述评价，“天津市金融法规、规章”在法律环境主观评价的4个三级指标中环比指数排名第1，其环比指数为1060。

其次，关于2015年“全国金融法律规章”的主观评价，分别有5.6%、44.8%、46.4%、3.2%的受调查人群认为全国金融法律规章显著改善、较为改善、无变化、持有其他观点。根据上述评价，“全国金融法律规章”在法律环境主观评价的4个三级指标中环比指数居第2位，其环比指数为1052。

再次，关于2015年“金融执法”的主观评价，分别有7.24%、44.35%、42.76%、5.65%的受调查人群认为金融执法显著改善、较为改善、无变化、持有其他观点。根据上述评价，“金融执法”在法律环境主观评价的4个三级指标中环比指数居第3位，其环比指数为1052。

最后，关于2015年“金融诉讼仲裁环境”的主观评价，分别有7.26%、34.69%、53.23%、4.83%的受调查人群认为金融诉讼仲裁环境显著改善、较为改善、无变化、持有其他观点。根据上述评价，“金融诉讼仲裁环境”在法律环境主观评价的4个三级指标中环比指数居第4位，其环比指数达到1042。

B.2
2015年的天津金融形势

摘　要：　2015 年，面对世界主要经济体通缩风险加大的复杂形势，天津市主动适应新常态，抢抓五大战略机遇，积极应对各种挑战，全市经济金融运行平稳，金融业在改革创新中实现崭新发展。本报告首先总结了 2015 年天津的经济金融形势，其次分析了 2015 年天津金融业运营态势，回顾了 2015 年天津金融改革创新成果，最后展望了 2016～2018 年天津金融改革创新的前景。

关键词：　金融形势　区域金融　金融创新　金融运营

一　2015年天津经济形势

（一）2015年天津面临宏观经济形势

第一，2015 年，世界经济依旧受到金融危机的后期影响，并处于不断调整之中，总需求的周期性萎靡和供给侧的趋势性影响使全球主要经济体不同程度地面临通货紧缩风险。在发达经济体中，美国经济的修复能力相对较强；欧元区经济有所好转，但增长乏力；日本经济保持一定增长，但财政债务风险升级，结构改革效果不佳。在较发达的经济体逐渐表现出通货紧缩的迹象时，新兴市场经济体在增长方面表现出分化态势。2015 年以来，印度经济改革带动经济快速增长，俄罗斯和巴西经济陷入滞胀状态。

第二，2015 年，我国经济处于新旧产业和发展动力转换的关键时期，中央政府统筹调整结构、惠及民生、防范风险、促进改革、推动稳定增长，使经济继续保持健康发展态势，主要经济指标处在预期目标范围和合理区间，部分经济指标持续改善。在转型升级进程中，2015 年宏观经济环境不容乐观，GDP 同比增速为 6.9%。在资本形成方面，虽然基础设施投资自 2013 年以来一直处于加速增长的状态，但由于制造业和房地产投资的低迷，全社会固定资产投资的增长速度呈现下滑趋势。在国际收支方面，尽管货物和服务贸易差额达到 3846.42 亿美元，但创纪录的贸易顺差是大宗商品价格疲软、国内需求低迷的结果。2015 年，最终消费支出在 GDP 的增长中贡献了 4.2%，资本形成总额对 GDP 增长的拉动作用占 2.9%，服务和货物净出口在推动 GDP 增长的过程中贡献度为 -0.2%。

（二）2015年转型中的天津经济

第一，2015 年，天津积极应对经济新常态，积极消化宏观经济环境的压力，加快经济发展方式的转变和升级，实现了经济稳定持续的发展。2015 年，天津 GDP 达到 16538 亿元，是 2010 年的 1.8 倍，年均增长达到 12.4%。2015 年同比增速为 9.3%，与上年相比，增速下降了 0.7 个百分点，但仍然以 2.4 个百分点的增速差快于全国平均增速。一般公共预算收入为 2667 亿元，年均增长 20.1%。社会消费品零售总额年均增长 12.9%。2015 年，全社会固定资产投资额达到 13066 亿元，人均生产总值超过 1.7 万美元。万元生产总值能耗共计减少 24%，超额完成中央制定的节能减排目标。

第二，2015 年，天津重视科技的作用，以科技发展促进创新形成，二者相互统一，共同成为提升产业核心竞争力的关键因素，产业结构切实得到优化和升级。从三次产业的角度分析，第一、二、三产业增加总额分别为 210.51 亿元、7723.60 亿元、8604.08 亿元，分别增长了 2.5%、9.2%、9.6%，由此可以分析得到三次产业结构是 1.3∶46.7∶52.0，在全市整体经济中，服务业占主导地位，比例高于 50%。金融等现代服务业的规模持续扩大。“三二一”的产业格局大体完成。此外，国家批示建设“天津国家自主创新示范区”，基本形成了“一区二十一园”的格局。全社会研发经费支出达到 GDP 的 3%，万人发明专利为 12.2 件，工业总产值达到 3 万亿元，1.2 万家企业实现转型升级。在全市所有中小企业中，科技型企业达到 7.2 万家，形成 0.34 万家科技小巨人企业，总产值占规模以上工业企业比重超过 48%。农业结构调整速度提升，高标准设施农业已经建成 60 万亩。

第三，2015 年，天津全方位推动改革开放，尤其对重要的环节和关键的领域毫不懈怠，加快实施综合配套改革，释放市场潜力，提升市场活力。天津自贸区创建成立并持续发展，深入创新建立 175 项制度。继续精简政府机构，把经营管理权下放给企业，市级行政许可事项从原来的 495 项缩减为现在的 282 项。进一步加快国企改革的步伐，对十大企业集团进行重组，一大批优势企业形成，充满发展活力。民营经济发展速度较快，在全市总经济中占 46.7%。继续扩大对外开放，吸纳内资总额 1.55 万亿元，运用外资总额 850 亿美元，选择在天津投资的世界 500 强企业共计 162 家，国内 500 强企业达到 216 家。继续深化环保、财税、科技、土地、社会等领域的改革。贯彻国家“一带一路”重大战略，加快天津与沿线国家地区的贸易投资合作。持续推进金融改革创新，形成金融租赁、私募基金、商业保理等具有区域特色的金融集群，建立中小微企业贷款风险补偿机制。实行不动产统一登记制度。加快推进京津冀协同发展重大国家战略前进的步伐。

（三）2015年天津经济潜在问题

第一，经济下行压力较大，工业稳增长困难较多。①传统行业增长乏力，对经济的影响在较短时期内难以消除，只靠新兴产业远远不够。2015 年，天津石油加工、化学制品、电子信息三个行业的增速分别为 4.5%、7.8%、-2.7%，低于全市工业平均增速。②新增项目贡献减弱。实体项目也难以拥有较高的回报率，投资增长缺乏持续的动力。2015 年，工业投资仅增长 5.0%，较上年回落 10.2 个百分点；规模以上工业企业增加 487 家，同比少增 63 家。③产品需求不足、订单减少、人工成本上升、资金紧张影响企业经营。

第二，外贸出口形势严峻。发达国家“再工业化”抢占我国在世界市场的份额，发展中国家竞争力也不断增强。我国劳动力成本持续攀升，众多因素的共同作用，对我国出口造成了阻碍。受国家出口环境的影响，天津市外贸出口增长速度逐渐下降，自 2015 年 9 月开始转为负增长。①外资企业出口不振。在全市总出口份额中，外商及港澳台商投资企业的出口占 62.8% 的比重，出口总额同比减少了 4.6%。②在全市总出口份额中，加工贸易和一般贸易的出口分别占 48.2% 和 43.1% 的比重，出口总额同比分别减少了 4.9% 和 3.8%，而上年同比增长分别为 3.6% 和 11.2%。③新兴市场中，对巴西、俄罗斯出口总额分别同比下降 38.8% 和 34.0%；传统市场中，对美国、日本和韩国的出口总额同比分别下降 18.6%、10.0% 和 19.8%。

第三，生产价格持续走低。2015 年，天津工业生产者出厂价格和购进价格指数延续 2012 年负增长的态势，且降幅呈现快速扩大的趋势。①2015 年，天津市工业生产者购进价格同比降低了 7.6%，与上年相比，下降速度增加了 4.7 个百分点。②工业生产者出厂价格同比降低 9.7%，与上年相比，下降速度增加了 6 个百分点。

二 2015年天津金融形势

（一）2015年的天津信贷

第一，信贷规模。2015 年，天津本外币各项贷款余额 25994.68 亿元，同比增长 11.8%，比上年有所回升，比年初增加 2664.92 亿元，增额同比增加 306.18 亿元。自 2006 年以来，天津本外币贷款余额同比增速均保持在 10% 以上。尤其是自 2009 年以来，为应对国际金融危机的冲击，加大金融支持经济发展的力度，金融机构信贷规模快速扩大，截至 2009 年末，本外币贷款余额达到 11152.2 亿元，同比增长 45%，增速比 2008 年高 27 个百分点。此后，贷款增速快速下降，信贷增速从 2009 年高位逐步向常态回归，总体走稳。2009 年之后的信贷扩张促进了投资和经济回升，但是目前面临的高杠杆、产能过剩问题也与此有关，而且商业银行的不良贷款余额和不良贷款率呈现“双升”。

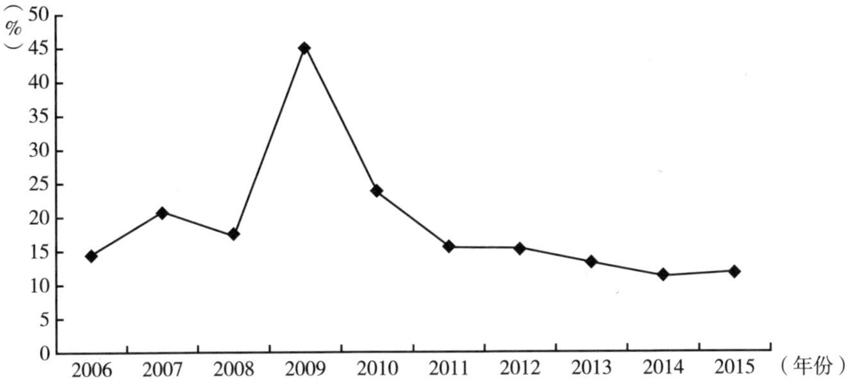

图 1　2006 ~ 2015 年天津市本外币贷款同比增速

资料来源：WIND 资讯。

第二，信贷质量。2015 年，天津信贷质量持续下降，但整体风险可控。银行业金融机构不良贷款余额、不良贷款率再次出现“双升”，2015 年末不良贷款余额达到 412.02 亿元，不良贷款率达到 1.49%，分别比年初提升 176.29 亿元和 0.53 个百分点。天津市银行业金融机构信贷资金主要投向传统的制造业、交通运输业、批发零售业、房地产业等，在宏观经济低迷以及供给侧改革的背景下，上述行业去库存、去产能的压力较大，企业易出现经营危机。2015 年，上述行业中批发零售业和制造业不良贷款额增加最多，分别达到 68.13 亿元和 35.39 亿元。

第三，信贷结构。2015 年，分部门看，天津住户贷款、非金融企业及机关团体贷款同比多增，而非银行业金融机构贷款比年初下降。其中，非金融企业及机关团体贷款项下的票据融资同比增长 37.4%，增速比上年加快。从期限看，中长期贷款占全部新增贷款的 54.1%，占比较上一年上升 4.9 个百分点。其中，新增中长期贷款达 1440.55 亿元，同比多增 393.4

亿元，短期贷款同比少增。从信贷投向看，小微企业贷款比年初增加718.2亿元，同比多增274.3亿元。消费贷款比年初增加512.8亿元，同比多增249.6亿元。涉农贷款同比增长14.1%，高于贷款平均增速2.3个百分点。保障性住房开发贷款同比增长36.4%，高于房地产贷款增速16.7个百分点。

第四，贷款利率。2015年，受5次下调基准利率等利率市场化调控政策影响，天津市金融机构人民币一般贷款加权平均利率为5.73%，比上年下降0.93个百分点。其中，1月利率水平最高，11月利率水平最低；全部贷款中，执行下浮利率的贷款占比增加，执行基准利率和上浮利率的贷款占比减少。

（二）2015年的社会融资规模

2015年，天津社会融资规模总量平稳，直接融资比重有所上升。受企业债大量到期、表外贷款和外币贷款增速放缓等方面的影响，2015年全市社会融资规模4474亿元，同比减少345亿元，延续了2014年同比减少的趋势。从结构上看，银行业金融机构表内贷款和直接融资占比明显上升，分别为56.8%和23.4%，较上年分别上升8.4个百分点和1.5个百分点；表外融资占比18.1%，较上年下降9.7个百分点，银行业金融机构表外融资同比减少532.1亿元，其中，信托贷款同比多增，而委托贷款和未贴现银行承兑汇票均不同程度少增。2015年，天津市非金融企业发行债务融资工具1321.6亿元，同比增长0.3%。年内先后发行3单永续票据，金额总计80亿元；发行全国首单保障房中期票据，金额为47.80亿元；发行信贷资产支持证券3期，金额共计95.63亿元；另有小城镇集合票据项目已完成备案，募集资金合计50亿元。

未来几年，伴随天津经济进入去杠杆和经济结构调整的转型期，社会融资规模增速将继续延续之前总体下降的趋势，但社会融资规模的结构将发生重要变化。尤其是受党的十八届五中全会关于发展资本市场、提升直接融资比例相关精神的影响，债券市场将在“十三五”期间获得长足发展，非金融企业债券规模将持续提高，地方政府举债融资机制也将得以完善。

（三）2015年的金融机构存款

第一，存款规模。2015 年末，天津市银行业金融机构各项存款余额 28149.37 亿元，比年初增加 2969.13 亿元，增额同比增加 1552.32 亿元，同比增速 11.9%，尽管本外币存款余额增速较上年有所提升，但从趋势看，仍然延续了 2009 年以来的增速回落趋势。存款余额增速下降的主要原因包括：互联网金融和理财产品分流部分存款；货币供给量增速下降，信贷派生存款减少。

第二，存款结构。从存款结构看，非金融企业存款和非银行业金融机构存款多增较多，而广义政府存款在财政性存款下降的影响下，同比少增。非银行业金融机构存款增速明显高于其他类型存款。

第三，存款利率。2015 年，受多次下调基准利率的影响，人民币存款加权平均利率呈现平稳下行之势，2015 年 11 月下降至年度最低点。

（四）2015年的货币市场

第一，交易量大幅增长。2015 年，天津市银行间同业拆借市场累计完成信用拆借 1926 笔，同比下降 7.9%；累计金额 8552.75 亿元，同比上升 37.1%；净融入资金 7202.65 亿元，同比增加 1.29 倍。天津市债券回购累计成交 150620.4 亿元，同比增加 1.27 倍。其中，质押式回购 128874.2 亿元，同比增加 1.14 倍，占全部回购交易的 85.6%；买断式回购 21746.21 亿元，同比增加 2.46 倍，占全部回购交易的 14.4%。

第二，市场交易仍以短期为主。隔夜和 7 天拆借占全部拆借成交金额的 86.9%。在回购交易中，7 天以内的投资品种占全部回购交易额的 96.2%。

第三，市场利率回落。拆入加权平均利率 2.1729%，同比下降 1.1379 个百分点；拆出加权平均利率 2.6379%，同比下降 0.4200 个百分点。质押式回购中，正回购加权平均利率 2.095%，同比下降 0.9387 个百分点；逆回购加权平均利率 1.9278%，同比下降 1.0564 个百分点。买断式回购中，正回购加权平均利率 2.0665%，同比下降 1.2159 个百分点；逆回购加权平均利率 2.4425%，同比下降 1.0373 个百分点。

第四，资金集中度下降。天津银行和渤海银行合计拆借资金 2219.50 亿元，占全市拆借总量的 26.0%，占比同比下降 28.3 个百分点；累计回购金额 76608.08 亿元，占全市回购总量的 50.9%，占比同比下降 3.0 个百分点。

（五）2015年的资本市场

第一，股票市场。截至 2015 年末，天津在国内上市公司达 42 家，新三板挂牌公司 92 家，比年初增加 51 家。2015 年，天津上市公司市值稳步增长，融资能力有所增强。截至 2015 年末，天津市境内上市公司总股本 544.8 亿股，流通股本 488.17 亿股；总市值 6221.4 亿元，比年初增长 16.9%；流通市值 5350.97 亿元，比年初增长 18.3%；全年上市公司融资总额 325.37 亿元，同比增长 63.6%。其中，新三板发行股票融资 9.56 亿元，资产证券化融资 6.33 亿元，上市公司再融资 122.48 亿元。2015 年，受证券市场大幅波动的影响，公司上市步伐缓慢，几乎停滞。全年 IPO 公司 1 家，同比减少 3 家；拟上市公司 16 家，其中，过会公司 0 家，在审公司 9 家，辅导公司 7 家。

第二，债券市场。2015 年，天津国内债券融资额为 1596.7 亿元，其中短期融资券融资 394.9 亿元，中期票据融资 926.7 亿元。2015 年，天津银行间债券市场交易量大幅增长。银行间债券市场现券买卖成交金额 22158.10 亿元。其中，买入量 11497.28 亿元，卖出量 10660.82 亿元，同比均增长 1.23 倍。从交易券种看，政策性金融债、企业债和国债仍是市场主要交易品种，合计占比达 75.4%。从收益率看，现券买入收益率 4.0160%，卖出收益率 4.0141%，同比分别下降 1.6737 个百分点和 1.8763 个百分点。

（六）2015年的外汇市场

第一，跨境收付 6 年内首次下滑。2015 年，天津市非银部门跨境收付总额1877.9亿美元，同比下降5.9%，自2010年以来首次下滑。其中，收入868.8亿美元，支出1009.1亿美元，收支逆差140.3亿美元，同比扩大4.1%。天津市银行代客结售汇总额1008.5亿美元，同比下降6.2%。其中，结汇396.4亿美元，售汇612.1亿美元，结售汇逆差215.7亿美元，同比扩大2.3倍。结售汇逆差扩大主要是受企业持汇意愿增强、企业外币融资减少、外币负债去杠杆化操作以及“内购外结”等套利交易增长等多重因素的影响。

第二，银行间外汇市场成交量保持快速增长。2015年，天津银行间外汇市场会员仍维持8家，其中，新增加1家会员单位为金城银行，而原外换银行（中国）有限公司被韩亚银行（中国）有限公司吸收合并不再作为会员单位。2015年，天津银行间外汇市场成交额173.79亿美元，同比增长12.7%。即期市场交易、远期市场交易和掉期市场交易占比分别为76.0%、1.4%和22.6%。

三　2015年天津金融运营

（一）2015年天津银行业运营态势

第一，银行业机构。2015年，天津市新设银行业金融机构5家，分别为金城银行、物产集团财务公司、渤海钢铁集团财务公司、中信金融租赁公司和华泰汽车金融公司。截至2015年末，天津市共有法人和分行级银行业金融机构97家。机构组织体系更加完善，包括中资银行49家、外资银行25家、信托投资公司2家、财务公司6家、金融租赁公司6家、汽车金融公司2家、消费金融公司1家、货币经纪公司1家以及兴农贷款公司5家。

第二，银行业运营。①资产规模扩张较快，负债来源日趋多样化。截至2015年末，天津市银行业金融机构资产总额44905.94亿元，比年初增长14.8%；负债总额42998.49亿元，比年初增长14.7%。从负债构成的角度看，各项存款占比仍最高，但较年初出现明显下降，而同业往来负债占比达到22.7%，较年初上升4.1个百分点。②经营压力明显增大，赢利水平出现下降。2015年，在信贷有效需求不足、贷款收益下降、负债成本提升和不良率高企等因素的共同作用下，天津银行业机构的获利能力有所降低，2015年净利润额为479.7亿元，同比有所减少。③资本充足率满足监管要求，抵御风险能力良好。主要法人银行中，除渤海银行和天津银行资本充足率略有降低外，天津农商银行、滨海农村商业银行、中德住房储蓄银行和企业银行分别上升了0.7个百分点、0.5个百分点、1.1个百分点和0.1个百分点。

（二）2015年天津证券业运营态势

第一，证券业机构。截至2015年末，天津有证券公司1家，证券公司分公司15家，证券营业部132家；基金管理公司1家，已登记的私募基金管理机构达499家，已备案的私募基金产品数达383支；证券投资咨询公司1家；证券信用评级公司1家；期货公司6家，期货营业部29家，期货交割库50家。截至2015年末，境内上市公司42家，新三板挂牌公司92家。

第二，证券业运营。①证券公司发展迅速，赢利能力明显提升。截至2015年末，渤海证券股份有限公司总资产483.58亿元，比年初增长96.7%。全年实现营业收入33.21亿元，同比增长78.8%；实现净利润13.93亿元，同比增长99.0%。②基金管理公司规模不断扩大，管理能力进一步提高。截至2015年末，天弘基金管理有限公司总资产42.00亿元，净资产32.70亿元，比年初分别增长47.1%和336.0%；全年实现净利润12.43亿元，同比增长105.8%。③期货公司资产规模不断扩大，业务发展稳定。截至2015年末，天津市法人期货公司总资产61.00亿元，比年初增长46.3%；全年代理交易量7148.71万手，同比增长33.7%；代理交易额82168.6亿元，同比增长60.1%。

（三）2015年天津保险业运营态势

第一，保险业机构。截至2015年末，天津市共有61家保险公司在本地开展业务，其中有财产险公司26家、人身险公司35家，总部设在天津的保险公司共6家。全市保险公司总资产1556.9亿元，实现保费收入398.3亿元，同比增长25.4%；保险业赔付139.5亿元，同比增长33.7%。

第二，保险业运营。2015年，财产险公司实现保费收入123.2亿元，同比增长10.4%；全年赔款支出67.9亿元，同比增长11.0%。2015年，人身险公司实现保费收入275.2亿元，同比增长33.4%。从渠道结构看，银邮代理渠道实现保费收入122.1亿元，同比增长65.8%。法人机构偿付能力充足。2015年，总部设在辖内的6家法人保险公司（渤海财险、恒安标准、华夏人寿、渤海人寿、光大永明和爱和谊日生同和）的偿付能力充足率分别为276.0%、296.6%、171.7%、4444.1%、359.8%和213.6%。

四　2015年天津金融创新

（一）稳步推进银行业金融机构体制机制改革

一是组织架构调整突出发展重点。交通银行天津分行将营业部和滨海分行两家营业机构翻牌组建成两个大客户部，提升重点客户授信业务发起层级，逐渐建立客户分层营销体系。天津银行在成都、广州及西安地区分别组建了投资银行一部、投资银行二部和投资银行三部，突破网点限制，拓展业务营销触角；在上海分行建立汽车金融团队，试水行业金融。二是产品创新密切贴合形势。2015年，天津市针对中小微企业实行贷款风险补偿机制，完善中小微企业贷款服务。全年中小微企业表内外贷款新增同比增长30.6%，各机构也创新推出了很多特色产品，如建设银行天津分行推出了小微企业“缴贷通”业务、渤海银行推出了“小额快捷通——小微企业连续贷”产品、浦发银行天津分行设计了“天津滨海高新技术产业开发区科技型中小企业信用贷款风险补偿机制项下融资模板”，独创“科创天使指数”。三是内控和风险管理日趋精细化。2015年，天津市银行业在风险内控工作中将信用风险列为重点防范目标，积极开展内控制度梳理，不断健全制度体系建设，如工商银行天津分行建立了不良贷款核查工作机制；农业银行天津分行实行穿透式管理，有效发挥内委会监督审议平台作用。

（二）大力开展金融创新支持京津冀一体化建设

一是创新区域金融合作机制。多数商业银行在总行层面成立了京津冀协同发展领导小组或工作小组，国家开发银行、中国银行、建设银行驻津一级分行建立了跨省市合作机制，推动三地协作，分享客户资源和项目信息。二是深化管理机制创新。加强对京津冀协同发展的资源投入与倾斜，从组合管理和异地信贷方面在区域内建立一体化授信管理模式；对重大项目实行总行名单制统一管理，同时建立审批绿色通道、专项额度支持、存贷比考核优惠等配套政策；区域内机构的同一项目评级、客户分类、项目准入结果在三地均可适用。三是创新产品与服务方式。设立专项基金支持符合京津冀区位功能划分与产业发展定位的项目融资；利用“互联网 + 金融”的方式，为京津冀地区大宗商品线上交易提供资金结算和融资便利；通过“股权 + 债权”“银行 + 非银”等模式，为区域内大型央企和市属企业外迁搭建跨市场的综合金融服务平台；推出“京津冀协同卡”，为三地客户提供“七市一体化”的综合金融服务。

（三）高效推动落实天津自贸区金融改革政策

2015 年 12 月，中国人民银行发布针对天津自贸区的“金融改革 30 条”，内容包括扩大跨境人民币使用、深化外汇管理改革、促进租赁业发展、支持京津冀协同发展和完善金融服务功能等金融创新政策。2015 年 12 月 18 日，国家外汇管理局天津市分局发布第一个落实“金融改革 30 条”的实施细则。为加强改革措施的宣传与培训，中国人民银行天津分行通过召开新闻发布会、公布首批创新案例等多种形式，指导金融机构用足、用好、用活“金融改革 30 条”政策，有效扩大天津自贸区影响力和凝聚力。截至 2015 年末，全市金融机构累计为区内企业办理跨境双向人民币资金归集 171 亿元、国内外汇资金归集 44.5 亿美元；为区内外汇管理分类等级为 A 类的企业办理货物贸易业务9.2亿美元；直接办理企业投资项下各类外汇登记212笔，涉及金额近200亿美元；办理外汇资本金意愿结汇6390万美元、外债资金意愿结汇5480万美元；办理境内融资租赁业务以外币形式收取租金的业务规模达4631万美元；区内注册的银行为境外机构办理外汇衍生品交易金额8.2亿美元。本次出台的“金融改革30条”的政策内容覆盖面广、国家扶持力度大，增强了天津自贸区的核心竞争力。

五　天津金融业发展展望

2015年11月，天津推出《天津市金融改革创新三年行动计划（2016～2018年）》，深化金融体制机制改革，不断提高金融改革开放水平，发挥金融对区域发展的辐射功能，提升金融支持实体经济发展效率，进而提高金融业发展质量和效率。

（一）天津金融改革创新思路目标

第一，总体思路。在天津自贸区改革的基础上，深入贯彻协调发展、绿色发展、开放发展、共享发展、创新发展五大理念，最终达到促进天津市金融业更好地为实体经济服务以及加快京津冀协调发展步伐的目标。在充分利用国家政策红利的基础上，天津自贸区要加快进行产品、制度、服务模式等金融领域的创新，提升对资金和人才的吸引力，统筹规划，与此同时注重金融类风险的防控，逐步形成一定的规模并取得一定的效益。金融人才、金融机构、金融市场、金融业态等各个方面力争在3年内初步形成协同发展的良好局面，发挥示范引领作用，在此基础上实现金融运营示范区健康运营。

第二，工作目标。在天津市金融体制创新发展的过程中，以推动普惠金融、开发性金融、商业性金融、政策性金融为基础，重点对金融业态和传统金融服务进行创新，不断扩大社会融资总量，使要素市场持续健康发展。纵向和横向拓展金融服务实体经济。到2018年底实现如下目标：①扩大金融机构的数量，使金融企业和金融服务机构达1700家，全市持牌法人金融机构超过75家。②全市金融业增加值年均增速努力保持在11%以上，在天津市生产总值中，金融业的增加值总量所占比例超过11%。③全市金融机构资产总额达5.8万亿元以上。银行业资产规模超过5.6万亿元，保险业和证券期货业资产规模超过2700亿元。其他金融企业和金融服务机构资产规模超过3300亿元。④扩展直接融资的规模和范围，在使全市社会融资规模达到5400亿元的基础上，使直接融资所占比例超过25%。

（二）天津金融改革创新工作任务

第一，加快天津自贸区金融体制改革的步伐。在提供健全的基础设施、良好的跨境贸易和投融资环境的基础上，通过创新设立自由贸易账户、外汇账户和人民币结算账户，以渐进的方式推动人民币结算的发展。至2018年末，全市跨境人民币结算总额累计超过1.7万亿元，进一步推动资本项目实现可兑换，使天津金融国际化程度引领全国。

第二，在传统金融原有的良好基础上，对其发展模式进行创新，重点对普惠金融、绿色金融、科技金融、航运金融、政策性金融领域进行创造性发展。在继续加大天津市金融业对产业升级、经济结构调整和创业创新支持力度的背景下，在积极创新普惠金融、绿色金融、科技金融、航运金融、政策性金融的基础上，加快推动天津市海洋经济、航运业、重大项目、现代农业、外贸进出口、先进制造业等核心领域的发展，引入保险的积极作用，推动多层次和多元化金融服务体系的形成。

第三，加大直接融资的发展规模。对股权投资机构进行整顿，使其合理健康发展。创新融资方式并使其得到大力推广。提高资产证券化的质量，扩展天津市直接融资的规模和比例。与此同时，借助境内外多层次资本市场，加快天津企业挂牌和上市的步伐，使金融机构拥有更高质量的资产。到2018年底，努力推动市属竞争类国有企业资产证券化率达40%，并实现全市上市和“新三板”挂牌企业的数量超过300家的目标。

第四，扩大法人金融机构的发展规模。通过整合重组、上市挂牌和引进设立等方式，着力扩大法人金融机构的资产规模，提高法人金融机构的发展质量，提高其公司治理水平，使其具有一定的核心竞争力，从而构建集租赁、保险、银行、信托、证券为一体的综合化金融集团。到 2018 年底，努力达到法人金融机构新增数量超过 15 家、挂牌或上市金融企业超过 3 家的目标。

第五，加大对以融资租赁为代表的新金融业态的创新。对于以融资租赁为代表的新金融业态，使其业务、制度、政策的创新力度得到进一步强化，金融租赁创新发展示范区基本建成，政策制度完善、服务功能到位、融资租赁机构聚集的业态逐步形成，给国家其他地区提供可复制、可推广的经验，使天津市的租赁创新能力和租赁资产总规模在全国范围内名列前茅。到 2018 年末，努力完成全市租赁资产规模达到 1 万亿元以上的目标。其中，融资租赁公司和金融租赁公司的租赁资产规模分别超过 3000 亿元和 7000 亿元。在发展商业保理、互联网金融和消费金融的过程中，充分借助互联网等新科技，努力达到规模化、规范化和专业化的发展水平。

第六，加快要素市场发展的进度。充分运用“互联网 +”等科学技术，加强科技与要素的紧密结合，继续对交易场所进行清理整顿，规范其发展，使要素资源得到充分合理配置，把天津市要素市场建成全国范围内举足轻重的要素市场。

第七，进一步促进京津冀金融协同发展。由于面临三地金融发展不平衡的问题，京津冀协同发展的重要任务是金融市场一体化。天津市将在积极加快基础设施建设的基础上，综合多种资源，努力研究、积极探索，建设区域金融协同监管机制，促进金融资源在区域内的自由合理流动。

第八，重视对金融风险的监管和防控。金融创新改革伴随一定的金融风险，要合理把握拿捏两者的关系，在清醒认识风险的同时，加快推进网络化、多样化、立体化的金融风险监管防控体系的建设，深入贯彻加强金融风险监控的精神，实时监控区域性和系统性金融风险的迹象，维持天津市金融业合理、平稳、安全发展与健康运行。

分报告（上篇）

Sub-reports Part Ⅰ

·天津金融业发展·

B.3

2015年的天津银行业

摘　要：2015 年，中国银行业整体面临金融市场改革与互联网金融迅速崛起的冲击。天津银行业在时代大背景下，竞争日益激烈。在国家“京津冀”发展战略与天津自贸区改革开放的政策背景下，在稳健货币政策的指导下，天津银行业不断改革、大胆创新，不仅不断发展极具特色的民营银行，而且在中小微企业贷款管理与风险补偿机制方面有效推进。在利率市场化与汇率改革的背景下，天津银行业将借助天津自贸区不断进行金融创新，探索一条具有天津特色的银行业发展之路。

关键词：银行业　自贸区　利率市场化　实体经济

一　2015年天津银行业结构

《2015 年天津市金融运行报告》显示，截至 2015 年末，天津市银行业金融机构共计 3039 家，法人机构 39 家，金融从业人员共计 64184 人。2015 年天津市银行业仍占据金融市场的主导地位。2015 年，综观天津市银行业，不难发现，大型商业银行占据主导地位的银行结构逐渐转变，多种类型银行业机构并存的格局逐步形成，尤其是股份制商业银行、城市商业银行和小型农村金融机构的异军突起，深刻改变着天津市银行业的产业结构，金城银行作为天津首家民营银行也加入天津市银行业大军，这些改变有效增加了天津市金融的供给，影响着天津市金融服务的数量和质量。

近年来天津市银行业发展状况，总体来看具有以下几个特点。第一，从市场份额的角度来看，不难发现大型商业银行的市场份额逐步减少，而中小银行的市场份额逐步增加，股份制银行是典型的代表。截至 2015 年底，天津市银行业金融机构资产总额达到 44905.9 亿元，其中，大型商业银行、股份制商业银行、城市商业银行、小型农村金融机构、新型农村金融机构以及邮政储蓄银行的资产规模分别达到 11731.6 亿元、9788.9 亿元、8281.5 亿元、3816.7 亿元、285.5 亿元和 951.3 亿元，分别占银行业金融机构总资产的 26.1%、21.8%、18.4%、8.5%、0.6% 和 2.1%。比较而言，2011 年，上述几类银行机构资产规模的该比例分别为 33.1%、28.7%、12.6%、6.7%、0.2% 和 2.3%。特别是 2011 ~ 2015 年，大型商业银行资产的市场份额分别为 33.1%、29.6、28.6%、25.8% 和 26.1%，在持续下降的趋势下，市场份额 2015 年有所提升。如果衡量银行业竞争程度的标尺是大型商业银行的市场份额，那么我们可以得出天津银行业市场竞争力不断提升的结论。在此期间，小型农村金融机构和新型农村金融机构市场份额不断上升，分别上升了 1.8 个百分点和 0.4 个百分点。依据图 1 可以看到，自 2011 年以来，大型商业银行的市场份额逐步下降的趋势显而易见，但2015年这一趋势出现扭转迹象。与之相比，股份制商业银行市场份额自2011年以来不断上升，但2015年出现市场份额大幅下降现象。新型农村金融机构、小型农村金融机构和城市商业银行等的市场份额呈现明显的上升趋势。

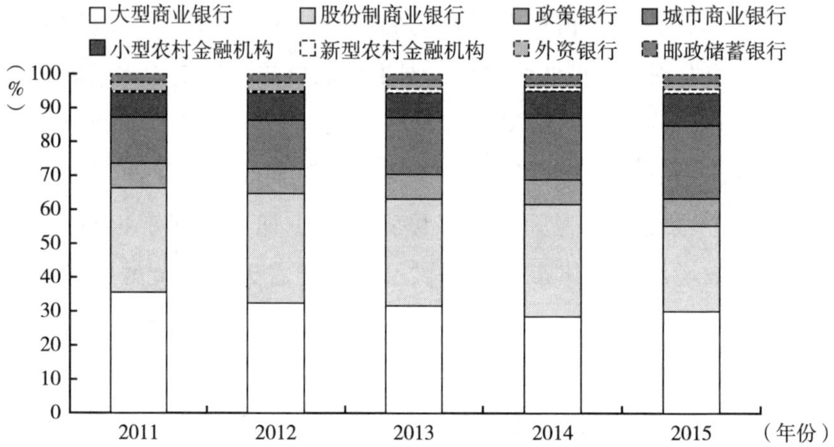

图1　2011～2015年天津市银行业金融机构市场份额

资料来源：2011～2015年《天津市金融运行报告》。

第二，从资产增速的角度来看，截至2015年，全国银行业的总体增速放缓，但同期天津市大部分银行业金融机构的增速呈现上升势头，其中，中小型银行发展优势突出，增长速度远远超过大型商业银行，不同类型的银行的资产增速差异比较明显。农村合作银行和农村信用社改制为农村商业银行，这一行为对农村金融机构的影响较大，图2显示，2012年天津市新型农村金融机构增长速度大爆发，年均增速在所有类型的银行中位居榜首，高达140%。但随后几年增长趋势一直呈下降趋势。对于其他类型的银行来说，如大型商业银行、小型农村金融机构、城市商业银行和邮政储蓄银行，尽管它们的资产增长优势不明显，甚至出现下滑现象，但总水平依然比较高。相对来说，股份制商业银行的资产扩张速度有放缓的迹象，并在2015年出现了负增长。

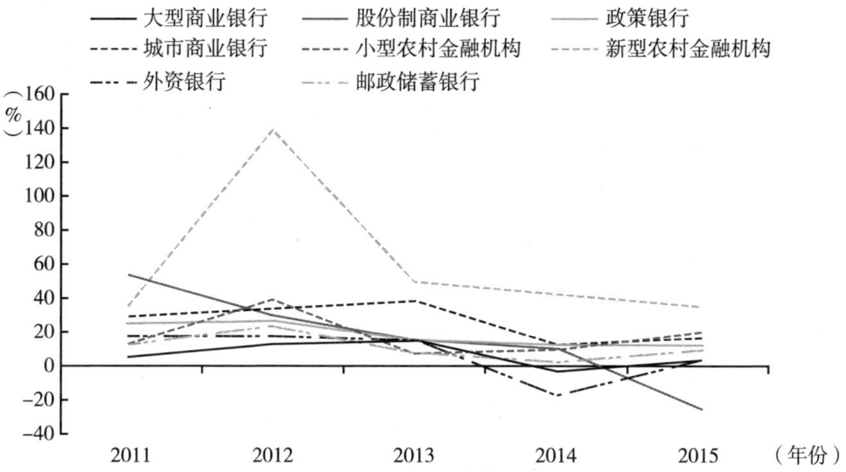

图2　2011～2015年不同银行类型资产增速

资料来源：2011～2015年《天津市金融运行报告》。

二　2015年天津银行业运营

（一）资产规模

过去几年，银行业信贷规模扩张迅猛，金融服务需求量快速增长，导致银行资产规模越来越大，这些现象都释放了一个信号：银行业发展处于高峰期。2010年，银行业资产总规模为19737亿元，2015年增加到了44906亿元。金融脱媒趋势愈演愈烈，中国宏观经济的增速逐步缓慢，银行业金融机构资产余额的增速也同样有放缓的趋势，这种现象在大型商业银行中体现尤为深刻。图3显示，2011年，银行业金融机构资产规模增速位于高峰阶段，将近43%。但到2015年，增速下降到了5%以下，目前，可以预测经济增速还会放缓，这对银行业资产规模的增速也会有拖拉的影响。

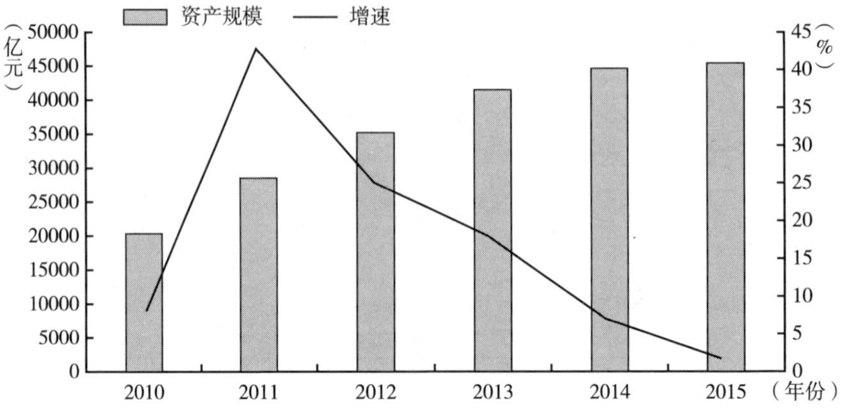

图3　天津市银行业资产规模及增速

资料来源：2010～2015年《天津市金融运行报告》。

（二）存款增长

截至2015年末，天津市银行业本外币各项存款余额是28149.4亿元，比年初增加了2969.1亿元，同比增长11.9%，增速和上年相比有所提升（见图4）。总体来说，居民存款规模的增加速度大体与经济发展同步，中国居民的投资渠道和投资方式单一，最终大多数货币会回流到银行系统中。近年来，互联网金融对传统金融冲击比较大，最典型代表是“余额宝”，最直接的影响就是银行活期存款增速放缓。随着投资渠道多样性的增强，居民对资产配置的偏好会呈分散状态，未来存款规模的增长速度也会进一步放缓。

（三）贷款增长

2015年天津市银行业贷款平稳增长，本外币贷款余额25994.7亿元，同比增长11.8%，和上年相比增速有所升高（见图5）。2012年，银行贷款规模迅速扩张，增速达到峰值后呈下降趋势。近年来，互联网金融发展迅速，极大地冲击传统银行业，银行贷款增速随之放慢。从贷款投向看，2015

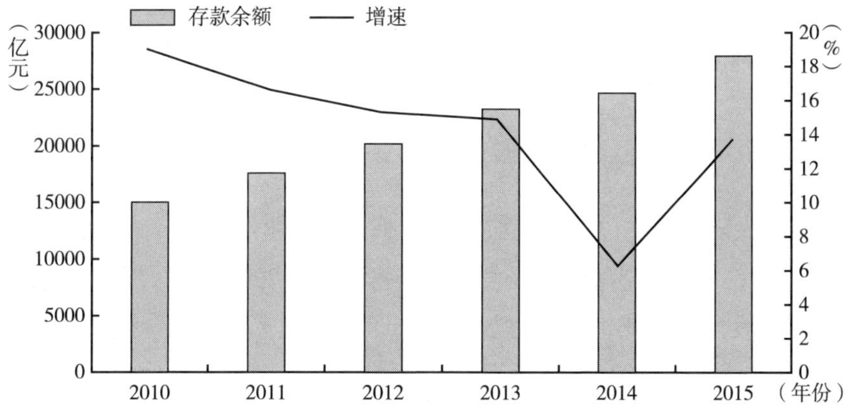

图 4　天津市银行业本外币存款增余额及增速

资料来源：2011～2015 年《天津市金融运行报告》。

年天津市银行业贷款重点投向项目贷款，小微企业的贷款也有所增加，与年初相比，消费贷款增加了 512.8 亿元。贷款投向的侧重点反映天津市加大对小微企业的扶持，积极转变增长方式，寻找新的增长热点，并从贷款方面支持普惠金融的发展。

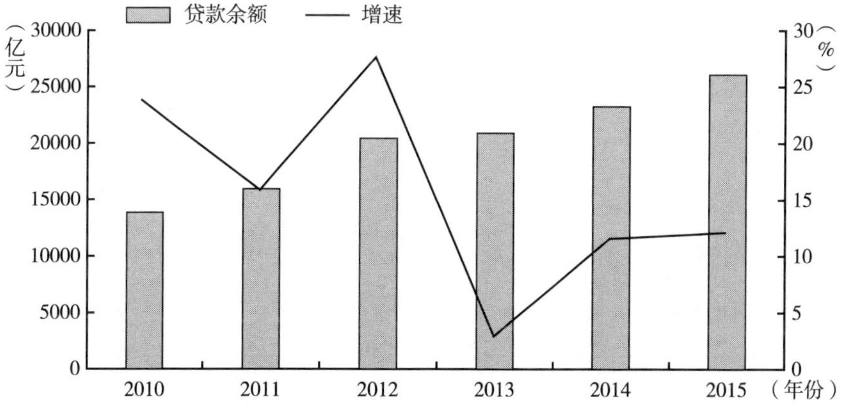

图 5　天津市银行业贷款余额及增速

资料来源：2011～2015 年《天津市金融运行报告》。

三　2015年银行业资产质量

（一）不良贷款呈现“双升”

经济大环境呈现“三期叠加”的状态，银行业信用风险随之加速显现。根据《2015年天津金融运行报告》的数据，截至2015年末，天津市商业银行（不含农村信用社）不良贷款余额为412亿元，呈现持续双升状态，与年初相比，增加了176.3亿元。不良贷款率为1.49%，与年初相比，提高了0.53%（见图6）。从变化趋势的角度来看，自2012年开始，天津市商业银行不良贷款余额和不良贷款率继续“双升”，不良贷款的同比增速每个季度都有增加趋势，增加幅度基本维持在15个百分点以上。2015年末，不良贷款的同比增速达到68.1%，比上年同期高17个百分点，为有统计数据以来的最高水平。2013年以后，不良贷款的环比增速逐年加快，从2012年负的环比增速上升到2013年的13%以上（见图7）。2015年末，不良贷款的环比增速高达188.1%，为历史最高水平。

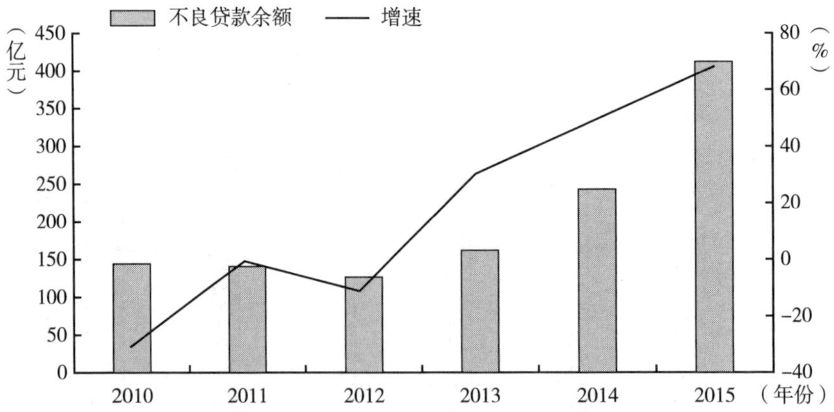

图6　天津市银行业不良贷款及同比增速

资料来源：2011~2015年《天津市金融运行报告》。

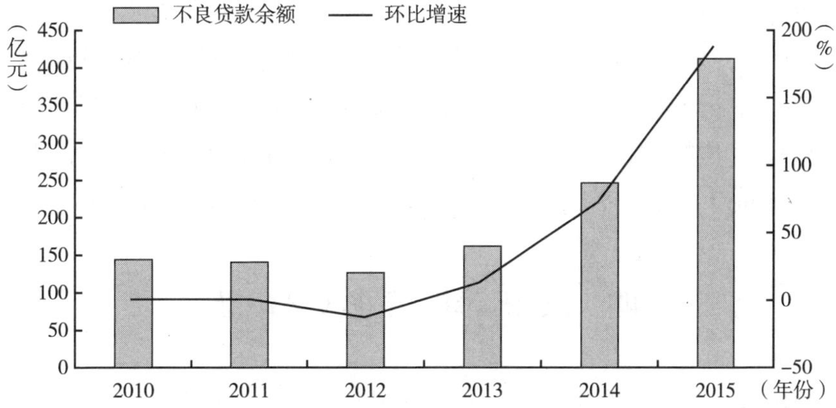

图7　天津市银行业不良贷款及环比增速

资料来源：2011～2015年《天津市金融运行报告》。

（二）关注银行业潜在风险

第一，需关注经济转型升级过程中蕴藏的不良贷款持续上升的隐患。天津市银行业金融机构信贷资金主要投向传统的制造业，交通运输业，批发零售业，房地产业，水利、环境和公共设施管理业以及租赁和商务服务业，在宏观经济低迷以及供给侧改革的背景下，上述行业去库存、去产能的压力较大，企业易出现经营危机。今后随着去库存、去杠杆的进一步推进，需持续关注地区资产质量的变化情况，防范不良贷款的集中爆发。

第二，需关注商业银行负债管理方面存在的主要问题。一是流动性风险管理存在薄弱环节。目前天津市多数法人银行可以对表内部分科目进行期限分析，但对表外科目的潜在流动性需求分析水平有待提高。二是客户管理的主动性尚需加强。应进一步强化单位存款账户开户信息登记管理，健全业务系统功能设置，保证存款保险制度的有效落实。三是负债产品创新能力需进一步提升。应着力弥补商业银行在同质化程度、产品创新层次、新产品市场认可度方面存在的不足，促进商业银行的长期发展。

第三，需关注不良贷款处置方式和不良贷款分类标准模糊化所蕴含的潜在风险。一方面，较之核销不良贷款，打包处置不良贷款的透明度不高，风险转移和资产定价的实际状态易被屏蔽；另一方面，一些贷款蕴含潜在风险，却被暂时归入关注类贷款，没有被计入不良贷款，但在相当长的一段时间内，这类贷款的风险往往会暴露，成为真实的不良贷款。

四　2015年银行业改革创新

2015 年，天津市金融市场化改革继续稳步进行，其中汇率、利率市场化改革的进程明显加快。

（一）利率市场化改革

2013 年 7 月 20 日，中国人民银行发布公告，决定全面放开金融机构贷款利率管制。2015 年 5 月 11 日，中国人民银行决定把金融机构存款利率浮动区间的上限由存款基准利率的 1.3 倍调整为 1.5 倍。2015 年 8 月，中国人民银行进一步取消了一年期以上（除一年期外）定期存款利率的上浮限制，这标志着中国利率市场化改革又向前迈进了一步。2015 年 10 月 24 日，中国人民银行决定对农村合作金融机构和商业银行等取消利率浮动上限，至此，中国银行业的利率市场化改革基本完成。

在国家进行利率市场化改革的大环境下，天津市银行业顺应国家利率市场化改革的进程。2015 年天津市银行业存贷款利率不断下行，人民币一般贷款加权平均利率为 5.37%，比上年下降了 0.93%，其中利率水平最低的是 11 月，最高的是 1 月。全部贷款中，执行基准利率和上浮利率贷款占比下降，执行下浮利率贷款占比上升。人民币存款加权平均利率呈现平稳下降态势，11 月降低到年度最低点。

随着利率的逐步放开，加快推进大额可转让存单的试点也提上了中国人民银行的日程。2013 年 12 月，人民银行面向商业银行等金融机构推出同业大额存单，最低金额是 5000 万元。2015 年 6 月，面向个人与非金融企业，中国人民银行推出一般性大额存单，门槛相对较低，分别为 30 万元与 1000 万元。

2015 年，国务院下发了《中国（天津）自由贸易试验区总体方案》，方案提到要推进金融制度创新，在天津自贸区开展人民币资本项目可兑换和利率市场化试点。天津自贸区内的金融机构达到标准即可被允许优先发行大额可转让存单。大额可转让存单的实质是存款证券化，存款的流动性得以加强。天津市利率市场化改革的进程又向前迈进了一步。

利率市场化对商业银行主要造成了以下几方面影响。

第一，利率市场化压缩了银行的赢利空间。长久以来，商业银行赢利主要来源于存贷利差。贷款利率越高、存款利率越低，银行的赢利空间就越大。利率市场化之后，贷款利率变化较小，存款利率得到提升，相对而言，吸纳资金的成本上升，银行的存贷利差较之前缩小很多，一般来说这会导致银行的利润下滑。

第二，推动了银行业务升级和转型。银行是企业的一种，其本质之一是逐利性。商业银行的主营业务是存款、贷款，利率市场化之后，主营业务利润空间被确定性地挤压，银行不会视而不见、坐视不管，而会利用其原有的优势继续拓展其他业务以寻找赢利增长点。比如，扩展中间业务，具体如代销债券、信托等。银行对其业务进行大规模调整，在压力下寻找一条转型升级的新路。

第三，银行之间竞争的加剧促使银行追求差异化经营。目前，天津乃至全国的大部分商业银行业务大体相同，模式普遍简单，同质化问题突出。利率市场化后，银行在存贷市场上的利润空间受到压缩，银行需要拓展思路，进一步细化市场，打破原有同质化的业务模式，转而寻找特色之路。银行之间的差异化会使其重新获得赢利空间，不同金融服务也会使得消费者获得不同的体验。比如，大型商业银行应该走“综合化、国际化和多元化”发展道路，向综合性高的金融集团的方向转变，帮助中国企业顺利完成“走出去”战略，随着人民币国际化步伐的加快，大型商业银行发展空间将极大扩展；小型银行灵活性较强，拥有充分的社区信息，可以考虑凭借这些突出的优势向社区银行业务精细化方向发展；股份制商业银行应该发展成为专业性的银行，专注于一项业务，如支付结算、投资银行、代理托管等，发挥银行的比较优势。

第四，银行面临的利率风险、信贷风险、流动性风险增大。利率市场化后，市场对利率的影响增强，利率变化除了对商业银行的头寸有影响外，对其资产负债管理也有一定的影响。面对存款利率上升，银行往往会增大风险偏好，高收益、高风险的领域会成为商业银行信贷投放的偏好领域，随着时间推移，风险在一定程度上会暴露，银行不良贷款随之也会增加，从而加剧了银行的信贷风险。利率市场化不仅意味着商业银行吸纳存款的灵活性和资产负债期限结构的调整度加强，同时还意味着资产负债期限匹配的复杂性加强，资产负债项目相对而言更加脆弱。上述因素都可能成为商业银行流动性风险加剧的原因。

（二）汇率改革与自贸区试验的同步推进

2015 年 8 月 11 日，中国人民银行调整了人民币中间价形成机制，与上日相比，离岸人民币市场汇率贬值 3.6%，国内外汇市场人民币汇率当日收市跌 1.86%。8 月 12 日、13 日，中间价接连两个交易日低走，在岸人民币市场的汇率跌幅接近 3%，离岸人民币市场的汇率波动更为激烈，在岸市场与离岸市场之间的价格差距继续增大，巨大的套利空间形成。8 月 14 日，中间价与市场汇率的点差校正完成，人民币兑美元的中间价出现平稳态势，在岸市场人民币汇率有克制下跌趋势，但是离岸市场与在岸市场的价格差依然很大，市场对人民币有强烈的贬值预期。

中国人民银行面对人民币贬值预期，采取了以下行动。一是对即期市场的直接干预。抛售外汇使离岸市场与在岸市场的人民币汇差渐渐减小。二是在远期市场上通过远期协议与掉期协议间接干预。央行购买人民币的远期合约，并且在即期市场买入大量人民币，同时采取双降措施增加人民币的流动性。三是加强对资本流出的监管，增强真实性审核。中国人民银行对银行提出新的要求：加强实施对购汇大客户的监测；对人民币 NRA 账户境外人民币汇入的贸易真实性加强审核，严厉打击跨境套利行为；这些措施在一定程度上对跨境套利起到了防范作用，2015 年 9 月 11 日，汇差收窄至 260BP。

天津市银行业积极配合国家汇率改革的步伐。2015 年 12 月，中国人民银行发布了天津自贸区的“金融改革 30 条”。不久，国家外汇管理局天津分局发布了“金融改革 30 条”的实施细则。该细则宣布实施 18 条政策，不仅在深化外汇管理改革方面提出了创造性的政策，而且对加大风险防范控制力度提出了具体的解决方案。总体来说，有五个方面重点内容：一是进一步简化经常项目外汇收支手续；二是支持银行发展人民币与外汇衍生产品服务；三是区内企业（不含金融机构）外债资金实行意愿结汇；四是支持发展总部经济和结算中心；五是加强跨境资金流动风险防控。

2015 年末，天津自贸区已经成功开办外汇意愿结汇业务、直接投资外汇登记下放银行办理等 8 项创新型业务。自贸区内主体累计新设立人民币银行结算账户、外汇账户 11539 个、1715 个；跨境人民币结算业务 721.6 亿元，其中，跨境支出、收入分别达到 316.7 亿元、404.9 亿元，分别占天津市和滨海新区跨境人民币收支的 27.8%、41.5%；跨境收支（含跨境人民币业务）280.2 亿美元，跨境收入 128.4 亿美元，跨境支出 151.8 亿美元，分别达到天津市和滨海新区跨境收支的 19.15% 和 66.9%；结售汇 120.8 亿美元，结汇、售汇分别达 43.2 亿美元、77.6 亿美元。

此外，天津市银行间外汇市场成交量快速增长。2015 年，天津银行间外汇市场会员仍维持 8 家，其中新增加 1 家会员单位为金城银行，外换银行（中国）有限公司被韩亚银行（中国）有限公司吸收合并不再作为会员。2015 年，天津银行间外汇市场成交额 173.79 亿美元，同比增长 12.7%。即期市场交易、远期市场交易和掉期市场交易占比分别为 76.0%、1.4% 和 22.6%。

五　天津银行业的发展展望

总体来说，金融市场化改革持续进行对商业银行的外部环境造成深刻影响，在未来一段时间，天津市银行业的发展将呈现以下几个趋势。

（一）加快创新转变，未来发展潜力较大

外部需求不足、去产能和去杠杆等因素对国内经济增速有显著的拖拉性影响。同时，互联网金融、利率市场化改革带来的挑战逐渐紧逼，息差收窄、不良贷款加速暴露、负债成本大幅上升等多方面因素对天津市银行业的压力有增无减，天津市银行业整体经营形势比较严峻。未来经济环境仍需要进一步改进，经济发展将处于风险释放、模式重建、阶段更替、结构转型的关键期，各类金融风险将进一步集聚并且持续显露出来。经济增长缓慢的影响显著，上市银行整体净利润增速有可能出现停滞现象，净息差将小幅收窄，不良贷款量将逐步攀升。面对新常态、新形势，天津市银行业正在加快经营转型的步伐，追随万众创新、大众创业的历史趋势，让创新成为转型发展的源泉与动力。从长期来看，随着中国经济企稳，转型有序进行，银行业整体发展将会得到极大的改变与提升。未来天津市银行业经营发展将继续维持平稳态势。

（二）调整业务模式，积极发展普惠金融

普惠金融的目的就是让正规金融体系之外的弱势群体，如城市中低收入者、中小微企业以及农户，都可以有效、灵活地获得价格合理的均等化金融服务，让广泛群体拥有平等享受金融服务的权利。天津市银行业将服务对象的焦点定义为中小企业和“三农”，以“助小扶农”为经营根本点，向中小企业和农户提供小额贷款，不断创新，创建新型农村金融服务平台，创立微小贷业务中心，重新构建独特的微小贷营销经营模式和管理架构，进一步根除天津市中小企业和农户的融资障碍。

2010 年以来，商业银行的非利息收入占比有逐渐增加的态势，到 2015 年末，全行业非利息收入对净利润增长做出了最大的贡献。天津市银行业不仅意识到要及时转变增长方式，还结合时代背景不断挖掘新的利润增长点，如发展普惠金融等。为了满足客户存贷款业务的需求，天津农商银行抓住原有的优势，积极开展农信银、柜面通业务等传统结算业务。与此同时，天津

农商银行着手全方面拓展中间业务，开展资产、负债、中间业务等综合性服务，将特色业务作为发展重点，不断拓展业务品种，开发了“吉祥理财”、知识产权抵押、“吉祥微小贷”等特色业务产品，多达120余种的全方位、多元化产品链条已基本形成，能够满足客户生产经营、生活消费等立体化的金融服务需求。对天津市普惠金融的发展做出了良好的示范。

（三）促进政策性银行和商业银行协同发展

2015年《政府工作报告》进一步指出，要让实体经济享受更多金融活水，让针对性强、附加值高的金融资源服务于实体经济，对于经济新常态，金融业应积极适应、创新服务。

为让地方实体经济更加有效地获得金融服务，天津市银行业2016年的工作目标是：降低政府债务成本，使政策性银行作用最大化，加大农村金融发展力度，拓展绿色金融，以现代农业、天津市重大项目、海洋经济、先进制造业、外贸进出口、航运业等领域为重点，积极建设美丽天津，加快金融支持实体经济的前进步伐。2016年，天津银行业将不断通过盘活存量、优化增量，改善信贷结构，主要投放于“三农”、小微企业和战略性新兴产业等国民经济重点领域，促进经济结构调整和转型升级，使银行业务结构努力与经济发展方式相协调。具体来说，在金融服务实体经济方面，天津市银行业应做出以下努力。

第一，将政策性银行作用最大化，降低政府债务成本，拓展平台公司融资方式。充分利用债券市场、“两行一基金”境外市场和保险资金等多种方式吸纳成本低的资金，支持平台公司新项目建设和存量债务置换，减少融资成本，实现全市政府性平台公司年综合债务成本降低100亿元、年综合融资成本降低1%的目标。商业银行要积极转变解决高利息债务方式，采用延长还款期限、调整还款计划、降低贷款利率等新方式。加强对自贸区内平台公司的支持，鼓励其发行境外人民币债券或从境外借用人民币资金。

第二，加快促进农村金融的发展，发挥农村金融服务站、融资担保机构、村镇银行、小额贷款公司等市场主体作用，支持涉农金融机构拓展农村地区的网点建设。加强金融产品契合度，加大普及微贷技术的力度，积极创新农村金融产品和服务方式。积极做好农民住房财产权（宅基地使用权）抵押贷款试点工作，盘活农村土地资产，增加农民收益来源渠道，总结可复制、可推广的抵押融资经验。拓宽政策性农业保险的保障范围，创新农业政策性保险产品，保证其多样性，可扩大保险范围，增加林业、渔业等领域，弥补农业生产风险保障的不足。最大限度发挥保险机构的作用，加强政策性农业保险业务的完善，并保障其处于良性竞争状态。

第三，积极发展绿色金融。天津市银行业要支持市重点工作的开展与进行，如企业结构升级、危险化学品企业搬迁和发展环保经济等。以子牙循环经济产业区等循环经济为导向，将金融活水引入该领域，不断扩大融资方式、优化债务结构。充分利用国家开发银行贷款，积极建设国家储备林基地试点。加强绿色金融产品的设计与开发，将金融资源投放于减少大气污染、水污染等生态环境建设领域。在长期规划中，“绿色银行”将作为天津市银行业的目标，建立信贷退出机制，对于节能环保程度较低、达不到标准的客户和项目，银行主动撤回信贷，并增加“环保一票否决”程序，不再把信贷投放于高污染的企业。除此之外，要在贷款产品中增加节能减排指导方向，让具有绿色金融特质的项目获得专项贷款资格，并且使其审批路径更加便捷。

（四）完善中小微企业贷款风险补偿机制

中小微企业在国民经济中扮演了重要角色，是创新的重要引擎、就业和发展的主要贡献者，中小微企业发展良好，稳增长、调结构、促改革、惠民生、保稳定等多重目标就可以陆续实现。在深化政策制度创新、提供制度保障的前提下，各大金融机构纷纷签订了《2016 年表内外融资任务协议》，确保完成并实现稳定增长。《天津市中小微企业贷款风险补偿机制有关补充措施》下发实施，加强政策引导作用，通过多方面的宣讲培训普及知识，让更多企业了解并用好政策。

天津市银行业将继续发挥支撑作用，转变服务理念，实施差异化服务，推动管理朝精细化方向发展，实现客户结构均衡化、收入结构多元化、业务结构综合化。加大金融产品和抵押方式的创新力度，增加小额信用贷款产品的多样性，针对中小微企业创建风险补偿机制。加大授信审批和尽职免责支持力度。

其中，中小微企业贷款风险补偿机制影响较大，金融服务和产品的质量将不断提高。银行将优化自身的产品设计和服务流程，例如，“法人按揭”等产品实现快速审批，围绕产业园区、孵化器等批量开展中小微业务；“年审制”贷款产品为中小微企业“倒贷难”提供另一解决方案；“1 + N 供应链”“政采贷”等产品加快小微企业融资审批，创建“绿色通道”。

（五）拥抱互联网，建立新型客户关系

银行和客户的传统对接关系将随着互联网金融的崛起被打破，大数据分析、移动社交平台的广泛运用以及支付方式的更新促使银行和客户之间的信息交流成本更低、更灵活、更具有多样性。

面临互联网金融的冲击，传统银行业不应该仅仅局限于应对互联网金融的竞争，而应该专注于银行内部产品和制度的创新，并及时顺应互联网浪潮汹涌而来的趋势，运用互联网技术降低银行经营成本、改善为客户提供服务以及同客户交流沟通的方式。大多数商业银行已经将信息技术应用于银行业务，创新开展业务方式和内涵。其中，云计算、大数据和互联网等技术运用广泛，主要在数字化金融平台的建设、物理经营渠道的增加和虚拟经营空间的拓展方面得到深刻体现。通过不断升级网络银行、电话银行、手机银行和 ATM 自助服务终端等，电子银行服务的渠道也得到拓展。在增强银行商业网点的广泛性方面，互联网信息技术功不可没。面对互联网金融的迅猛发展，商业银行跟随时代趋势，运用互联网对金融产品和服务相进行创新，具体体现在以下几个方面。

第一，直接进行网上融资。商业银行增加筹资渠道，借助互联网进行众筹，为客户拓宽了市场，使交易更加便捷。如渤海银行创建了大众客户端，

并运用互联网众筹直接对接企业与个人客户。“渤海众筹”是该银行自主研发的互联网金融服务平台，该平台不仅为开发商增加了融资方式，而且为投资人和购房者提供了全新的高效便捷的投资渠道和购房体验。一个新型的金融交易市场由此构建起来。该平台上线运营两个交易日内，总成交金额达到2亿元，为其他地区的相关项目提供了充足的资金支持。

第二，发展智能银行业务。互联网大数据平台得到银行充分利用，不仅为居民提供金融业务的办理服务，而且将人们生活与银行联系起来，整合线上线下两部分，以一种智能化、便捷化的方式成为人们日常生活中不可缺少的一部分，成为商业银行面对互联网金融的新竞争点。如在京津地区社区网店中，渤海银行第一个推出了智能银行业务。用户可以通过智能银行，在极短的时间内迅速有效地办理“添金宝”签约、自助发卡、银行卡激活等业务。在该业务逐步扩大到社区后，构建一个新的线上社区综合服务平台成为主要任务。基于此，渤海银行将北京作为该平台的试点地区，为社区居民提供由金融拓展到物业和生活的各项服务，由此创造了一个全新的互联网金融模式。此外，渤海银行继续加大创新力度，大力推进“人脸识别”等技术在社区居民服务领域的应用，深入探索O2O综合化新模式。

第三，利用互联网社交平台发布信息，沟通客户，拓展银行—客户新型关系。互联网使得人与人之间的交流沟通成本更低，众多商业银行纷纷以开设微信公众号或微博等方式联系广大银行潜在客户，不仅使得信息更易扩散、受众面更广，打破商业银行传统的信息不对称的劣势，而且影响了潜在的客户群体，拓展了客户群，互联网社交平台以一种更私密、更贴切的方式成为商业银行和每一个单独客户沟通的桥梁。如招商银行天津分行专门总结了针对维护客户资金安全的金融IC卡电子现金相关知识，通过招商银行天津分行微信平台发布，进一步强化客户电子金融风险意识，切实维护消费者存款安全。该行通过官方微信平台每周向广大消费者推送有关维护金融消费者资金和信息安全的宣传内容，与手机银行、微信银行等新兴服务渠道的宣传相结合，引导消费者合理使用新业务，降低新业务使用中可能发生的风险，建立了一种更直接、贴切的银行—客户关系。

（六）依托自贸区优势，发展国际金融业务

天津银行业将利用天津自贸区的国家战略优势，加快自身转型升级，加快发展的步伐，进一步增强国际竞争力。2015 年 4 月 24 日，天津保税区内的中国铁建大桥工程局集团有限公司、中国水电建设集团港航建设有限公司、天津汽车模具股份有限公司 3 家企业与中国银行天津分行和新加坡分行签订了海外直贷协议。根据协议，这三家企业可以向中国银行新加坡分行取得流动性资金贷款，加快企业的经营资金周转。海外直贷业务是自贸区金融创新的重要内容，自贸区内企业跨境直接融资的渠道由此得以打开。该协议的签署，不仅能够使资金的清算更加高效迅速，而且节约了自贸区企业的财务成本。中国银行天津分行通过海内外资金的流通，积极稳妥推进银行国际化进程，从而更好地支持天津自贸区的金融改革创新以及中国经济的对外开放和发展。

2016 年是“十三五”规划的开局之年，我国的宏观经济发展环境依旧不容乐观，世界经济依然处在一个调整周期内。我国经济进入结构优化、动力转变、中高速增长的新常态。在此时代背景下，天津市将加强科技创新，创建全新的现代产业体系，将更加重视人才的引进，不断加快发展的步伐，维持平衡、稳健的发展态势，推动京津冀协同发展和城乡统筹发展，形成改革开放的新优势。

2016 年天津银行业依旧将平稳运行，金融支持实体经济、中小微企业和产业结构调整的力度将持续增强，将进一步加大直接融资力度，收纳汇集更多金融资源，积极进行金融创新，继续发挥商业保理、互联网金融和融资租赁新型金融业态优势，注重风险的防范，加快完善金融创新运营示范区的建设。与此同时，继续巩固落实自贸区的政策优势，推广中小企业贷款风险补偿机制，帮助企业上市，指导直接融资方式的选择和进行，继续支持京津冀协同发展。

B.4
2015年的天津证券业

摘　要：2015 年是中国股市不平凡的一年，在半年多的股票市场繁荣后，突发的断崖式崩盘使整个行业的短期经营业绩受到影响。在监管机构的领导和组织下，证券业从暴涨暴跌的市场环境中逐步恢复稳定。本报告介绍了 2015 年天津证券业、基金业和上市公司的发展状况。未来，伴随多元化赢利模式的发展，天津证券业仍将拥有较大的发展空间。

关键词：证券业　基金业　上市公司

一　2015年天津证券业运营

（一）天津证券业运营状况

2015 年天津市证券业发展创新继续推进，截至 2015 年底，天津市辖区内证券公司数为 1 家（渤海证券股份有限公司，本报告以下简称“渤海证券”），没有新增证券公司。证券公司分公司数为 15 家，当年新增证券公司分公司 8 家（见表 1）。在 15 家证券分公司中，有 8 家证券分公司具有融资融券业务试点资格，3 家证券分公司具备为期货公司提供中间介绍业务的资格（见表 2）。辖区证券营业部数为 132 家，当年新增营业部 10 家。证券投资咨询公司数为 1 家（联合信用投资咨询有限公司），证券信用评级公司数为 1 家（联合信用管理有限公司）。

2015 年，天津市证券业经营业绩显著提升，证券投资者快速增加。截至2015年底投资者证券账户开户数达到365.19万户，当年新增77.78万户。2015年上半年，天津市证券营业部总资产持续快速增长，在当年5月达到峰值总金额462.04亿元，相比年初增长141.4%，这与上半年中国股市市值迅速增长密切相关。而后随着股市大幅波动，天津市证券营业部总资产也大幅度缩水，到2015年底下降到324.73亿元，下降幅度为29.7%。虽然全年证券营业部总资产出现大幅波动，但相比上年同期仍增加69.7%。2015年证券营业部经营利润受当年股市影响同样出现大幅波动，但全年总利润达到19.31亿元，同2014年相比，2015年全年增长235.8%。

表1　天津证券业机构

序号	项目	2015年底	2014年底
1	证券公司	1	1
2	证券公司分公司	15	7
3	辖区证券营业部	132	122
4	证券投资咨询公司	1	1
5	证券投资咨询分公司	1	0
6	证券信用评级公司	1	1
7	独立基金销售机构	3	2

资料来源：天津证监局官方网站。

表2　天津市辖区证券公司分公司情况

序号	证券经营机构名称	融资融券业务试点资格	为期货公司提供中间介绍业务资格
1	华泰证券天津分公司	是	—
2	国泰君安证券天津分公司	是	是
3	新时代证券天津分公司	是	—
4	浙商证券天津分公司	是	是
5	中国银河证券天津分公司	—	—
6	申万宏源证券天津分公司	是	—
7	国信证券天津分公司	是	—
8	中信建投天津分公司	是	是
9	方正证券天津分公司	—	—
10	安信证券天津分公司	—	—

续表

序号	证券经营机构名称	融资融券业务试点资格	为期货公司提供中间介绍业务资格
11	九州证券天津分公司	—	—
12	天风证券天津分公司	—	—
13	首创证券天津分公司	—	—
14	兴业证券天津分公司	是	—
15	中泰证券天津分公司	—	—

注："是"表示具备开展该业务资格，"—"表示暂不具备。
资料来源：天津证监局官方网站。

由于2015年股市动荡，天津市证券业资产负债结构得到一定程度调整，其杠杆率有所降低，2015年第2季度末天津市证券业总资产为440.20亿元（见图1），净资产为24.75亿元，负债总额415.45亿元，杠杆率高达17.79。截至2015年底，天津市证券营业部总资产由于股市的崩盘下降到324.13亿元，净资产增加到29.49亿元，负债总额减少到311.77亿元，杠杆率下降11.57个百分点。通过分析天津市证券营业部的资产负债结构可以看出，在下半年政府救市期间，多数证券公司服从监管机构指挥，在大量资金离场的情况下向股市增资且不退出。

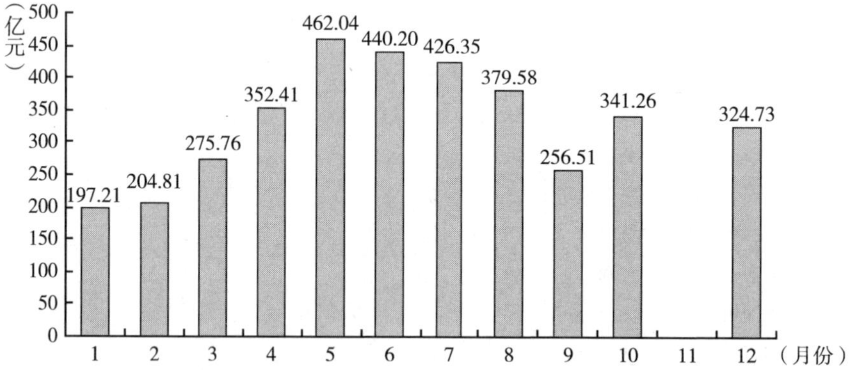

图1　2015年天津证券营业部总资产规模

注：2015年11月数据未披露。
资料来源：中国证监会数据库。

资产管理业务是证券行业近年来发展迅速的业务之一，天津市资产管理业务发展也同样成绩显著。天津市资产管理业务主要由渤海证券开展，其中包括集合资产管理业务、定向资产管理业务、专项资产管理业务等多项管理业务。其中，集合资管计划 78 支，专项资管计划 2 支。根据投资者的不同风险偏好设计不同的产品，可以更好地为不同风险偏好的客户提供精准的个性化服务。投资范围广，包括国内依法公开发行上市的股权类资产、固定收益类资产及法律法规和中国证监会允许投资的其他金融工具。券商投资收益相比公募基金管理人，拥有更高的收益，因此受到双方欢迎，其数量和规模的增速惊人。

融资融券业务是证券业的一项新业务，于 2010 年开始开展，随着该业务的推出，投资者可以将其作为工具来增加杠杆和做空，从而使得放大交易和反向交易得以展开。融资融券既具有资产组合管理和风险管理的功能，也能通过杠杆操作助推股市的波动。截至 2015 年底天津市上市公司 42 家中能够开展融资融券的上市公司股票为 20 支。全年天津市上市公司股票融资买入额 5243. 4 亿元，融券卖出量 11. 27 亿股。可以看出相比融资，融券规模较小，股票市场做空力量不足，这种两融业务的不平衡是此次股灾爆发的重要原因之一。

（二）天津证券业法人机构

1. 渤海证券股份有限公司

截至 2015 年 12 月底，渤海证券注册资本达到 64. 7 亿元，公司净资本为 148. 8 亿元。公司经营范围涉及多项业务，包括：证券经纪业务；与证券交易、证券投资活动有关的财务顾问业务；证券投资咨询业务；证券承销与保荐业务；证券资产管理等业务；证券自营业务。公司办事处设于北京，并在上海成立分公司。2015 年，新设北京分公司和江苏分公司。截至 2015 年 12 月底，渤海证券在全国已经设立 52 家证券营业部。

截至 2015 年 12 月底，不考虑客户的交易结算金，该公司资产负债率较去年同期降低到 57. 89% ，减少 7 个百分点。融资渠道的拓宽和融资规模的增长使公司负债规模扩大，2015 年末公司资本实力由于首轮增资扩股资金到位而得到增强，这使得公司财务杠杆系数下降了 0.49（由上年末的 2.86 减至 2.37），这使得财务杠杆系数有了上升空间。在市场遭遇巨幅波动的情况下，公司内控体系成功经受住复杂的经营形势和监管检查的考验，保持依法合规、稳健经营，在有效运作下，2015 年成为公司自建立以来经营业绩最好的一年。截至 2015 年 12 月底，公司总营业收入达到 34.75 亿元，同比增长 79.16%；公司净利润为 4.86 亿元，同比增长 101.59%；公司资产总额 483.5 亿元，所有者权益总额 153.30 亿元，母公司净资本 148.60 亿元；每股收益为 0.36 元，加权平均净资产收益率 20.64%。

2015 年，公司互联网证券业务网站正式运营，目前包括互联网开户系统、自助柜台和金融商城三大模块。通过互联网技术将线下业务流程线上化，实现了业务覆盖区域的扩大。截至 2015 年 12 月 31 日，互联网开户数已占新开户总数的 70%，金融商城实现了公司资管、收益凭证、代销基金、信托产品的线上信息公示和适当性管理以及开户交易等功能。作为天津唯一一家本地综合类券商，几年来公司持续遵循立足天津、辐射全国的经营思路，通过对投资服务、融资服务、投资银行服务等多类别业务的深耕细作，在天津本地已形成了良好的口碑与优良的品牌影响力，对天津证券业发展有重要贡献。

2. 联合信用管理有限公司

联合信用管理有限公司是天津唯一一家全国性专业化的信用信息服务公司，其业务范围广泛，包括担保机构信用评级、资本市场信用评级、信贷市场信用评级、咨询、培训等。截至 2015 年 12 月底，联合信用管理有限公司已经在全国各重要城市及地区成立 33 家分支机构，其中公司本部、6 家下属有限公司和 24 家分支机构主要从事借款企业评级、征信、担保机构信用评级等业务，2 家下属公司从事资本市场信用评级业务，1 家下属公司主营投资咨询等业务。该公司在职人员已增加到 600 人。

3. 联合信用投资咨询有限公司

联合信用投资咨询有限公司是一家全国性的证券投资咨询公司，也是天津市仅有的两家具有证券投资咨询资格的公司之一。该公司成立于1997年12月12日，注册资本1000万元，主要为客户开展资本市场研究、咨询、决策支持等业务。近年来，联合信用投资咨询有限公司采取“一体两翼”的未来发展战略，开展经济区域投融资、股权及上市融资、债券市场融资、投资咨询等服务业务，到目前为止已成为全国性专业投资银行机构之一，具有较大的影响力。

（三）天津证券业发展水平

据中国证券业协会统计，天津市仅有渤海证券1家证券公司，占我国证券公司总数（125家）的0.8%，该证券公司资产规模为341.26亿元，是全国证券公司资产规模（6.42万亿元）的0.5%。从这些统计中可以看到，天津市证券业无论是证券公司数量还是资产规模，其发展水平仍处于较低水平，与北京、广东、上海等省市有一定差距。从天津市证券业发展现状来看，证券公司法人机构少，证券营业部较少，整体经营规模较小。证券市场是我国经济发展不可或缺的重要组成部分之一，应加大发展证券市场力度，制定相应有利于证券市场发展的优惠政策，提供优质政府服务，让更多的金融发达地区规模较大的证券公司到天津成立分公司，增加投资者可投资的证券品种，加大向群众的宣传力度，使更多群众参与证券市场交易，进一步提高投资者的投资意识和风险意识，使天津证券市场继续平稳发展下去。

二　2015年天津基金业运营

（一）天津基金业运营状况

近年来，全国的证券投资基金业市场竞争越发激烈。基金业准入门槛在《中华人民共和国证券投资基金法》（本报告以下简称《基金法》）实施后大大降低，逐渐增多的私募基金管理公司加入公募基金管理公司所经营的投资基金业，公募基金管理公司的同业竞争对手大大增加。同时，商业银行、证券公司和信托公司等资产管理业务部门也不断地加入这一行业，并且它们具有公募基金管理公司不具备的范围经济优势。天津市证券基金业在《基金法》实施后规模不断扩大的同时也面临更多其他地区同业的激烈竞争。

截至2015年12月底，天津市辖区内基金管理公司数为1家（天弘基金管理有限公司，本报告以下简称“天弘基金”），没有新增基金管理公司。私募基金管理人数（已登记）2015年出现爆发式增长，截至2015年超过了500人，新增人数为246人，增长率为97.2%。私募基金产品（已备案）数量也出现大幅度增长，由2015年初的102只增长至年底的383只，增长率高达275%。独立基金销售机构共3家，当年新增独立基金销售机构1家。公募基金中，开放式基金数为46只，当年增加30只。2015年上半年，天津市开放式基金资产净值快速增长，在当年3月达到最高值为7317.68亿元，相比年初增长15.6%，这与上半年中国资本市场活跃，大量社会资金进入基金市场密切相关（见图2）。之后随着股市动荡，天津市开放式基金资产净值也大幅度缩水，到2015年底下降到6732.0亿元，较3月下降幅度为8.0%，但相比2014年同期仍增加6.8%。

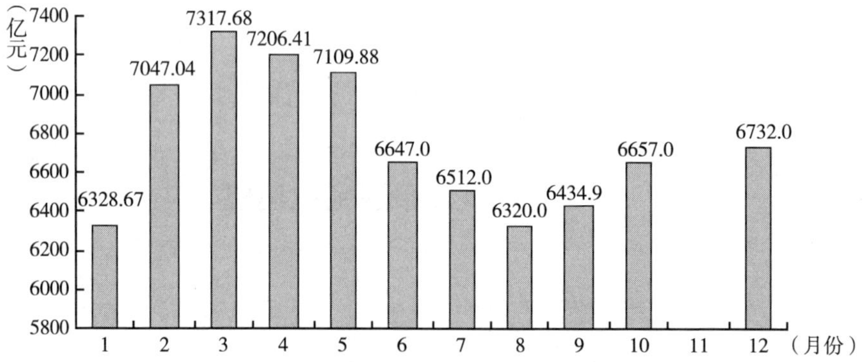

图2　2015年天津市基金资产净值变化

注：2015年11月数据未披露。

资料来源：中国证监会数据库。

从天津市公募基金数量上看，股票型基金、混合型基金和债券型基金数量较多，而货币市场型基金、QDⅡ基金和另类投资基金的数量较少。但如果从基金份额上看，则是混合型基金和货币市场型基金占很大比重，股票型基金、债券型基金、QDⅡ基金和另类投资基金的比重较小。综合来看，混合型基金是较受市场欢迎的基金品种，这可能与2015年上半年我国债券市场、股票市场活跃，且混合型基金资产配置灵活有关。与天津市证券业相似，天津辖区内只有1家基金公司，天弘基金所发行基金的市场占有份额集中程度较高。

在《基金法》实施后，由于私募证券投资基金管理人开始归入基金行业，这些私募证券投资基金管理人也需要接受监管，但是同公募证券投资基金管理人监管要求有所差异。截至2015年12月底，天津已经有499余家私募证券投资基金管理人到天津证券投资基金业协会登记，有500多只私募基金在天津证券投资基金业协会备案，基金认缴规模达3000多亿元。私募基金向来以运作独立、信息不透明、业绩容忍度高、投资策略灵活和基金经理投资收益分成比例高而著称。大量公募基金经理已经或正在流向私募基金公司。由于对私募基金监管比公募基金更加宽松，相对于证券公司资管计划和基金公司专户理财仍有明显的竞争优势，因此，今后私募基金无论是数量还是资产规模预计仍会有广阔的增长空间。

（二）天津基金业法人机构

天弘基金是天津市辖区内的第一家基金管理公司。截至2015年12月31日，天弘基金用户人数已经超过2.2亿人，是国内拥有用户量最多的基金公司。天弘基金2015年注册资本由年初1.8亿元增加至5.143亿元，其中蚂蚁金服是天弘基金最大股东，持有股权比例为51%，其他较大股东包括天津信托、内蒙古君正和芜湖高新，其各自持股比例分别为16.8%、15.6%和5.6%。此外，天弘基金首次允许员工持股，员工持股比例为11%。截至2016年第2季度末，天弘基金资产净值为8041.78亿元，基金管理规模为7898亿份，在资产规模方面在108家基金管理公司中排名第1（见图3）。主要经营业务包括资产管理、基金募集、基金销售、特定客户资产管理业务以及中国证监会许可的其他业务。2015年初上线的天弘基金淘宝店，理财资金门槛较低，使得刚刚入门的理财人员能更好地参与基金理财。

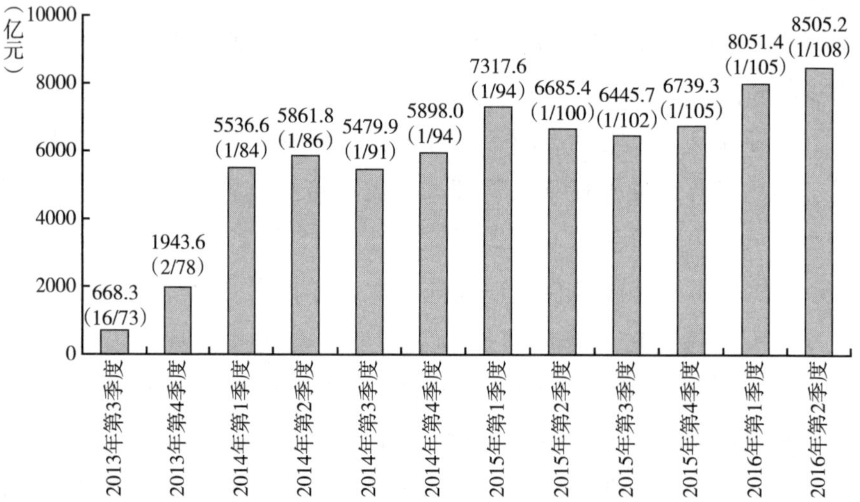

图3　2013年第3季度~2016年第2季度天弘基金资产规模及排名

资料来源：WIND资讯。

天弘基金是国内首个建立大数据中心的基金管理公司。数据处理能力达到百亿级，借助大数据中心分析余额宝现有客户数、持有数、申赎数等数据，可以充分了解客户行为，并通过建立模型预测未来将要申购赎回的资金量。目前已建立的预测模型能够准确预测未来3天资金申购赎回量，预测结果和实际发生额误差能够控制在5%之内，帮助余额宝在流动性和收益率之间权衡，从而为在保证流动性的情况下赚取更多收益。

（三）天津基金业发展水平

天津市基金管理公司数1家，占全国基金管理公司总数（111家）

0.90%。公募基金中开放式基金为46只，占全国开放式基金总数（2558只）的1.8%。开放式基金资产净值为6578亿元，占全国基金总额（70275.56亿元）的9.4%。目前，天津市基金业无论从证券基金管理公司数量还是开放式基金规模来看，都处于较低的发展水平，和北京、深圳、上海等城市相比仍有一定差距。

为了促进天津基金业的发展，使更多基金在天津落地，天津已经制定了许多优惠税收政策。但从目前在津注册的股权投资企业的运作情况看，只有很少天津当地项目被这些股权投资企业的基金所关注和考察，项目绝大多数在天津以外地区。这种现象的根源是民营经济、科技型中小企业的规模偏小，项目融资缺乏活跃度，拟上市企业资源较少且质量不高。

三　2015年天津的上市公司

截至2015年12月底，天津市辖区内已有上市公司数为42家，和上年同期相比没有发生变化。其中在上交所上市的公司数为22家，在深交所主板上市公司数为7家，中小板上市公司数为6家，创业板上市公司数为7家。2015年，上交所新增上市公司1家，深交所主板退市1家，中小板与创业板上市公司数没有发生变化。2015年天津市新三板挂牌公司数量大幅度增加，截至2015年底数量达到92家，比上年同期增加51家。

按行业分类，天津市42家上市公司中有采矿业2家；供应业、热力、电力和燃气及水生产业2家；零售业和批发业3家；交通运输仓储和邮政业4家；房地产业6家；科学研究和技术服务业2家；制造业22家；综合类1家。可以看出天津市上市公司所属行业分布范围较广，其中制造业占很大比例，从上市公司行业分布可以看出天津现行经济发展以制造业为依托，多行业均有涉及并共同推进天津市经济发展。此外天津科学研究和技术服务业上市公司仅有2家，银行证券业上市公司为0家，说明天津市如今金融科技行业的发展还处于相对滞后的水平。

金融创新加快、金融监管落后等造成2015年股市的剧烈震荡，使得股票市场出现很大系统性风险，不仅使投资者蒙受损失，而且造成上市公司巨大损失。天津市辖区内上市公司总市值受股市震荡的影响在2015年出现大幅波动，如图4所示。上半年总市值持续增加，2015年5月，天津市上市公司总市值达到峰值8997.54亿元，之后随着股票市场迅速下跌天津市上市公司总市值也大幅度缩水，截至2015年底下降到6221.40亿元，缩水幅度高达到30.85%。但从2015年上市公司市值总体来看，天津市上市公司获得了长足的发展。截至2015年底，天津上市公司总股本达到544.80亿股，比上年同期增加11.58%；上市公司总市值为6221.40亿元，比上年同期增加16.90%（见表3）。

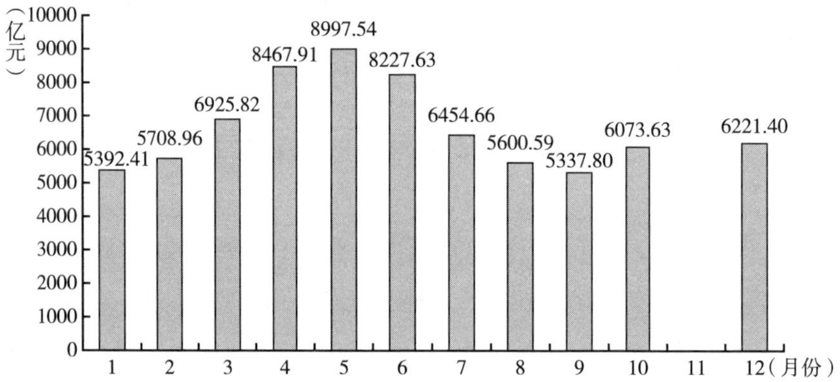

图4　2015年天津上市公司总市值

注：2015年11月数据未披露。
资料来源：中国证监会数据库。

表3　2015年天津上市公司和新三板挂牌公司数量

项　目	单位	2015年末	2014年末	变化
上市公司	家	42	42	0
其中:上交所上市公司	家	22	21	1
深交所主板上市公司	家	7	8	(-1)
中小板上市公司数	家	6	6	0
创业板上市公司数	家	7	7	0
新三板挂牌公司数	家	92	41	51
上市公司总股本	亿股	544.8	488.27	56.53(11.58%)
上市公司总市值	亿元	6221.4	5321.99	899.41(16.90%)

资料来源：中国证监会官方网站。

与上市公司市值全年跌宕起伏但较年初仍有所上升不同，由于2015年国内经济继续下行，天津市上市公司的经营状况和赢利状况都出现了很大程度的下降，截至2015年12月31日，天津市辖区内42家上市公司总营业收入为2697.15亿元，相比去年同期（3289.86亿元）下降18.02%；上市公司总净利润为141.06亿元，相比去年同期下降32.18%。净利润/营业收入由2014年的6.32%下降到5.23%，2015年天津市上市公司赢利能力不容乐观。

截至2015年12月底，天津市辖区内上市公司据统计共有42家，占所有在A股市场上市的公司总量（2808家）的1.49%。其中，上交所上市公司数为22家，深交所主板上市公司数7家，占全部A股主板市场上市公司总量（1428家）的2.03%。天津市辖区内在中小板市场上市的公司有6家，占A股中小板市场上市公司总家数（722家）的0.83%。天津市辖区内在创业板市场有上市的公司有7家，占整个A股创业板市场上市公司总家数（387家）的1.81%。42家上市公司总市值为6221.4亿元，占整个A股市场总市值（47.19万亿元）的1.32%。

从天津上市公司数量占A股市场上市公司总量的比重来看，天津市上市公司较少，这个问题是长期性的，根本原因是天津市辖区内民营经济发展较为落后，创新型的新兴民营企业数量较少，企业创新能力不足。从A股市场上市公司性质看，上市公司的主力是民营企业。比如杭州，在该市所有78家在A股市场上市的公司中，仅民营企业就多达59家，占上市公司的比重超过70%。而在天津，民营性质的上市公司仅占上市公司总数30%。天津市经济发展多依赖大型国有企业，民营经济所占市场份额较低，且能成为上市公司的就更少。此外，天津本土民营企业缺乏上市意愿，认为通过上市发行股票的方式获取资金的方式过于烦琐，不如通过银行贷款、发行债券等融资方式便利。

四　天津证券基金业的展望

2015年天津市证券业运行态势健康平稳，对实体经济发展发挥了有力的促进作用，同时扩大了天津市证券市场规模，优化了证券市场结构，在金融创新和制度建设上取得了新的成就。但是相比于全国证券基金业的发展，天津市证券基金业发展也存在自身特有的问题。例如，天津市证券机构数量太少，证券公司设立在天津的分公司规模较小，竞争力不足，市民参与度有限；缺乏大规模、有序的交易平台。因此，未来天津市应继续积极促进天津市证券业的发展，扩大市场规模，加快建设具有行业领先水平的证券业机构，发展交易主体数量庞大、参与者众多的证券交易市场，形成与天津市经济发展相适应的证券基金产品体系，更好地服务于实体经济的发展。

（一）继续加大上市挂牌企业融资力度

2015 年天津市在新三板挂牌的上市企业总数同上年相比增长了 58%，新三板上市公司融资总额增长 450.00%，A 股市场上市公司资产总额增长 48.50%，表明天津上市企业通过资本市场进行融资的能力有了明显提升。市政府要求进一步重视天津市辖区内企业的股份制改革、上市和融资工作，以“企业自愿、市场主导、政府支持、依法规范”为指导原则，认真落实对企业的支持和帮扶政策，严格落实相关负责部门的责任制度和工作绩效考核，确保更多天津企业上市任务的有效完成，为天津经济发展做出新贡献。

（1）加大上市挂牌企业融资力度，着力提高企业资产证券化水平。支持服务要有针对性，要坚持“一企一策”的方式。不仅要继续引导上市公司充分使用公司债、可转债、增发股票、配股、优先股等债权、股权融资工具实施再融资，还要着力提升在新三板挂牌的企业做市率，加强新三板股票的流动性和对投资者的吸引力，推动有良好发展前景且符合转板条件的新三板企业转到主板市场，使融资能力进一步得到增强。

（2）加大对企业上市培训与指导，提高企业上市挂牌的意愿和能力。做到对不同类别企业的分类指导，正确指导天津市国有企业、民营企业和科技创新型企业、新兴技术企业到适应其自身发展需求的板块上市，注重结合金融改革创新，注重推动更多科技创新型企业到新三板挂牌上市，注重激发有良好发展前景的成长型企业挂牌上市的积极性，提升其挂牌上市的内在动力。

（3）加大企业股份制改造和政策实施力度，注重解决企业实际困难和问题。对企业进行深入的调查，建立完整的企业股份制改革和上市挂牌信息资源数据库，大力推动企业股份制改造，对涉及企业股份制改造的信贷、税收、规划、土地、产权等问题，有针对性地解决，使得各项扶持政策和服务措施落实到位并取得效果。

（二）增强证券业对企业发展促进作用

企业的发展离不开证券业的支持和配合，为了进一步促进天津市企业发展应采取以下措施。

（1）加快债券融资的发展。发挥债券融资拓宽企业直接融资渠道、降低财务成本、改善融资结构等重要作用，支持各类企业利用债券市场融资。鼓励优质大中型企业发行公司债、可转债、可交换债、企业债、中期票据、短期融资券、非公开定向债务等债务融资工具。推动中小型企业发行中小企业私募债、中小企业集合票据、中小企业集合债券以及其他新型债务融资工具。积极利用资产证券化盘活存量资产，支持金融机构开展资产证券化业务创新。切实发挥债券承销机构的市场主体作用，积极促进债券承销机构与企业对接，充分利用资本市场。

（2）提高金融中介机构服务能力。支持市内证券基金期货机构通过增资、并购、上市等方式增强自身资本规模与竞争力。支持市内会计师事务所、律师事务所、资产评估机构等在本地良好发展并面向全国，扩大业务范围，增强人才储备，提升专业能力。引导市内中介机构完善治理结构，提高执业水平，通过产品和业务创新提高市场竞争力，立足天津，为企业上市、挂牌、并购重组、发行债券等多渠道利用资本市场提供优质服务。

（三）加强对中小投资者合法权益保护

由于天津市机构投资者较少，天津市资本市场的主要参与者是中小投资者，但是中小投资者受制于信息不对称，缺乏自我保护能力和抗风险能力，合法权益容易被侵害。加强中小投资者合法权益保护工作是天津证券期货监管部门的重点工作，这与广大人民群众利益息息相关，是天津资本市场健康持续发展的保障。投资者权益保护不仅是一项系统工程，也是长期的任务，投资者保护工作机制和与中小投资者的沟通机制需要进一步完善，要充分利用现有监管体系，推进辖区“法律保护、监管保护、自律保护、市场保护、自我保护”体系建设，切实保护中小投资者的合法权益。

（1）继续加强落实投资者保护制度。充分对金融产品或服务进行风险评估并划分等级，在此基础上指导投资者进行与自身风险承受能力相匹配的金融产品交易，使信息得到充分披露，保障投资者的知情权，防止投资者遭到误导和欺诈。

（2）继续强化投资者教育。进一步强化投资者保护的意识，健全相应的制度和机制，使相关机构切实履行义务，将投资者教育通过各种形式纳入业务的各个环节中，确保落实投资者教育的各项要求。

（3）加强投诉处理工作。天津证券监管机构要承担投资者信访处理的首要责任，完善投资者问题投诉处理机制，确保投诉渠道畅通，处理流程公开公正，认真及时回应投资者的诉求，有效化解纠纷，维护天津证券行业良好形象。

B.5

2015年的天津保险业

摘　要：　2015 年是天津保险业遇到困难最多的一年。面对错综复杂的国际、国内环境以及突如其来的重大事故，天津保险业的处置工作较为有序、完善，发展态势良好。与此同时，天津保险业深入贯彻落实《天津市推动京津冀协同发展 2015 年工作要点》和《天津市贯彻落实〈京津冀协同发展规划纲要〉实施方案（2015～2020 年）任务分工》提出的各项要求，不断加快改革创新发展，积极发挥各项功能作用，服务京津冀协同发展战略。总体来看，2015 年天津保险市场运行平稳且稳中有进，基本实现了“十二五”规划的胜利收官，也为“十三五”规划的顺利开局奠定了坚实基础。

关键词：　现代保险服务业　京津冀协同发展　“十三五”规划

一　2015年天津保险业结构

2015 年，天津共有 61 家保险公司分支机构，其中有 26 家财产险公司分支机构，35 家人身险公司分支机构。2015 年，天津保险公司总资产为 1556.9 亿元，同比增长 13.6%；保费收入总计 398.3 亿元，同比增长 25.4%；保险业各类赔款给付 139.5 亿元，同比增长 33.7%，较上年提高 31.4%。截至 2015 年末，天津保险从业人员约有 6.4 万人，同比增长 27.9%（见表 1）。

表1　2015年天津保险业基本情况

总部设在辖内的保险公司(家)	6
其中:财产险经营主体(家)	2
人身险经营主体(家)	4
保险公司分支机构(家)	61
其中:财产险公司分支机构(家)	26
人身险公司分支机构(家)	35
保费收入(中外资,亿元)	398.3
其中:财产险保费收入(中外资,亿元)	120.3
人身险保费收入(中外资,亿元)	278.1
各类赔款给付(中外资,亿元)	139.5
保险密度(元/人)	2575.0
保险深度(%)	2.4

资料来源：天津保监局，中国人民银行天津分行。

2015年，天津财产险公司原保险保费收入为1202803.38万元，同比增长10.4%（见表2）。其中，中资财产险公司23家（包括2家虚拟公司），其原保险保费收入为1194018.4万元；外资财产险公司3家，其原保险保费收入为37561.4万元。2015年，天津人身险公司原保险保费收入为2780605.2万元，同比增长33.4%。其中，中资人身险公司22家（包括2家虚拟公司），其原保险保费收入为2529731.21万元；外资人身险公司10家，其原保险保费收入为222097.70万元。

表2　2015年天津保险业保费收入和赔款给付情况

单位：万元

原保险保费收入	3983408.65	赔款给付	1395315.80
1. 财产险	1202803.38	1. 财产险	664579.59
2. 人身险	2780605.27	2. 人身险	730736.21
(1)寿险	2366594.64	(1)寿险	578635.71
(2)健康险	339441.40	(2)健康险	132551.46
(3)人身意外伤害险	74569.23	(3)人身意外伤害险	19549.03

资料来源：天津保监局官网。

2015 年天津保险业保费收入分布见图 1。2006 ~ 2015 年天津保险业各类赔款给付金额走势见图 2。2010 ~ 2015 年天津保险业的保险密度和保险深度见图 3。

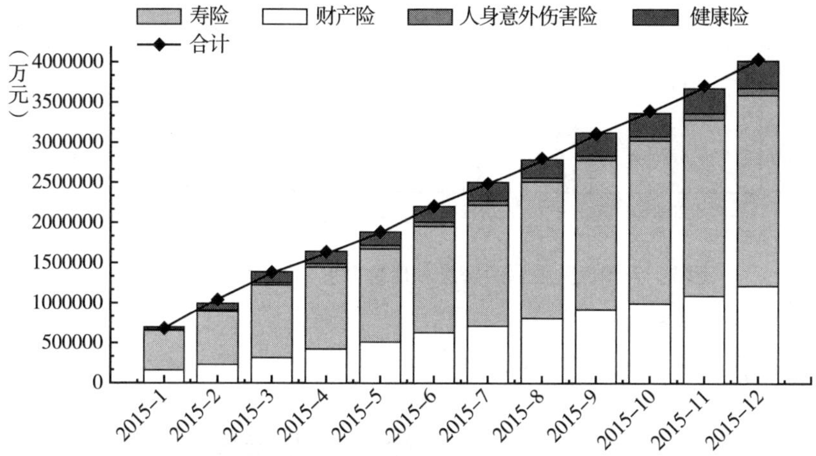

图 1　2015 年天津保险业保费收入分布（依险种类型）

资料来源：WIND 资讯。

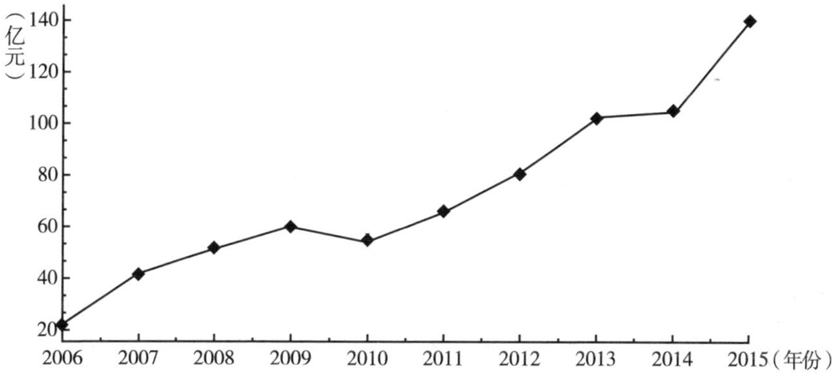

图 2　天津保险业各类赔款给付金额走势（2006 ~ 2015 年）

资料来源：WIND 资讯。

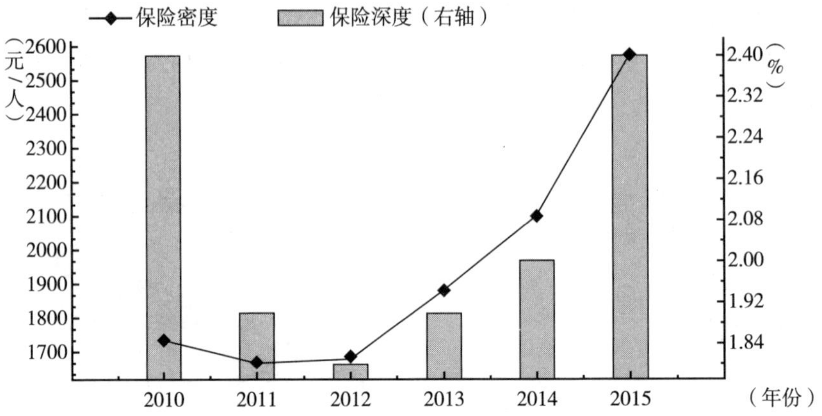

图3　天津保险业保险密度和保险深度（2010～2015年）

资料来源：WIND资讯。

二　2015年天津保险业运营

2015年，中国人寿保险集团、中国平安保险集团分别与天津市政府开展合作，计划对一系列重大项目（如京津冀一体化、城市基础设施建设、自贸区建设等）进行投资，投资金额将超过2000亿元。2015年，总部设在天津辖内的6家法人保险公司中，有5家赢利、1家亏损。在赢利的5家法人保险公司中，新成立的渤海人寿保险股份有限公司实现净利润0.43亿元；华夏人寿保险股份有限公司和恒安标准人寿保险有限公司持续赢利，净利润分别为12.40亿元和2.94亿元；光大永明人寿保险有限公司和渤海财产保险股份有限公司两家扭亏为盈，净利润分别为1.50亿元和1.05亿元。爱和谊日生同和财产保险（中国）有限公司亏损，亏损金额为0.91亿元。为体现天津保险业的特色，下面以该6家总部设在辖内的法人保险公司为例，依据各公司2015年的信息披露报告，通过分析各公司经营前5位的险种、产品及偿付能力额度状况反映天津保险业的经营情况。

（一）渤海财产保险股份有限公司

2015年渤海财产保险股份有限公司（本报告以下简称“渤海财险”）

保费收入居前5位的险种分别为机动车辆险、企业财产险、工程保险、责任保险和意外伤害保险。这些产品2015年的经营情况如表3所示。

表3 渤海财险2015年前5名险种经营情况

单位：元

险种名称	保险金额	保费收入	赔款支出	准备金余额	承保利润
机动车辆险	218524085440	2074917150	1185447318	1710931284	-142788486
企业财产险	161755306745	85579844	62074218	37712797	-34830517
工程保险	94600930424	71590455	5584431	18474400	-7311441
责任保险	59709059461	58623431	16236748	41882329	910742
意外伤害保险	38326631563	55900955	20411859	33213261	-112229

资料来源：WIND资讯。

该公司2015年偿付能力额度状况如表4所示。需要注意的是，业务规模的增长对最低资本要求有所提高，偿付能力充足率也会相应发生变化。

表4 渤海财险2015年偿付能力额度状况

项　目	2015年12月31日	项　目	2015年12月31日
实际资本(万元)	92852	偿付能力充足率(%)	271
最低资本(万元)	34214	偿付能力充足率的变化(%)	19
偿付能力溢额(万元)	58638		

资料来源：WIND资讯。

（二）渤海人寿保险股份有限公司

2015年渤海人寿保险股份有限公司（本报告以下简称“渤海人寿”）保费收入居前5位的保险产品分别为渤海人寿福慧双足年金保险（B款）、渤海人寿安康稳盈两全保险（分红型）、渤海人寿团体意外伤害保险、渤海人寿附加团体综合医疗保险（A款）和渤海人寿恒顺安康两全保险（A款）。这些产品2015年的经营情况如表5所示。

表 5　渤海人寿 2015 年前 5 名产品经营情况

单位：元

产品名称	保费收入	新单标准保费收入
渤海人寿福慧双足年金保险(B 款)	401255000.00	40125500.00
渤海人寿安康稳盈两全保险(分红型)	3185000.00	1184200.00
渤海人寿团体意外伤害保险	1720131.61	1720131.61
渤海人寿附加团体综合医疗保险(A 款)	1713547.58	1713547.58
渤海人寿恒顺安康两全保险(A 款)	1284100.70	1276942.70

资料来源：WIND 资讯。

该公司 2015 年偿付能力额度状况如表 6 所示。其中，偿付能力充足率比上一年有所降低，主要原因是 2014 年公司未开展业务，按最低资本 1 元来计算偿付能力充足率。

表 6　渤海人寿 2015 年偿付能力额度状况

项　目	2015 年 12 月 31 日	项　目	2015 年 12 月 31 日
实际资本(万元)	544451	偿付能力溢额(万元)	532378
最低资本(万元)	12073	偿付能力充足率(%)	4510

资料来源：WIND 资讯。

（三）华夏人寿保险股份有限公司

2015 年华夏人寿保险股份有限公司（本报告以下简称“华夏人寿”）保费收入居前 5 位的保险产品分别为华夏常青树重大疾病保险（2015）、华夏富贵竹年金保险、华夏福临门年金保险（2015 至尊版）、华夏福临门年金保险（2015）和华夏福临门年金保险（富贵版）。这些产品 2015 年的经营情况如表 7 所示。

该公司 2015 年偿付能力额度状况如表 8 所示。其中偿付能力充足率为 173.83%，满足保监会规定的充足Ⅱ类标准。

表 7　华夏人寿 2015 年前 5 名产品经营情况

单位：万元

产品名称	保费收入	新单标准保费收入
华夏常青树重大疾病保险(2015)	64086.66	64048.41
华夏富贵竹年金保险	46592.40	17736.18
华夏福临门年金保险(2015 至尊版)	30693.85	28021.74
华夏福临门年金保险(2015)	29541.10	28175.47
华夏福临门年金保险(富贵版)	26006.70	17066.08

资料来源：WIND 资讯。

表 8　华夏人寿 2015 年偿付能力额度状况

项　目	2015 年 12 月 31 日	项　目	2015 年 12 月 31 日
实际资本(万元)	1640133.26	偿付能力溢额(万元)	696618.89
最低资本(万元)	943514.37	偿付能力充足率(%)	173.83

资料来源：WIND 资讯。

（四）恒安标准人寿保险有限公司

2015 年恒安标准人寿保险有限公司（本报告以下简称“恒安标准”）保费收入居前 5 位的保险产品分别为恒安标准恒爱年年终身年金保险（分红型）、恒安标准幸福金生卓越版两全保险（分红型）、恒安标准福惠满堂两全保险（分红型）（C 款）、恒安标准幸福到老年金保险（分红型）和恒安标准福惠盈盈年金保险（分红型）。这些产品 2015 年的经营情况如表 9 所示。

表 9　恒安标准 2015 年前 5 名产品经营情况

单位：万元

产品名称	保费收入	新单标准保费收入
恒安标准恒爱年年终身年金保险(分红型)	16639.73	4652.08
恒安标准幸福金生卓越版两全保险(分红型)	10637.38	4741.79
恒安标准福惠满堂两全保险(分红型)(C 款)	7879.70	280.80
恒安标准幸福到老年金保险(分红型)	7708.00	1047.14
恒安标准福惠盈盈年金保险(分红型)	7581.62	210.29

资料来源：WIND 资讯。

该公司2015年偿付能力额度状况如表10所示。在实际资本方面，承保业务收益-3.95亿元，投资业务收益5.45亿元，其他业务收益-0.76亿元，资产非认可价值变化造成实际资本减少0.92亿元，合计共导致实际资本比上一年减少0.18亿元。在最低资本方面，短期人身险业务规模较平稳，最低资本增加0.01亿元，长期人身险业务规模扩大导致最低资本增加0.35亿元，合计共导致最低资本比上一年增加0.36亿元。

表10　恒安标准2015年度偿付能力额度状况

项　目	2015年12月31日	项　目	2015年12月31日
实际资本(万元)	95500	偿付能力溢额(万元)	63300
最低资本(万元)	32200	偿付能力充足率(%)	297

资料来源：WIND资讯。

（五）光大永明人寿保险有限公司

2015年光大永明人寿保险有限公司（本报告以下简称“光大永明人寿”）保费收入居前5位的保险产品分别为光大永明金保顺B两全保险（分红型）、光大永明城乡居民大病团体医疗保险（A型）、光大永明真心真意两全保险、光大永明理财一号两全保险（分红型）和光大永明富贵双全年金保险（分红型）。这些产品2015年的经营情况如表11所示。

表11　光大永明人寿2015年前5名产品经营情况

单位：元

产品名称	保费收入	新单标准保费收入
光大永明金保顺B两全保险(分红型)	451694668.50	1165800.00
光大永明城乡居民大病团体医疗保险(A型)	390506573.00	390506573.00
光大永明真心真意两全保险	227448227.05	70889694.41
光大永明理财一号两全保险(分红型)	179976000.00	17997600.00
光大永明富贵双全年金保险(分红型)	178468537.62	55608024.08

资料来源：WIND资讯。

该公司2015年偿付能力额度状况如表12所示。其中实际资本的上升幅度为22.87%，主要是非资本交易和事项导致的；最低资本减少5.21%，主要由长期人身险业务等因素导致。

表12　光大永明人寿2015年偿付能力额度状况

项　目	2015年12月31日	项　目	2015年12月31日
实际资本(万元)	416245.17	偿付能力充足率(%)	358.66
最低资本(万元)	116055.22	偿付能力充足率的变化(%)	81.27
偿付能力溢额(万元)	300189.95		

资料来源：WIND资讯。

（六）爱和谊日生同和财产保险（中国）有限公司

2015年爱和谊日生同和财产保险（中国）有限公司（本报告以下简称“爱和谊日生同和”）保费收入居前5位的商业保险险种为企业财产险、货物运输险、责任险、意外伤害险、工程险。这些险种2015年的经营情况如表13所示。

表13　爱和谊日生同和2015年前5名险种经营情况

单位：元

险种名称	保险金额	保费收入	赔款支出	准备金余额	承保利润
企业财产险	70694655265.14	31181128.19	44241892.82	15282385.19	-66234664.46
货物运输险	44686681206.99	12290724.87	16052274.30	-3362666.39	-13933418.58
责任险	6291991175.00	9194439.30	8068650.44	-3366598.10	-6237971.94
意外伤害险	1976039990.00	1158678.30	24468.12	-201674.68	-229667.39
工程险	1039848402.00	830082.75	17984.93	783970.66	-690299.90

资料来源：WIND资讯。

该公司2015年偿付能力额度状况如表14所示。其中偿付能力充足率上涨的主要原因是：保费收入大幅增长带动最低资本增加，最低资本比上一年增长202.44%；新增注册资本金带动实际资本增加，实际资本比上一年增长203.76%，实际资本增幅高于最低资本增幅，因此偿付能力充足率上升。

表 14　爱和谊日生同和 2015 年偿付能力额度状况

项　目	2015 年 12 月 31 日	项　目	2015 年 12 月 31 日
实际资本(元)	257683054.76	偿付能力充足率(%)	214.13
最低资本(元)	120338165.94	偿付能力充足率的变化(%)	0.93
偿付能力溢额(元)	137344888.82		

资料来源：WIND 资讯。

三　2015年保险业大事件

（一）保险公司不断推动天津实体经济发展

2015 年，天津市政府与中国人寿保险集团在债权投资、基金投资、股权投资、养老项目开发等 9 个领域开展合作，坚持保险业与经济社会发展相协调，不断推动天津实体经济发展。具体合作内容包括：一是计划在天津空港经济区投资建立养老养生基地，投资金额约 10 亿元；二是积极推动天津地铁股权计划、债券投资，同时投资建设天津地铁 10 号线，投资金额 200～300 亿元；三是大力购买投资基金、基础设施债券。截至 2015 年 10 月底，累计投资金额已达 111.58 亿元。

（二）保险经纪机构支持“一带一路”战略实施

2015 年，天津各保险经纪机构积极响应“一带一路”战略，具体体现在以下三个方面。一是搭建交易桥梁。为保证企业投融资、并购重组等高风险经济事件的顺利进行，保险经纪机构设计相应的保险条款及产品组合，以科学有效地规避风险。二是填补专业空缺。为了解国外大型工程类项目投保相关责任保险的要求，保险经纪机构纷纷前往项目第一线，排查风险、制定方案、安排承保分保等，为国际化竞争填补专业空缺。三是提供技术支持。为提高我国境外基础设施建设项目风险管理的工作效率，保险经纪机构多次深入环境恶劣的地区，开展风险管理咨询及培训服务，有效降低了企业风险管理成本。

（三）自贸区保险业特色不断凸显

2015年，天津自贸区的保险业发展侧重于服务京津冀区域协同发展和天津经济转型升级。目前，自贸区内以渤海人寿和华夏人寿为代表的保险机构正在积极开展保险服务创新。以华夏人寿为例，该公司依托自贸区制度创新，加快在养老金公司和健康服务公司等方面的探索，力图形成高效的养老服务模式。与此同时，作为首个将总部设立于自贸区的保险机构，渤海人寿利用自贸区政策优势，积极开展商业健康险免税试点以及养老险递延税试点等。

2015年4月，《中国（天津）自由贸易试验区总体方案》印发，该总体方案成为天津保险业发展壮大的“东风”。总结相关内容有以下三点：第一，大力发展航运金融、航运保险业，鼓励境内外航运服务中介机构在自贸区设立运营部门；第二，开展人民币跨境再保险业务，支持在自贸区内开展巨灾保险试点工作；第三，开展知识产权的跨境交易，逐步形成知识产权质物处置机制。

（四）“偿二代”进入实施准备期

从2015年开始，保险业进入“偿二代”实施准备期。2015年“偿二代”首份季度报告指出，截至2015年1季度末，有超过六成的保险企业偿付能力充足率出现下降。相较于“偿一代”，“偿二代”的17项监管规则出现新的变化，标志着新一代偿付能力监管体系的诞生。鉴于此，各家保险公司需要理性认知“偿二代”对公司战略规划、组织架构及产品结构带来的影响，对经营策略、管理流程和信息系统进行相应调整。

四　2015年保险业制度创新

（一）配合京津冀五年（2015～2020年）发展规划

2015年4月，《天津市推动京津冀协同发展2015年工作要点》审议通过；2015 年 9 月，《天津市贯彻落实〈京津冀协同发展规划纲要〉实施方案（2015～2020 年）任务分工》审议通过，其中指出了 2015 年天津市保险业的重点工作：陆续开展天津旧城改造、空港养老社区、天津临港基础设施等一系列项目；天津保监局为保险机构设立“绿色通道”，为各级、各类保险公司的落户提供便利；建立市场化的车险条款和费率形成机制。

（二）大力支持小微企业贷款风险补贴

2015 年 1 月，《天津市小微企业贷款保证保险风险补贴资金管理办法（试行）》实行，要求建立政府、保险、银行三方合作机制，实现风险共担。同时，保险融资增信功能通过信用进行保证，支持 874 家企业获得了 5.74 亿美元的融资。截至 2015 年 3 季度末，天津市贸易出口额在短期出口信用保险的支持下达 74.98 亿美元，出口及对外投资额则在中长期及海外投资保险的支持下达 7.36 亿美元。

（三）扩展政策性农业保险责任范围

2015 年 2 月，《关于修订中央财政保费补贴型政策性农业保险条款的通知》印发，对于天津辖内的免赔设置、农作物生长期间的赔偿标准、全部损失标准定义、残余价值和封顶赔付等方面均有所修订。2015 年 8 月，《关于开展天津市政策性生猪价格指数保险试点工作的通知》印发，将“生猪价格指数保险”纳入天津市政策性农业保险补贴险种，并给予 80% 的保费补贴。

（四）努力推进商业健康保险试点工作

2015 年 12 月，《天津市商业健康保险个人所得税政策试点工作实施方案》印发，其主要内容有：一是明确税收优惠额度及政策受众群体与产品，启动“儿童居民健康卡”项目；二是试点保险公司与市卫计委合作，向 14 周岁以下持卡儿童免费提供在校餐饮意外住院津贴保险、计划免疫不良反应住院津贴保险、骨折意外保险；三是继续推行全民意外伤害保险制度。截至2015年3季度末，该保险制度已覆盖2.54万人次，累计赔付金额为1.15亿元，在“东方之星号”客轮翻沉事件中向天津遇难乘客赔付170万元。

（五）积极对接自贸区建设与京津冀协同发展

2015年7月，《中国保监会、天津市人民政府关于加强保险业服务天津自贸试验区建设和京津冀协同发展等重大国家战略的意见》发布，指出要自觉形成思想和行动上的统一部署，成立领导小组落实责任及分工，扎实开展各项工作。要切实把工作重点转移到产品和服务创新上来，将创新作为驱动发展的新引擎，促进天津保险业的持续、健康发展。同时，深化业务改革和产品结构调整，积极发展航运保险、责任保险、巨灾保险、信用保证保险和商业健康保险等业务，为天津国计民生的改善贡献力量。

五　2015年行业代表性观点

（一）保险服务可助力治理现代化

太平保险集团董事长王滨认为，应通过周到细致的金融保险服务增强消费者对于保险业的认同感。对于“一带一路”战略带来的机遇，中国保险学会会长姚庆海认为，在国际保险规则制定的过程中，应积极建立国家风险评价模型和数据库，加强与“一带一路”沿线国家在监管、市场发展等方面的行业内合作。陈秉正教授认为，保险业在对城市进行风险管理时，可同时参与事前的风险评估、事中的风险管控和事后的灾害损失评估与理赔。中国出口信用保险公司董事长王毅认为，出口信用保险具有“撬动效应”，可以支持融资租赁的发展，也可为企业提供保险服务，必然会成为中国开放型经济实现突破发展的一把“利刃”。天津保险业的发展应依托上述观点，结合天津实际，有针对性地稳步推进。

（二）多角度入手推动行业进步

第一，在保险机构方面，各家保险机构应积极结合互联网手段，重点发展与科技相关的财产、产品、专利等一系列保险服务；同时，积极设立保险资产管理公司，实现全国性保险投资基金管理公司的早日落户。第二，在保险业务方面，对于航空运输、海上工程等的保险服务应不断完善；对于政策性农业的各类险种，应进一步扩大受益面；对于养老、健康等方面的保险服务，应考虑社会保障体系的多层次划分。第三，在保险资金的运用方面，可尝试以股权投资及不动产投资等方式支持天津市重点项目的建设与发展；对于天津市养老设施和社区建设，应鼓励保险机构进行投资，实现“保险+养老”的融合式发展。

（三）大力发展航运保险特色业务

天津拥有众多港口，这一独特的区位优势决定其未来一段时期内应重点发展航运保险业务。具体可从以下两点入手：一是在北方国际航运核心区的基础上，对航运保险现有的业务模式加以创新，通过设立航运保险协会，建立良好的航运发展要素平台；二是在风险可控、可持续发展的前提下，鼓励各方保险资金通过股权投资、债权投资等方式参与天津市各项重大建设项目。

（四）抓住战略机遇期实现发展

在当前所处的战略机遇期中，天津保险业要实现发展需做到：一要充分利用自贸区的先行优势，吸引各类保险机构来津发展，推动资金、人才、技术的不断聚集，发挥资源集聚效应；二要创造宽松的政策环境，在保监会授权范围内优化审批流程，提升审批效率；三要发挥国家自主创新示范区的政策优势，将保险机构的境外试点工作提上日程，加快小微企业融资租赁保险、贷款保证保险等各类新型业务的发展，支持企业创新和科技成果转化。

六　天津保险业的发展展望

（一）关注跨业投资和退保金增加动向

天津保险业未来需要重点关注跨业投资和退保金增加衍生的两点风险。一是险资跨业投资的风险。各保险公司在资产配置日益多元化、大力支持实体经济的同时，也要关注跨业投资带来的流动性、传染性等风险，以获取稳定的投资回报，保证其健康发展。二是退保金增加对人身险公司稳健经营的影响。退保金的增加和退保率的提高会给人身险公司的运营带来较大压力，未来应持续关注人身险公司的退保问题，保证其稳健经营。

（二）健康险业务将促进产险结构优化

2014 年 12 月，《关于实施商业健康保险个人所得税政策试点的通知》发布，明确在我国 4 个直辖市、27 个城市推进免税健康险试点。2015 年上半年，天津健康险累计实现保费收入 19.05 亿元，为天津居民提供 17800 亿元的健康风险保障，累计赔付金额 6.16 亿元，在人身险总保费中的占比不断扩大。同时，产品服务创新也在不断推进，天津有 33 家人身险公司开办了健康险业务，目前有 1903 个产品在售。

（三）“互联网 +”渠道将超越银保渠道

2015 年 7 月，《互联网保险业务监管暂行办法》发布，进一步规范互联网保险的健康发展。2015 年，泰康在线、易安保险和安心保险的陆续加入，给互联网保险的经营主体注入了新鲜血液。从产品收益率来看，通过银保渠道与“互联网 +”渠道销售的寿险产品均以万能险和投连险为主，但相比之下，“互联网 +”渠道的成本更低，因此互联网寿险产品的吸引力也更大。互联网渠道的大量运用使保险产品的设计更加简单、标准。

（四）险资投资增长空间较大

2016 年，固定收益类资产的收益率在低利率环境下依然承受重压。在这种情况下，险资投资逐渐受到人们的关注。具体来说，股权投资和海外配置是两种比较可行的投资渠道。险资通过股权投资可以进一步延伸自身产业链，将资源和能力嫁接到所投资的公司，为公司的长期发展做出持续性贡献。险资的海外配置受收益率、汇率等因素的多重影响，从目前的投资情况来看，境外投资的比重约为 2%，与 15% 的上限仍有不小差距，发展空间较大。

（五）“新常态”下机遇与挑战并存

在我国经济发展“新常态”的大背景下，我国保险业的发展机遇与挑战并存。保险业要在未来实现快速发展、扩大规模，就要努力做到以下几点：一是加速行业转型升级、实现跨界融合；二是提高开放度，保持科学监管、运行安全；三是拓展保障的覆盖范围、确保服务优质高效。鉴于此，天津保险业要主动适应“新常态”，抓住机遇、克服挑战，以更好地服务天津经济社会发展和人民日常生活，努力实现天津保险业改革发展新的飞跃。

分报告（下篇）

Sub-reports Part Ⅱ

·天津金融市场运行·

B.6
2015年的天津货币市场

摘　要：2015年，在经济环境错综复杂和持续下行的背景下，天津货币市场交易规模大幅增加。本报告呈现了2015年天津货币市场的总体运行态势，对各子市场的发展特点及原因予以分析，重点从货币市场的三个子市场之间、货币市场与相关市场之间及境内外银行间同业拆借市场之间三个层面分析货币市场利率联动关系，对货币市场的资金流动和货币政策进行回顾，并对2016年天津货币市场的发展趋势进行分析，预计2016年市场利率将维持低位运行的趋势。

关键词：货币市场　债券回购市场　同业拆借市场　票据市场

一 2015年天津货币市场运行

货币市场是居民、企业、政府等社会各主体交易期限不足1年的短期资金的市场，满足了市场参与者的流动性和营利性需求，与资本市场都是金融市场的主要构成部分。资金需求方在货币市场中借助短期国债、大额可转让存单、商业票据等筹措资金；资金供给方放弃了资金的流动性，获得了资金增值的机会。居民和企业部门通过货币市场工具进行投融资活动，权衡资金的流动性和营利性，满足日常管理的需求；货币市场也为政府部门进行宏观调控提供工具，实现一定的经济目标。货币市场由多个子市场组成，其中同业拆借市场、债券回购市场和票据市场作为货币市场的主体部分，其变动代表了货币市场运行的主要趋势，综合考量数据的代表性和可得性等因素，本报告集中分析天津债券回购市场、同业拆借市场和票据市场三大货币交易市场的发展特点及其成因。

从交易规模看，天津银行间货币市场交易规模呈现大幅增长的态势。2015年天津银行间债券回购市场交易规模、同业拆借市场交易规模和票据市场的交易规模分别是152905.61亿元、8552.8亿元和5170.3亿元，三大板块的总交易规模达到了166628.71亿元。2009年三大板块的交易规模为47544.4亿元。2015年天津银行间货币市场三大板块的交易规模相当于2009年的3.5倍，表明银行间货币市场自2009年以来保持了年均23.25%的增长速度。

银行间市场在货币市场中起着主导作用，近年来天津银行间货币市场规模快速扩张，主要有以下原因。一是天津银行业的经营业态逐步转向资产驱动模式。在全国银行业转型的趋势下，天津银行业也转变了经营业态，由过去关注存贷利差模式转变为资产驱动模式，资产和负债的匹配导致债券资金趋向短期化。二是来自天津银监局的压力。资本监管指标由存贷比逐步转向资本充足率，信贷项目占用资本多，而投资项目占用资本较少，促使银行投资类项目比重增加，例如“买入返售证券”，主要包含的资产类型就是票据类资产。三是存款利率市场化推动理财产品向货币市场配置资产。我国存款利率市场化主要是通过理财产品实现，而银行理财产品的投资目标主要集中于债券及货币市场工具。中国债券网发布的《中国银行业理财市场年度报告（2015）》的数据显示，2015 年底全部理财产品投资资产的余额为23.67 万元，理财产品配置的前三大类资产分别是债券及货币市场工具、银行存款、非标准化债权类资产，三大类资产共占理财产品投资余额的 89.10%，其中债券及货币市场工具占理财产品投资余额的 50.99%。此外，大额存单中的浮动利率存单定价标准参照 SHIBOR，利率市场化的推进使得储户资金与货币市场联系更加紧密。四是互联网金融产品的影响。以余额宝、百度金融、京东金融等为代表的互联网金融产品主要形态是货币市场基金，监管部门对互联网金融的发展较为包容的态度进一步促进了货币市场规模的扩张。

图 1 是天津银行间货币市场自 2009 年以来的走势情况。2014 年之前 3 个子市场的规模增加趋势较为均衡，2014 年之后 3 个子市场呈现跳跃式增加，其中银行间债券回购市场交易量增加迅猛。随着我国债券市场的托管及清算结算机制的完善、运行效率的提高、境外开放程度的

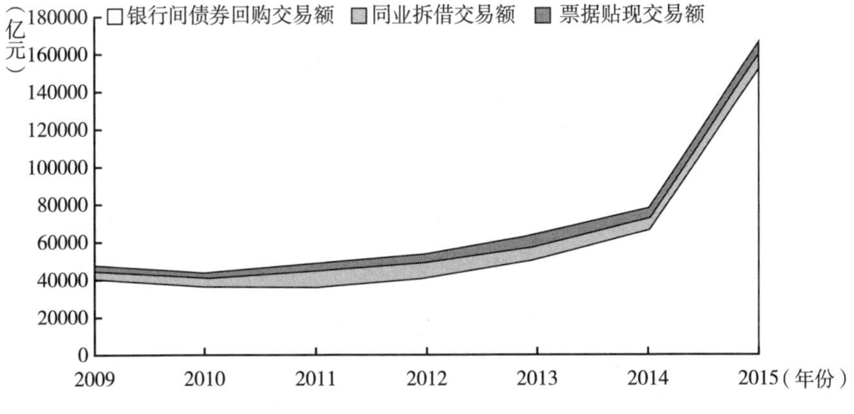

图 1　天津银行间货币市场交易规模

资料来源：根据 2009 ~2015 年《天津市金融运行报告》年度统计数据整理。

深化,我国银行间债券市场逐渐成熟。2015 年，央行多次下调存款准备金、存贷款基准利率，向市场注入了宽裕的流动性。同时，债券市场对外开放逐渐扩大，机制与产品不断创新，由于有抵押的回购交易比信用拆借占用更少同业额度，回购交易成交规模迅速扩大，货币市场成交量大幅攀升。

从交易结构看，债券回购处于货币市场的核心地位。2015 年，天津银行间债券回购交易规模占天津银行间货币市场总规模的 91.76%（见表 1)。其主要原因为：当银行业经营模式发生转变后，作为金融中介机构必须拥有充足的抵押品以满足监管要求和投资者兑付的需要，债券回购较其他两个子市场的信用风险更低。央行不仅提供了央行票据等无风险的基础债券，同时也创造了大量信用产品，进一步推动了债券回购市场规模的扩张。随着银行间债券市场的基础设施建设逐步完善，市场参与者逐渐多元化：一是债券市场的结算清算系统的发展、交易流通审批的取消、债券交易结算应急服务系统的启动，提高了交易结算的效率；二是随着市场开放程度加深，境外人民币业务清算行、私募基金、合格境外机构投资者进入债券市场，增加了境内债券市场的投资者类型。同业拆借市场的交易规模占比则经历先增加后减少的过程。相对于其他两个市场，票据市场的份额较为稳定。

银行在经营模式转变的背景下，对流动性管理的要求更为严谨，在货币市场上的交易品种集中在短期产品上。同时，银行为满足储户快速赎回的要求，对短期理财产品的资产配置比例增大。截至 2015 年 12 月，1 年期以内的理财产品占封闭式理财产品规模的 91.35%，开放式产品的交易规模也逐步增加。此外，与货币市场利率挂钩的产品种类也逐渐丰富。在利率市场化中，货币市场的规模也逐渐扩大，货币市场的结构也发生相应的变化。同时，在流动性宽松和资金利率下行的环境下，货币市场交易持续活跃、交易短期化特征明显。7 天以内的投资品种是债券回购交易的主要的产品，隔夜和 7 天拆借占全部拆借成交规模的 86.9%。

表 1　天津银行间货币市场交易品种结构

单位：%

年　份	银行间债券回购份额	同业拆借份额	票据贴现份额
2009	84.74	9.73	5.54
2010	83.08	11.82	5.09
2011	74.28	20.10	5.62
2012	74.91	17.41	7.69
2013	78.92	12.70	8.38
2014	86.48	8.11	5.41
2015	91.76	5.13	3.10

资料来源：根据 2009 ~ 2015 年《天津市金融运行报告》年度统计数据整理。

（一）债券回购市场的发展

随着银行间债券市场的开放程度加深，天津银行间债券回购市场的交易规模总量持续增加，2015 年银行间债券回购交易规模为 152905.61 亿元，同比增长 30%（见表 2）。2009 年天津债券回购市场交易规模为 40288 亿元，6 年来债券回购市场年均复合增长率达到 24.89%。质押式回购交易额为 130887.2 亿元，同比增加 1.14 倍，占全部回购交易的 85.6%；买断式回购交易额为 22018.41 亿元，同比增加 2.46 倍，占全部回购交易的 14.4%。回购交易短期化特征显著，7 天以内的投资品种占全部回购交易额的 96.2%。2014 年我国 PPI 数据呈负增长，工业领域通缩严重，制造业出现持续过剩的局面，宏观经济下行压力增加，中国银行间债券市场却呈现牛市行情。2015 年国内经济增速放缓，央行在公开市场共开展 77 次逆回购操作，10 次下调 7 日逆回购利率，资金整体趋于宽松，债券市场发行量快速增加，债券担保品管理应用广泛，债券回购市场的交投活跃度大幅提高（见图 2）。

（二）同业拆借市场的发展

自 SHIBOR 基准利率体系推出后，货币市场有了基准参考利率，同业拆借市场的交易规模逐渐扩张，交易短期化的趋势逐渐加强，市场深度的增加

表 2 天津银行间债券回购市场运行情况

年份	银行间债券回购交易额(亿元)	同比增长幅度(%)
2009	40288.00	22.50
2010	36329.50	-9.80
2011	35540.00	-2.17
2012	40541.10	14.07
2013	50009.20	23.35
2014	66480.70	32.94
2015	152905.61	130.00

资料来源：根据 2009～2015 年《天津市金融运行报告》年度统计数据整理。

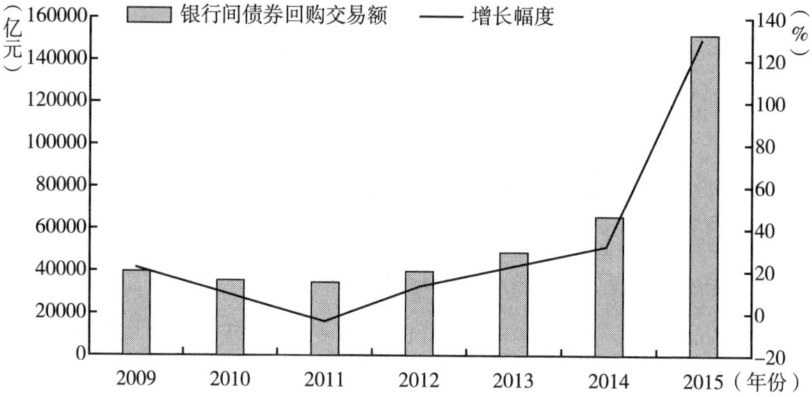

图 2 天津银行间债券回购市场交易情况

资料来源：根据 2009～2015 年《天津市金融运行报告》年度统计数据整理。

使得金融机构的参与程度逐渐提高。2015 年天津银行间同业拆借市场累计成交金额为 8552.8 亿元，同比上升 37.12%（见表 3）。2009 年天津同业拆借交易规模为 4623.9 亿元，同业拆借市场的年均复合增长率为 10.8%，低于债券回购市场年均复合增速。累计完成信用拆借 1926 笔，同比下降 7.89%。其中隔夜和 7 天拆借占全部拆借市场成交金额的比例达 86.9%，同业拆借利率和资金集中度均有所下降，天津银行和渤海银行合计拆借资金 2219.50 亿元，占全市拆借总量的 26.0%，同比下降 28.3 个百分点；累计回购债券金额 76608.08 亿元，占全市债券回购总量的 50.9%，同比下降3.0个百分点。2014年之前，债券回购市场与同业拆借市场具有替代关系。在2009年市场流动性充裕、资金价格低廉的背景下，同业拆借市场在金融机构调剂短期资金余缺、提高资产收益方面发挥了重要作用。2009～2011年，天津市金融机构主动运用银行间市场的筹融资功能来进一步增加货币市场业务量，优化资产负债结构，同业拆借交易量上升幅度较大，2011～2014年，随着债券回购的稳步增长，同业拆借市场交易量呈现波动下降趋势（见图3）。

表3　天津银行间同业拆借市场运行情况

年　份	信用拆借（笔）	同比增长率（%）	同业拆借交易额（亿元）	交易额同比增长率（%）
2009	1170.93	—	4623.90	4.80
2010	1466.00	25.20	5170.10	11.80
2011	2318.00	58.12	9617.60	86.02
2012	2134.00	-7.94	9421.50	-2.04
2013	2462.00	15.37	8047.00	-14.59
2014	2091.00	-15.07	6237.30	-22.49
2015	1926.00	-7.89	8552.80	37.12

资料来源：根据2009～2015年《天津市金融运行报告》年度统计数据整理。

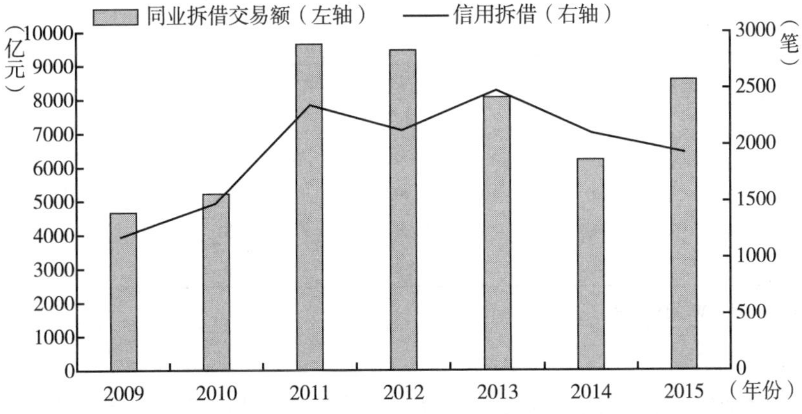

图3　天津银行间同业拆借市场交易情况

资料来源：根据2009～2015年《天津市金融运行报告》年度统计数据整理。

（三）票据市场

2015年天津市票据市场保持稳定，票据贴现业务的累计发生额是5170.3亿元，银行承兑汇票业务的累计发生额为4744.8亿元，商业承兑汇票业务的累计发生额为425.4亿元，银行承兑汇票的交易规模远大于商业承兑汇票贴现额（见表4、图4）。2009年，天津票据贴现累计发生额是2632.5亿元，票据贴现市场的年均复合增长率达到了11.91%，票据市场的平均发展速度超过同业拆借市场1.11个百分点。商业票据承兑、贴现和再贴现是以商品交易为依托的信用手段，是企业部门进行短期融资的重要媒介，也为中央银行进行宏观调控提供手段。2009年至今，天津地区银行承兑汇票一直是票据承兑和贴现业务的核心，银行承兑汇票占市场比例为90%左右（见图5、图6）。天津商业承兑汇票发展相对滞后，近年来商业承兑汇票规模及占比均呈现增加的趋势，但与银行承兑汇票的规模和参与者数量不可同日而语。2015年，“三期叠加”的局面逐渐发酵酝酿，宏观经济仍处于下行区域，利率市场化和汇率市场化逐步推进，金融市场国际化提速，票据市场在提升金融服务实体经济效率方面的作用日益突出。

表4　2015年天津金融机构票据市场运行情况

单位：亿元

季度	银行承兑汇票余额	银行承兑汇票累计发生额	商业承兑汇票余额	商业承兑汇票累计发生额
1	566.30	1063.40	25.20	133.50
2	681.00	2426.80	37.90	235.80
3	854.90	3553.20	38.20	315.10
4	770.40	4744.80	51.50	425.40

资料来源：WIND资讯。

天津地区银行承兑汇票与商业承兑汇票的比例和结构不合理，专业性票据经营机构数量难以满足实际业务的发展，严重制约了天津票据市场发展。究其原因，可以归纳为两个方面。一是现有的社会征信体系不完善、不透

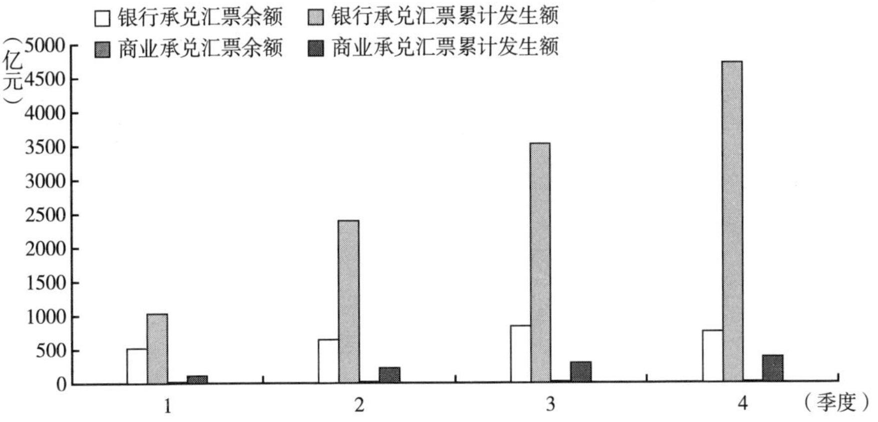

图4　天津金融机构票据市场交易情况

资料来源：WIND资讯。

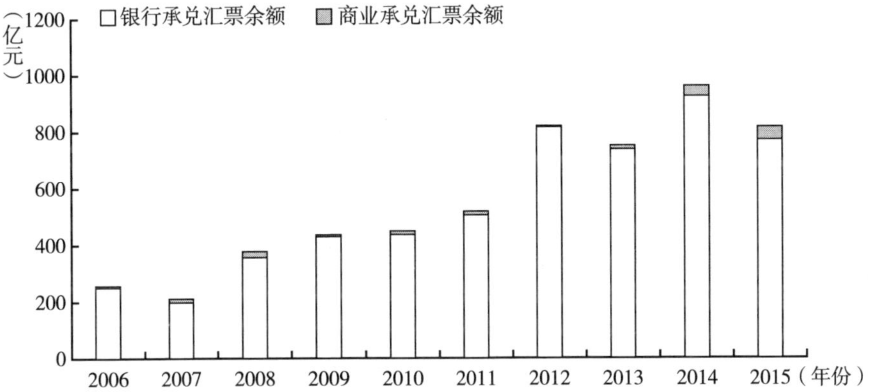

图5　天津票据市场汇票余额

资料来源：WIND资讯。

明。2008年金融危机爆发的一个原因是金融机构过分相信其交易对手的信用。而我国企业无法获取评估交易对手信用风险的有效信息，难以合理度量企业真实的信用状况，交易双方信息不对称，需要借助银行等第三方金融机构的增信。因此，大多数金融机构和企业更愿意使用银行承兑汇票结算。我国间接融资比例过高也表明参与者对银行信用的过分依赖。对银行而言，为

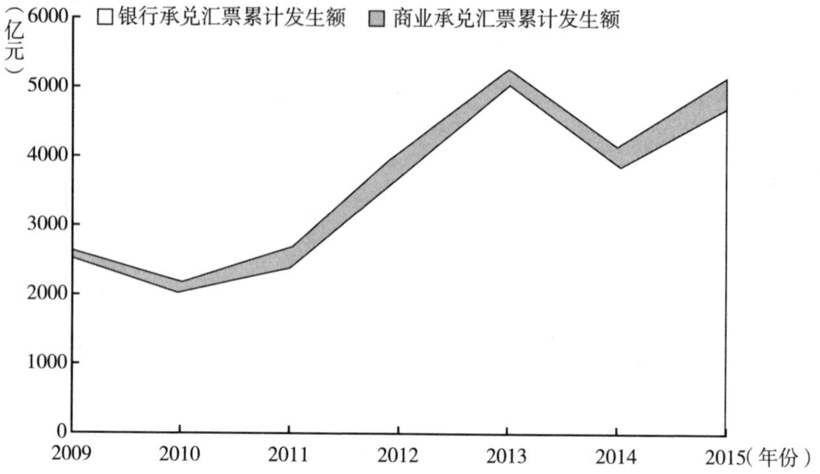

图6　票据市场交易规模

资料来源：WIND资讯。

了防范企业的违约风险，在办理商业承兑汇票的贴现、再贴现时，手续烦琐，影响了商业承兑汇票的签发数量和流通速度，进而限制了商业承兑汇票市场的发展。商业承兑汇票市场的信用环境和市场流动性制约了其快速发展。二是专业性票据经营机构数量难以满足票据业务的需要。长期以来，票据贴现、转贴现等业务仅作为银行业务的“副产品”，票据贴现市场门槛较高、低效等大大削弱了企业通过票据融资的积极性，降低了市场参与者开展票据业务的动力。因此，专业性票据经营机构的质量和数量的提升有助于改善票据市场的现状，充分发挥票据市场为实体经济融资的作用。

可以从三个方面化解当前的窘境。一是完善票据市场基础设施建设。可以通过发展票据信用评估、担保、鉴证、咨询等专业化中介服务机构，完善票据市场基础设施建设。具体可以引导一些票据交易规模大、业务规范、风险防控措施健全及市场认可度高的机构发展成为票据综合服务商，借鉴国际先进经验开展全方位票据专业服务，从而规范票据市场交易行为，有效防范风险，提高票据市场的流动性，为票据市场健康发展提供健康的环境。二是共享企业信用信息基础数据库，提高交易双方交易信息的可获得性，并依据相关法律法规建立一套有效的违约支付惩戒机制，以便企业对客户以往支付结算信用信息进行收集、整理和分析评估。同时，增强违约支付的社会关注程度并加大对违约企业的惩戒力度，促进征信社会环境的良性循环。三是发展票据专业化中介机构，扩大票据市场参与主体的范围。鼓励更多的中小民营企业、机构投资者、个人投资者等参与票据市场，推动票据市场交易主体多样化发展。四是通过政策手段引导商业银行转变传统的风险防控观念，政府可对信用状况良好的企业签发的商业承兑汇票给予贴现优惠或增信支持等，以推动票据贴现市场的发展。同时，天津应当充分利用滨海新区和自贸区的政策优势、机构和人才集聚优势，发展并完善票据市场交易。

二　2015年货币市场利率联动

（一）货币市场间各子市场的联动关系

实现利率市场化是金融深化的前提和途径，在利率市场化环境中，利率的变动充分体现市场资金的供需状况；利率市场化的关键是各个货币子市场的联系更加密切，一个子市场资产价格的变化能够迅速传导到另一个子市场，即实现货币市场的一体化。货币市场各子市场的相关性与联动性不仅是金融深化和利率自由化的要求，也对加快信息流动、优化资源配置以及实现货币政策目标具有重要的作用，利率的相关性反映了基准利率属性的要求。银行间市场主要是金融机构解决临时性资金问题、进行短期资金配置的市场，直接进行资金的交易。隔夜及7天交易在我国银行间债券回购市场和同业拆借市场中占据主要份额。因此，对银行间货币市场利率关系进行分析时，主要选取银行间债券质押式回购7天利率（记为R007）、银行间债券买断式回购7天利率（记为OR007）、银行间同业拆借隔夜利率（记为IB0001）三个利率。

货币市场利率在价格联动上保持较高的一致性。在回购市场中，质押式回购利率、买断式回购利率和银行间同业拆借隔夜利率走势呈现明显的相似性，三者之间的相关系数高达99.3%，表明我国回购市场和拆借市场关联性较高（见图7）。银行拆借利率略高于债券回购利率的原因是同业拆借市场上开展的主要是无担保的交易，交易机构的信用风险影响市场交易量，证券公司是主要的拆入资金方，质押对债券回购进行了增信，使其交易成本降低。票据转贴现利率与回购利率、同业拆借利率的相关性略低，票据转贴现利率不仅与相关货币市场利率水平有关，还与票据贴现期限和票据信用状况等相关。除2011年6月中国银监会下发加强票据业务监管的相关通知[①]和2013年“6·20钱荒”等特殊事件影响外，票据市场与债券回购市场和同业拆借市场保持了一致的走势。票据转贴现利率较银行间同业拆借利率和回购利率波动小，后两者在季末的波动幅度大于平时，表现出同业拆借市场和债券回购市场在管理流动性方面的重要作用。在2015年3个子市场的相关系数均在78%以上，体现了货币市场中3个子市场的融合（见表5）。

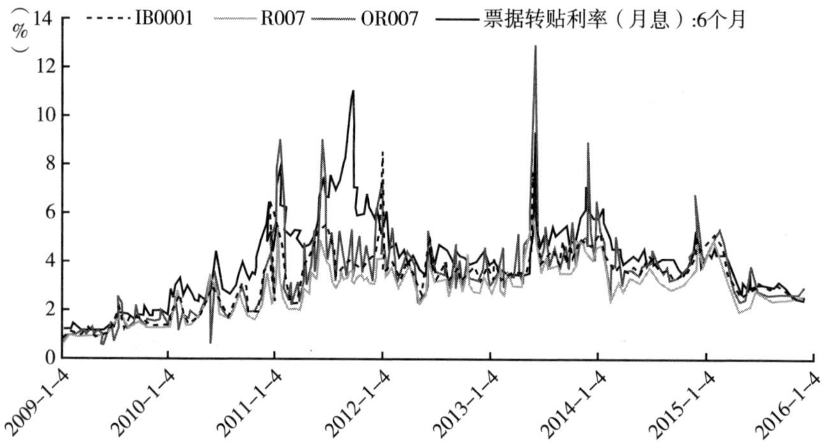

图7　货币市场各子市场的联动关系

资料来源：WIND资讯。

① 2011年6月中国银监会下发《关于切实加强票据业务监管的通知》（银监办发〔2011〕197号）。

表 5　货币市场各子市场的相关系数

相关系数	质押式回购利率：7 天	买断式回购利率：7 天	同业拆借利率：7 天	票据转贴现利率：6 个月
质押式回购利率:7 天	1			
买断式回购利率:7 天	0. 993	1		
同业拆借利率:7 天	0. 997	0. 992	1	
票据转贴现利率:6 个月	0. 787	0. 786	0. 78	1

资料来源：课题组计算。

（二）货币市场与相关市场的联动关系

在利率市场化和银行经营模式向资产端转变的背景下，为满足商业银行管理流动性的需求，银行理财产品大部分向货币市场配置，因此银行理财产品与货币市场利率走势趋同，两者之间的相关系数达到 0. 574。除在 2011 年 1 月、2011 年 6 月和 2013 年 6 月有所分化外，1 周的银行理财产品收益率与银行间同业拆借利率走势保持较高的一致性（见图 8）。2011 年 1 月，同业拆借利率上升的最重要原因是央行的货币政策。法定存款准备金率不断提高及春节前夕现金漏出等原因共同导致银行间货币市场的流动性供求严重失衡，银行间货币市场利率迅速提高。2011 年 6 月利率大幅上升的原因是央行先后 6 次提高存款类金融机构的法定存款准备金率，流动性供给的增量难以满足需求的增量。此外，中国银监会加强了对同业业务的监管，加之正值季末和半年末的指标考核节点，最终利率大幅上升。2013 年 6 月，产能过剩导致商业银行应收账款难以收回，不良贷款规模不断扩大，同时银行错估政策趋势，市场情绪紧张，流动性状况受到影响。根据《中国银行业理财市场年度报告（2015）》统计，截至 2015 年底，理财资金主要投向债券及货币市场工具、银行存款、非标准化债权类资产三大类资产，三类资产余额共占理财产品投资余额的 89. 10%，这直接导致拆借利率与理财产品收益率高度相关。

票据直贴市场和货币市场表现出较高的一致性。整体来看，票据直贴

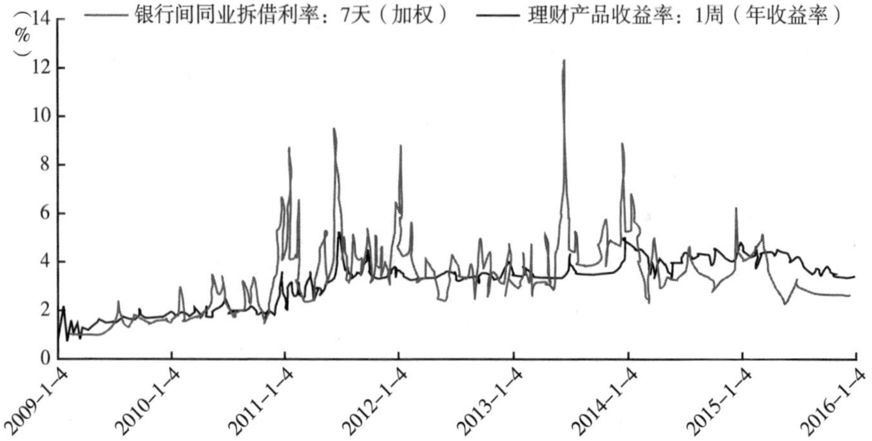

图8　货币市场与银行理财市场的利率联动关系

资料来源：WIND 资讯。

市场的利率略高于票据转贴市场的利率，反映商业银行在票据市场上的中介作用。票据直贴利率直接反映当期企业的资金融资成本，在票据直贴市场中环渤海地区直贴利率明显高于中西部、长三角和珠三角地区，表明环渤海地区的资金借贷成本较其他地区高（见图9）。2015 年，企业贷款融资需求有所下降，为缓解经济增速放缓的压力，中央为银行票据业务的经营提供了有利的市场环境。2015 年，票据直贴市场的利率总体呈现下降趋势，反映银行信贷额度紧张的局面有所缓和，推动实体企业经济运行资金紧张的局势逐渐好转。从 2013 年以来，票据直贴和转贴利差逐渐收窄，表明信贷市场和货币市场走势逐步趋同，两者之间的分割逐步被打破，有助于货币政策的传导。

（三）境内外银行间同业拆借市场利率联动性分析

银行间同业拆借利率作为基准利率，体现了货币市场的利率水平和资金供求总体状况，是金融市场发展态势的晴雨表。2007 年 1 月，上海银行间同业拆借利率（SHIBOR）正式发布，其定价方法合理，较银行间同业拆借利率（CHIBOR）更能代表银行间同业拆借利率水平。SHIBOR 作为市场

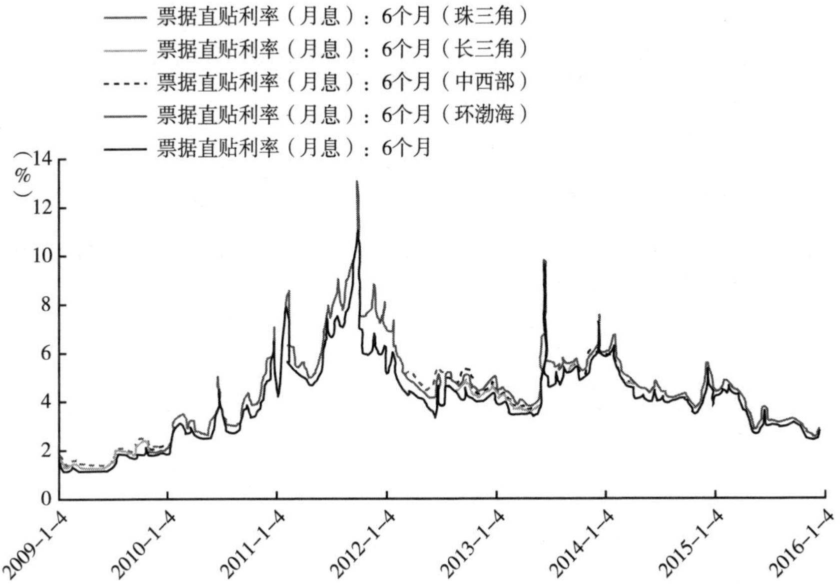

图9　货币市场与相关市场的联动关系

资料来源：WIND资讯。

定价基础，为银行业产品定价及货币当局的资金调控提供了参考。2013年6月，人民币香港银行同业拆息定价（CNH HIBOR Fixing）反映了离岸市场人民币的供求状况，为开展离岸人民币贷款及利率合约等业务提供定价参考。

国外研究显示，在岸利率与离岸利率之间的联动性会随着离岸市场的发展而不断变化，由于人民币在岸市场的利率和汇率都受到管制，尚未实现完全市场化，因此人民币离岸和在岸市场价格的引导关系与外币市场不尽相同。2015年，3个月期的SHIBOR均值为4.419%，3个月期的香港人民币同业拆借利率（CNH HIBOR）的均值为4.27%，12个月期的上海银行间同业拆借利率SHIBOR均值为4.29%，12个月期的香港人民币同业拆借利率（CNH HIBOR）的均值为3.41%。境内外利率走势呈现三个特点（见图10）。一是境内外利率走势整体上保持一定相关性。2013年6月20日SHIBOR大幅上涨，而同期隔夜CNH HIBOR亦出现大幅上涨，这体现出两

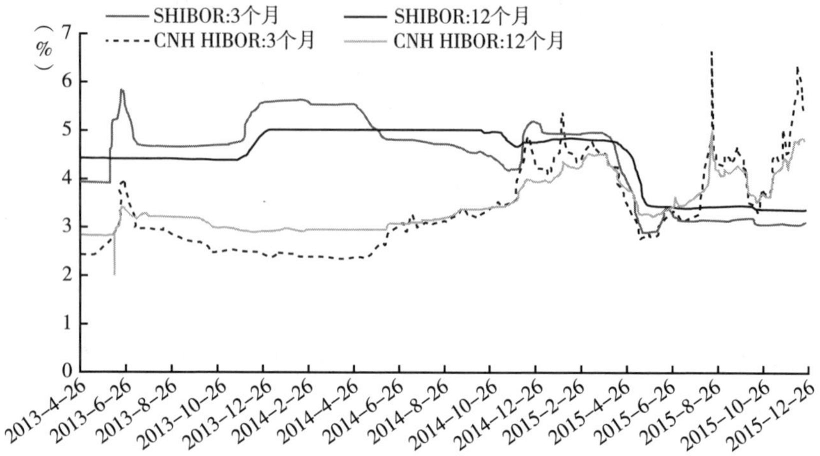

图 10　境内外银行间同业拆借利率的联动关系

资料来源：WIND 资讯。

者的相关性，两者相关系数见表 6。二是 SHIBOR 运行态势具有“先行性”，具体体现在 SHIBOR 出现“波峰”与“波谷”的时点整体上要先于 CNH HIBOR。周先平等通过 MVGARCH 模型研究 SHIBOR 与 CNH HIBOR 的联动关系时，发现 SHIBOR 对 CNH HIBOR 表现出明显的均值溢出效应，但 CNH HIBOR 对 SHIBOR 的影响不明显。[①] 三是 CNH HIBOR 整体上低于 SHIBOR。受香港人民币市场供需和离岸人民币回流渠道有限等因素影响，CNH HIBOR 整体上低于 SHIBOR。随着人民币国际化进程的逐步推进，离岸市场和在岸市场的关系愈加紧密，离岸和在岸人民币利率、汇率之间的联动效应也不断改变。从 2014 年 5 月开始，境内外银行间同业拆借利差逐渐缩小。2015 年 8 月 11 日前，在岸和离岸的银行间同业拆借利率走势大致一样，2015 年 8 月 11 日“汇改”后，在岸和离岸的走势出现了不同。

① 周先平、李标、邹万鹏：《境内外银行间人民币同业拆借利率的联动关系研究》，《国际金融研究》2014 年第 8 期，第 69 ~ 77 页。

表 6　境内外人民币银行间同业拆借利率的相关系数

相关系数	SHIBOR:3 个月	SHIBOR:12 个月	CNH HIBOR:3 个月	CNH HIBOR:12 个月
SHIBOR:3 个月	1			
SHIBOR:12 个月	0.885	1		
CNH HIBOR:3 个月	-0.424	-0.391	1	
CNH HIBOR:12 个月	-0.453	-0.429	0.959	1

资料来源：笔者计算。

（四）影响货币市场利率的因素

银行间货币市场利率由整个市场中的流动性供给和需求力量决定，利率水平的高低向市场传递出整个市场中流动性充裕或紧缺的信息。银行间市场的参与者共同决定货币市场的供需。货币市场走势主要体现了短期资金供求关系，不同时期的各种因素都会影响其利率走势。本报告将影响我国银行间货币市场利率的因素分为三个方面。

1. 短期因素：市场资金供求关系的变化

市场资金的供求关系变化会引起货币市场利率变化，金融机构的资产负债流动性管理会直接导致市场资金的变动。当资金供不应求时，货币市场利率就会被推高，融资成本从而提升。央行公开市场操作也会对短期货币市场资金产生重要影响。公开市场操作工具包括回购交易、现券交易、发行央票等。常备借贷便利（SLF）与公开市场操作相互配合可以有效调节市场短期资金供给情况，熨平突发性、临时性因素导致的货币市场供求关系的大幅波动，维持货币市场平稳运行。

2. 中期因素：流动性预期、资产负债期限错配

市场参与者会通过捕捉市场信息及时调整心理预期，对金融资产进行重新配置。当市场利率连续上涨时，参与者根据心理预期会加强自身流动性管理。在一段时间后，预期调整完成后，货币市场的资金供求利率就会在新的均衡点处稳定。大型金融机构的流动性相对充裕且获取信息的能力更强，其资金流动更容易改变人们对市场的预期，因而大型金融机构的资金流向能够

明显改变市场的预期。金融资产负债的期限错配程度也将影响货币市场中期利率走势。一些金融机构为扩大赢利，资产期限配置存在错配现象。大多数金融机构的资产业务期限在1年以上，而负债业务期限相对资产业务而言较短。为解决期限错配导致的资金紧张，商业银行会通过货币市场筹措资金满足负债业务的需求，从而影响货币市场利率。

3. 长期因素：经济增长前景和资本回报率

长期看来，经济增长速度和微观主体的资产回报率是影响货币市场利率的主要因素。在经济增长速度较高时期，资本的回报率也会增加，社会的平均融资水平提高，货币市场的利率水平也会相应提高。

此外，典型事件中的常规性因素及偶然性、突发性因素也会影响利率走势。银行间货币市场利率因某些因素而大幅波动，会使货币市场流动性供求失衡，出现流动性紧缺状况，甚至引起整个银行业的流动性危机。因此商业银行应当提升对流动性风险的管理能力，提高银行自身的风险管理意识，同时优化资产负债结构，实现业务多元化发展，并对流动性风险实施事前风险预警、事中积极防范以及事后妥善化解等措施。

三　2015年货币市场资金流动

债券回购市场与同业拆借市场是货币市场中非常重要的两个组成部分，商业银行会协调营利性、安全性和流动性的需求，将大量资金投入货币市场。当一方参与者遇到流动性紧张时，会通过债券回购市场和同业拆借市场融入资金。流动性盈余的一方就通过出售流动性获取收益，这是资金从信贷市场流向资本市场的主要渠道。回购和拆借市场也是观察资金动向的重要窗口。金融机构可以分为6类：第一类是中资大型银行，主要包括大型商业银行、邮政储蓄银行、国家开发银行和政策性银行，截至2015年底，天津中资大型银行机构共1663个，资产总额高达16000.4亿元；第二类是中资中小型银行，涵盖股份制商业银行和城市商业银行，天津中资中小型银行机构共有635个，资产总额为18070.4亿元；第三类是其他金融机构，包括小型农村金融机构、新型农村金融机构、财务公司、信托公司等，机构共有674个，资产总额为4503亿元；第四类是证券公司、基金公司和期货公司，天津共有8家；第五类是保险公司，总部在天津的共有6家，分支机构共有61家，资产总额为1556.9亿元；第六类是外资银行等，天津外资银行机构达56个，资产总额为869.2亿元。

长期以来，中资大型银行因其资信较高，风险管理水平较高，负债业务产生的流动性较多，在货币市场上一直处于资金净融出状态，而其他金融机构与外资银行则主要处于资金净融入状态。2015年，天津中资大型银行是债券回购市场和同业拆借市场资金的主要供给者，中资中小型银行是天津货币市场主要的资金融入者。证券公司及基金公司等也逐渐成为货币市场资金融入者的主要构成部分，其中，保险公司和外资银行对货币市场依赖程度较弱。

四　2015年货币市场重要事件

（一）灵活开展公开市场操作

2015年，受美联储加息预期及人民币汇率变化的影响，外汇流向由流入转变为流出，银行体系对于流动性的需求增加。此外，政府债券发行量大增、股票市场波动剧烈、新股IPO等国内因素进一步加剧了银行体系流动性的不确定性，流动性管理的难度和复杂程度明显上升。随着流动性供求格局发生变化，央行以逆回购为主进行公开市场操作，同时下调法定存款准备金率，有效对冲外汇占款下降和其他因素对流动性的影响，总体上确保了流动性总量合理充裕，取得了较好的效果。同时，面对国内外金融市场波幅增加，调控环境趋于复杂多变的情况，央行灵活运用短期流动性调节工具（SLO），及时熨平公开市场常规操作间的短期波动，维持金融市场平稳运行，创造了较好的流动性环境。

在利率调控的总体要求提高和货币政策调控框架转型的背景下，央行综合运用“量、价”工具，加强对货币市场利率的引导和调节，引导货币市场利率平稳下行，并采取相关措施缓解货币市场利率的剧烈波动。2015年，为配合存贷款基准利率下调，7天期逆回购利率先后9次下行，2015年末利率水平仅为2.25%，较2015年初下行160BP，有效实现了引导货币市场利率下行的目标。2015年央行审时度势地开展国库现金管理操作，进行10期国库现金管理商业银行定期存款业务，操作规模达5100亿元。

（二）适时开展常备借贷便利和中期借贷便利操作

2015年，为拓宽中央银行对中小金融机构提供流动性支持的渠道，央行在全国推广分支机构常备借贷便利，保障中小机构的流动性处于合理水平，维持货币市场平稳运行。2015年3月10日，中国人民银行天津分行也召开了常备借贷便利座谈会，进一步落实央行的政策。2015年11月，中国人民银行下调分支机构常备借贷便利利率，探索形成有效的利率走廊上限的方法。2015年3～4季度，央行根据市场流动性期限结构及金融机构对中期基础货币的需求情况，将中期借贷便利期限延长为6个月，利率为3.35%，维持金融市场平稳有效运行。

（三）调整存款准备金率，实施平均法考核准备金制度

2015年以来，中国人民银行连续5次调整存款准备金率，累计下调金融机构存款准备金率2.5个百分点。同时，中国人民银行实施平均法考核存款准备金制度，完善金融机构管理流动性的缓冲机制，优化货币政策传导机制。在利用平均法考核存款准备金时，小步审慎推进，在实施初期采取日终透支上限管理方法。实施平均法考核存款准备金制度提升了金融机构管理流动性的灵活性和便利性，有助于降低金融机构的超额准备金需求，从而熨平货币市场的波动。

（四）完善宏观审慎政策框架

中国人民银行进一步完善宏观审慎政策框架，发挥逆周期调节作用，改善金融市场的亲周期行为。主要措施可以归纳为以下几点。一是将差别准备金动态调整机制调整为宏观审慎评估体系，关注宏观审慎资本充足率水平，

采用多种指标进行衡量，兼顾量和价、间接融资和直接融资，将事前引导转变为事中监测和事后评估，从而建立更为全面和更有弹性的宏观审慎政策框架，对金融市场进行逆周期调节，引导金融机构加强自我约束和自律管理。二是将外汇流动性和跨境资金流动纳入宏观审慎管理范畴，进一步扩大本外币一体化的全口径跨境融资宏观审慎管理，对境外金融机构在境内金融机构的存款按正常存款准备金率进行监管。

（五）运用再贷款、再贴现和抵押补充贷款工具

中国人民银行主动实施信贷政策支持再贷款、再贴现和抵押补充贷款，有效引导金融机构加强对小微企业、“三农”和棚改等国民经济重点领域和薄弱环节的扶植力度。2015 年 9 月，中国人民银行在上海、天津等 9 省（市）推广信贷资产质押再贷款试点。中国人民银行天津分行对于辖内地方法人金融机构的部分贷款企业率先实施央行内部评级，将达到评级标准的信贷资产纳入央行发放再贷款可接受的合格抵押品范围，为进一步完善证券市场金融抵押品奠定了良好的基础。

五　天津货币市场的发展展望

2015 年，在我国经济环境错综复杂和经济增速持续下行的背景下，天津市积极应对各种挑战并取得了良好的效果。2015 年天津市经济总体平稳，货币市场流动性水平处于合理区间，发展活力不断增强，在转型调整中实现新发展。2015 年，货币市场利率总体下行，预计 2016 年市场利率将延续这一趋势，维持低位运行。在“三期叠加”效应逐渐发酵的背景下，为促进企业转型升级，央行通过货币政策操作对市场相应释放货币资金。2015 年货币市场交易活跃度明显提升。随着银行间债券市场的开放，债券回购规模会快速上升，预计 2016 年整个货币市场的规模还将进一步扩大。同业拆借市场和票据市场也将进一步实现增长，如果保持年均 23.25% 的增长速度，2016 年天津银行间货币市场的规模将达到 205369.89 亿元。

B.7
2015年的天津外汇市场

摘　要：　2015 年，国内外环境复杂多变，人民币汇率机制改革引导人民币利率逐步实现市场化，外汇市场运行呈现新常态。本报告首先回顾和梳理 2015 年全国外汇管理形势及天津自贸区外汇管理政策；其次分析总结 2015 年人民币汇率走势、天津外汇市场基础设施建设和天津外汇市场运行状况；最后展望天津外汇市场未来发展。

关键词：　外汇市场　外汇储备　汇率改革　自贸区

一　2015年全国外汇管理形势

（一）外汇储备规模

2005～2008 年中国的外汇储备额呈指数型增长态势，中国外汇储备量最高曾占全世界储备总量的 1/3 左右。随着金融危机影响的深入，中国制造业逐渐转型，出口下滑，导致贸易顺差逐渐收窄。人民币汇率趋势由升值逐渐变成贬值，外汇储备资产结构也进行了调整，导致我国的外汇储备资产规模变动幅度较大。从 2015 年开始，我国外汇储备规模开始呈现下行趋势，在 2015 年首次出现了负值，外汇储备共减少 5127 亿美元。随着人民币贬值及汇率机制改革的推进，2015 年 8 月外汇储备余额下降了 939 亿美元至 3. 5573 万亿美元。2015 年 12 月末，外汇储备余额下降至 3. 3304 万亿美元，当月下降了 1079. 22 亿美元，创单月历史最大降幅（见图 1）。

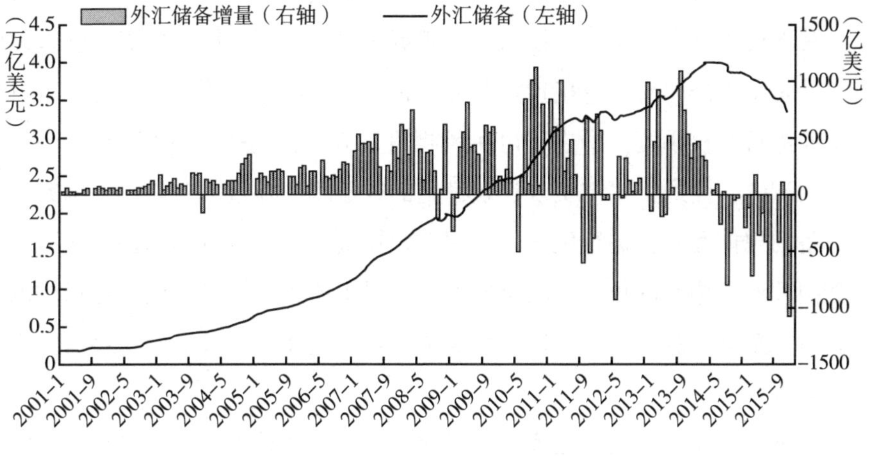

图1　中国外汇储备资产变动情况

资料来源：WIND 资讯。

究其原因，2015 年我国外汇储备余额减少的原因可以归纳为交易价值变动和非交易价值变动两方面。一是出口数量的下滑使得企业和金融机构对资产负债的结构进行调整；二是汇率和价格等变动导致外汇储备的账面价值缩水。在 2015 年 8 月 11 日汇率改革（本文以下简称“8 · 11 汇改”）后，境内其他主体持有外汇资产开始增加：一是企业和个人外汇存款持续增加；二是金融机构外汇流动性充足。为稳定市场情绪，央行使用外汇储备弥补市场短期缺口，成为 2015 年 8 月外汇储备余额下降的重要原因。

（二）外汇储备管理

20 世纪 90 年代货币危机后，为增强本国资信及防范金融危机冲击的能力，很多新兴市场经济体开始增持外汇储备。我国的外汇储备由国家外汇管理局和中投公司两大机构管理，两者的侧重点不同。国家外汇管理局主要管理国家外汇储备、黄金储备和其他外汇资产，同时还要对中央银行管辖下的外汇进行管理，例如为经常账户的业务融入资金，熨平外汇市场的大幅波动等。国家外汇管理局天津市分局则主要负责辖区内国际收支和外汇收支统计、管理、预警和分析工作。中投公司主要负责多元化配置国家外汇储备资金，其下设3个子公司：中投国际的职责主要是公司的境外投资和管理；中投海外是中投公司对外直接投资业务平台；中央汇金则侧重于对国有重点金融企业进行股权投资。中投公司在风险可以容忍的范围内对资产进行稳健、有效的配置，使外汇资产实现长期稳定的收益率。在过去几年中，国家对外汇储备的规模和结构进行优化，大幅削减投资于美国国债的比例，显著增加对美国政府机构债的投资。国家外汇管理局也购买了英国一些金融机构的股份和荷兰皇家壳牌公司的股份，增加了股权投资比例，外汇资产逐步实现多样化配置。

我国外汇储备管理渠道逐渐多元化，实施利用外汇储备间接支持经济发展的方案，优化外汇储备的规模结构并发挥其服务经济发展的优势。此外，国家外汇管理局还通过拓展委托贷款平台，综合运用股权、债权、基金等资产工具，提高金融机构服务实体经济发展的效率，推动中国企业“走出去”。我国利用外汇储备支持成立亚洲基础设施投资银行、丝路基金等多边开发金融机构，推动“一带一路”战略的实施，提升中国外汇资产管理的主动性。

二　2015年天津外汇管理创新

2015年，在经济“新常态”的背景下，国家外汇管理天津分局主动以实现国际收支基本平衡为目标，加强国际收支核查工作，强化外汇形势监测分析，深化经常项目外汇管理改革，继续推进资本项目试点工作，严厉打击各项外汇违规行为，做好成立天津自贸区准备工作。

天津自贸区在国家外汇管理天津分局深化外汇管理改革中发挥重要作用。2015年4月21日，天津自贸区正式挂牌成立，天津、广东、福建三个自贸区是继上海自贸区后的第二批自由贸易试验区。2015年12月11日，《中国人民银行关于金融支持中国（天津）自由贸易试验区建设的指导意见》（本报告以下简称“金改30条”）发布，对关于扩大人民币跨境使用、促进租赁业发展、支持京津冀协同发展、完善金融服务功能等方面给予指导。随后，《推进中国（天津）自由贸易试验区外汇管理改革试点实施细则》对“金改30条”进行了细化。

从自贸区2015年4月21日挂牌成立至2015年末，自贸区内的主体累计新开立了11539个人民币银行结算账户和1715个外汇账户；跨境收支资金规模达到280.2亿美元，占天津市跨境收支总规模的19.1%，占滨海新区跨境收支总规模的66.9%。结售汇资金规模为120.8亿美元，跨境人民币结算业务资金规模为721.6亿元。截至2015年底，天津地区银行为自贸区内企业办理跨境双向人民币资金池业务规模为171亿元，直接办理了157笔外商直接投资（FDI），注册资本总额为87.5亿美元；境外投资（ODI）协议投资规模为107.3亿美元；自贸区内办理31笔外汇资本金意愿结汇，资金规模总额为6390.2万美元；自贸区内办理4笔外债资金意愿结汇业务，资金规模总额为5479.6万美元；融资租赁类公司境内融资租赁业务收取外币租金总规模为4631.1万美元；区内注册的银行为境外机构办理外汇衍生品交易总规模为8.2亿美元。

2015年，外汇储备管理始终将确保不发生系统性金融风险放在首位。同时，在此基础上国家外汇管理局天津市分局还出台多项外汇管理细则和举措，积极探索和完善政策落地后的多项工作，及时总结政策实施过程中取得的成效和存在的不足，促使投融资汇兑等政策发挥效果，进一步推进自贸区内实体经济发展，使天津更好地发挥服务自贸区国家战略的作用。2015年外汇管理政策主要内容见表1。

表1　2015年外汇管理政策主要内容

发布日期	政策名称	主要内容
2015年2月28日	国家外汇管理局《关于进一步简化和改进直接投资外汇管理政策的通知》	取消直接投资项下外汇登记核准要求，简化境内直接投资项下外国投资者出资确认登记管理，取消境外再投资外汇备案，取消直接投资外汇年检，加强事中事后监管等，从五个方面进一步改进外汇管理政策

续表

发布日期	政策名称	主要内容
2015年8月31日	国家外汇管理局综合司《关于在天津东疆保税港区开展经营性租赁业务收取外币租金试点的批复》	东疆成为全国唯一获批经营性租赁收取外币租金的试点区域，试点期为两年
2015年12月11日	《中国人民银行关于金融支持中国（天津）自由贸易试验区建设的指导意见》	强调天津自贸区金融改革创新的核心内容，涵盖扩大跨境人民币使用、深化外汇管理改革、促进租赁业发展、支持京津冀协同发展、完善金融服务功能等方面的金融创新政策
2015年12月18日	国家外汇管理局天津分局《推进中国（天津）自由贸易试验区外汇管理改革试点实施细则》	区内企业（不含金融机构）外债资金实行意愿结汇，进一步简化经常项目外汇收支手续，支持发展总部经济和结算中心，支持银行开展人民币与外汇衍生产品服务，加强跨境资金流动风险防控等，从五个方面推动天津自贸区外汇改革落地实施

资料来源：根据国家外汇管理局网站公开信息汇总。

三　2015年天津外汇市场运行

（一）人民币汇率走势

1. 人民币兑单一货币的双边汇率

（1）人民币兑美元汇率

人民币兑美元汇率走势波动幅度较大。2015 年 12 月底，人民币兑美元中间价汇率为 6.4936，比上一年的汇率 6.1190 下降 6.1%。在岸人民币兑美元即期汇率（USD/CNY）累计下降 6.1%，离岸人民币兑美元即期汇率（USD/CNH）累计下降 5.7%。

2015 年 8 月 11 日，为了解决过去一段时间中间价与市场汇率持续偏离的问题，央行对人民币中间价报价进行改进，宣布中间价将参考上日银行间外汇市场的收盘汇率。“8·11 汇改”有助于提高人民币汇率中间价的市场化程度和汇率的弹性及基准性，维持人民币实际有效汇率的相对稳定，推动人民币国际化进程。2015 年 8 月 11 日，人民币兑美元汇率中间价随即大幅下调，创历史最大降幅。“汇改”宣布后连续 3 日人民币兑美元汇率中间价贬值合计达到 4.66%。央行逐步放开了对 CNH 市场的管制，使得在岸人民币市场的投机性压力转移至离岸人民币市场。2015 年 10 月底，人民币再度承压，在岸和离岸人民币汇率一直上升，离岸人民币汇率突破 6.40 的关口，在岸和离岸价差再度被拉大。2015 年中国经济在结构调整的过程中面临去产能、去杠杆带来的下行压力。同时，欧美的部分国家开始实行零利率或负利率政策，人民币与其他货币利差扩大及人民币升值预期导致大量资本流入。在美元的加息预期下，美元逐渐走强，加之中美政策分化，利差也开始收窄，也使得市场参与者形成了人民币兑美元贬值的短期预期。

（2）人民币兑欧元汇率

2015 年 1 月 22 日，欧洲央行行长德拉吉宣布欧元区计划自 2015 年 3 月起每月购买 600 亿欧元政府与私人债券，以使得中期通胀率回升至接近 2% 的目标水平区间，扭转欧元区陷入技术性通缩的局面。随后，欧元兑美元汇率开始大幅下跌，跌破了 1.15。2015 年下半年，德拉吉曾多次释放欧元区内部需求仍然强劲的信号，并表示 2016 年欧洲央行不会加大货币量化宽松力度，欧元兑人民币汇率开始逐渐回升。2015 年 11 月，德拉吉称通胀下行风险上升，货币政策将尽可能长时间地保持宽松以确保对通胀的持续调整，欧元汇率再度下行。2015 年 12 月，随着美联储加息脚步渐近，中国经济增速下降，油价暴跌，人民币贬值，欧元兑人民币汇率再度上行。

（3）人民币兑英镑汇率

2015 年年初，英国央行（BOE）上调了后两年的经济增长预期，并预测薪资增长的速度将会加快，暗示英国将会在 2016 年升息，造成英镑大涨。2015 年 4 月，英国央行会议纪要显示，通胀存在升速高于预期的可能性，加强了公众对于英镑升值的预期，英镑兑人民币汇率一路上扬。2015 年 11 月 30 日，国际货币基金组织（IMF）同意人民币加入特别提款权（SDR）货币篮子，欧元和英镑因权重下调较大而走低。

2. 人民币兑一篮子货币多边汇率

（1）人民币有效汇率

汇率指数是综合计算本国货币对一篮子外国货币加权平均汇率变动的指数，能够全面地反映一国货币的价值变动。与参考单一货币相比，一篮子货币可以充分反映商品和服务的综合竞争力，进而发挥汇率调节进出口、投资及国际收支的作用。

在人民币实际有效汇率指数篮子中，欧元、美元和日元的权重居前3位。据国际清算银行（BIS）测算，2015年人民币名义有效汇率升值3.66%，实际有效汇率升值3.93%。2015年“8·11汇改”实施后，BIS数据显示8月人民币名义有效汇率指数环比下跌1.01%；人民币实际有效汇率指数（REER）环比下跌0.62%（见图2）。这一现象打破了一直以来人民币名义有效汇率和实际有效汇率单边上行的趋势。8月人民币实际有效汇率显著下降，侧面表明8月11日中间价改革发挥了作用。

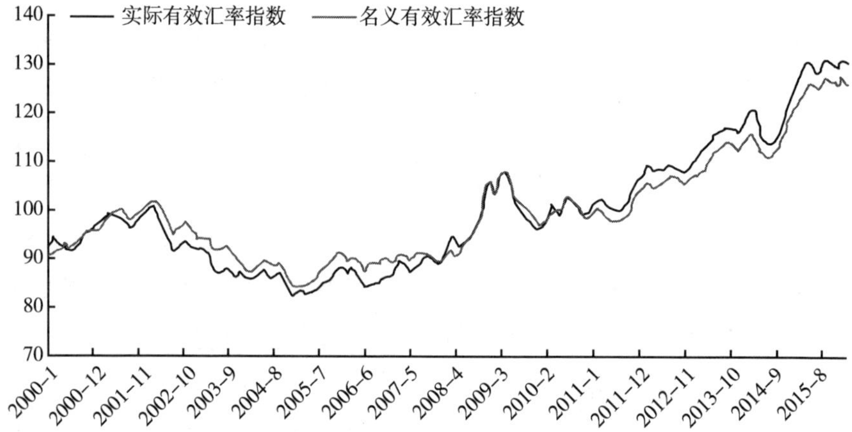

图2　人民币有效汇率走势

资料来源：WIND资讯。

（2）人民币汇率一篮子货币指数

2015年12月11日，中国外汇交易中心发布了CFETS人民币汇率指数，有助于引导市场转变过去过分关注人民币兑美元汇率的观念，开始将参考一篮子货币计算的有效汇率作为衡量人民币汇率水平的主要参照系，从而改变市场观察人民币汇率的角度，更加全面和准确地体现市场的波动。截至2015年12月末，CFETS人民币汇率指数为100.94，小幅下跌0.5%。人民币汇率转向参考一篮子货币既能充分体现人民币汇率的全面变动情况，又反映了人民币的市场供求状况。

3. 境内外人民币汇率

在岸人民币（CNY）市场发展时间较长、规模庞大，央行发挥着防止外汇市场剧烈波动的作用，在岸人民币汇率受央行外汇政策干预的影响较大。离岸人民币（CNH）市场发展时间较短，规模也远小于在岸市场，离岸市场中，国际投资者较为活跃，一国央行对外汇市场的管制较少，因而离岸市场更能充分地反映市场投资者和投机者对人民币的供给与需求。由于投机和套利力量的存在，离岸市场人民币汇率对于超预期的经济数据波动更加敏感，当经济数据变动超预期时，汇率的变化就会充分反映市场对经济预期的调整。离岸市场与国际金融市场的联动关系更为显著，国际金融市场的冲击尤其是经济金融局势的逆转以及海外投资者风险偏好的变化，都会对离岸市场的人民币汇率产生较大的影响。而在岸市场的管制较多，当外汇市场出现异常波动时，央行就会出手干预，因此对这些冲击就不如离岸市场那么敏感。在国际金融市场波动剧烈的时期，在岸汇率和离岸汇率也会出现较显著的价差（见图3）。

随着汇率改革不断深化，离岸市场供求决定机制建立，汇率对利率的制约机制也逐步完善。2009年以来，离岸人民币外汇市场发展稳中有进。2015年，中国人民银行以主动性、可控性和渐进性为原则，完善人民币汇率的形成机制，维持人民币汇率稳定在合理的均衡水平。存贷款利率上限放开后，在岸市场资金价格更接近资金供需的真实情况，从而缩小了与离岸市场的利差，降低了套利资金的跨境流动，有利于离岸市场和在岸市场资金的稳定。

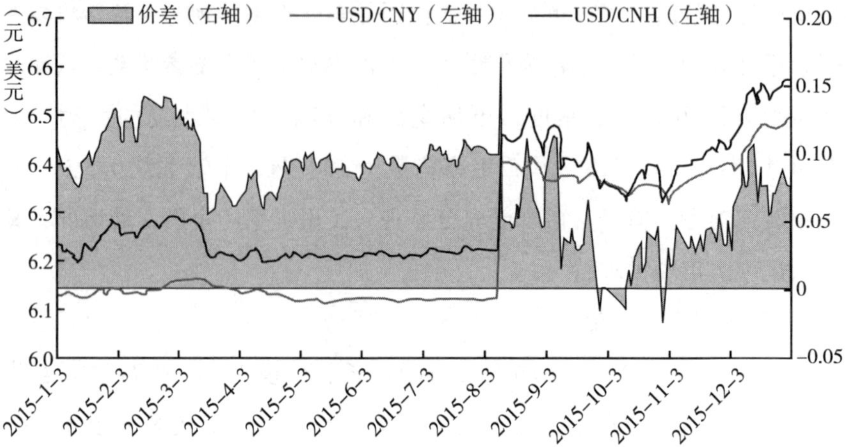

图3　2015年境内外人民币兑美元即期汇率走势

资料来源：WIND资讯。

（二）有关“8·11汇改”的讨论

1. 人民币“汇改”的制度背景

（1）逐步放开资本项目管制

2015年3月底，中国人民银行行长周小川曾表示，在年内要实现人民币资本项目完全可兑换，为推进“汇改”奠定了基调。2015年6月，国内股票市场的剧烈震荡引起了海内外投资者对中国对外开放进程的担忧，但并未动摇央行汇率市场化改革的决心。2015年8月，中国人民银行副行长、国家外汇管理局局长易纲的公开表态进一步明确了人民币资本项目可兑换的目标。

（2）推动人民币国际化进程

2009年，中国跨境人民币业务试点的开展有效推动了人民币跨境结算的广泛使用。人民币在全球交易支付和结算中的运用越来越广泛。2015年12月，人民币在全球支付市场的占有率升至2.31%，成为全球第五大支付货币。

2. “汇改”的经济意义

（1）进一步推动汇率市场化改革

完善人民币汇率形成机制是全面深化汇率市场化改革、完善金融市场体系不可或缺的一环。“8·11 汇改”后，央行放开了对人民币汇率中间价的管制，中间价主要参考上日收盘价确定，充分发挥市场的调节机制，优化了中间价报价的机制，有助于减少市场汇率与中间价的偏离，提高汇率整体的弹性，进一步推进人民币汇率形成市场化改革。“8·11 汇改”之后，汇率的走势也出现了大幅波动，反映市场对于人民币需求的变化，人民币汇率下跌也合乎情理。

(2)“汇改”对短期内迅速稳定汇率提出更高要求

在防止市场异常事件使参与者对市场的恐慌发酵成对一国货币的信心危机方面，央行发挥着重要作用。当发生异常变动时，央行通过对外汇市场进行适当干预或采取一些临时性的宏观审慎管理手段，可以有效防范异常波动升级，这也是实现汇率稳定的重要措施。同时，有关货币当局要进一步加强与市场的沟通，减少信息不对称导致的人民币汇率异常波动，并针对“8·11 汇改”后可能出现的种种情况，进行前景分析、压力测试，拟定和完善应对预案，增强市场信心。改变过去由央行干预调节异常波动的局面，需要更多地依靠市场力量引导汇率的走向，进而使汇率趋于稳定。

(3) 形成汇率双向波动

在“8·11 汇改”前，市场参与者判断人民币汇率走势在很大程度上是通过揣测央行的汇率政策走向，这阻碍了人民币的国际化进程。在市场化汇率形成机制下，市场供求关系的变化可以使人民币汇率形成有涨有跌的双向波动。在有效的金融市场中，市场参与者主要通过资金流的走向判断汇率走势。中国通过“汇改”减少了央行对外汇市场的过多干预，使汇率变动能够体现真实的资金流向，依靠市场的力量使人民币汇率贴近均衡水平，稳步推动资本项目的对外开放。

（三）外汇市场的基础设施建设

1. 完善做市商制度

近年来，中国银行间外汇市场发展迅速，对外开放程度不断加大，外汇做市商制度不断完善。截至 2015 年 12 月底，我国人民币外汇做市商有 30 家，银行间外汇市场已经形成了人民币对欧元、日元、英镑、澳元、新西兰元、新加坡元等直接交易做市商，银行间外汇市场交易主体规模逐渐扩大，参与者类型也逐步多样化。截至2015年12月底，天津有8家人民币外汇即期会员，分别为渤海银行股份有限公司、企业银行（中国）有限公司、天津银行股份有限公司、天津滨海农村商业银行股份有限公司、天津物产集团财务有限公司、外换银行（中国）有限公司、天津金城银行股份有限公司、天津农村商业银行股份有限公司，其中有7家银行机构（5家中资、2家外资）和1家财务公司；人民币外汇远期会员有3家，分别是渤海银行股份有限公司、企业银行（中国）有限公司、天津银行股份有限公司；人民币外汇掉期会员有3家，分别是渤海银行股份有限公司、企业银行（中国）有限公司、天津银行股份有限公司；人民币外汇货币掉期会员有2家，分别是渤海银行股份有限公司和天津银行股份有限公司；1家人民币外汇期权会员，渤海银行股份有限公司；4家外币对市场会员，分别是企业银行（中国）有限公司、天津银行股份有限公司、外换银行（中国）有限公司、渤海银行股份有限公司；8家外币拆借会员，分别为企业银行（中国）有限公司、天津滨海农村商业银行股份有限公司、工银金融租赁有限公司、天津物产集团财务有限公司、兴业金融租赁有限责任公司、天津银行股份有限公司、民生金融租赁股份有限公司、渤海银行股份有限公司（见表2）。但是，目前天津还没有人民币外汇做市商、人民币外汇尝试做市机构、外币对市场做市商。

目前，天津地区金融机构参与银行间外汇市场的机构越来越多，但主要是以银行间外汇市场会员的身份参与外汇交易，目前天津没有一家人民币外汇做市商和人民币外汇尝试做市机构。2005年“汇改”后，我国外汇市场机制逐步完善，参与者的结构和规模逐渐优化。2006年1月，银行间外汇市场引入做市商制度，做市商根据自身的头寸持有情况和市场判断持续向市场提供双向报价，在保障市场流动性处于合理区间、提高市场交易效率、转移和分担风险、促进市场发展等方面发挥作用。因此，天津金融机构应当不断提升自身的国际化程度和专业性，努力发展成为外汇市场的做市商机构，推动天津外汇市场的发展。

表2　天津银行间外汇市场交易主体情况

外汇会员类型	人民币外汇即期会员	人民币外汇远期会员	人民币外汇掉期会员	人民币外汇货币掉期会员	人民币外汇期权会员	机构类型
渤海银行股份有限公司	√	√	√	√	√	中资银行
企业银行（中国）有限公司	√	√	√			外资银行
天津银行股份有限公司	√	√	√	√		中资银行
天津滨海农村商业银行股份有限公司	√					中资银行
天津物产集团财务有限公司	√					财务公司
外换银行（中国）有限公司	√					外资银行
天津金城银行股份有限公司	√					中资银行
天津农村商业银行股份有限公司	√					中资银行

资料来源：WIND资讯。

2. 人民币跨境支付系统

人民币跨境支付系统（一期）于2015年10月8日成功上线并开始运行。人民币跨境支付系统实现了实时全额结算，通过向境内外金融机构的人民币跨境和离岸业务提供资金清算、结算服务支持，以期满足境内外参与者对人民币跨境支付结算迅速增长的需求，从而推动了金融基础设施的建设。在跨境人民币业务各项政策的有效引导下，跨境人民币业务规模不断扩大。自2009年跨境结算试点启动及天津自贸区成立以来，跨境结算规模逐渐扩大。2010年，天津办理跨境人民币结算的规模为101.6亿元，截至2015年末，天津地区办理跨境人民币结算的规模达到了3111亿元，是2010年的30.6倍，年均复合增长率达到198.2%（见图4）；境外人民币清算安排的覆盖范围和清算规模逐渐扩大，截至

2015年末，我国已在20个国家和地区开展人民币清算，地域覆盖广阔，人民币累计清算量达到312.09万亿元；截至2015年末，中国人民银行已与33个央行或货币当局签署总规模超过3.3万亿元的双边本币互换协议。因此，人民币跨境支付系统实时全额结算方式的推出可以满足全球人民币业务发展的需要，为中国企业“走出去”提供便利，推动中国资源全球化布局的实现。

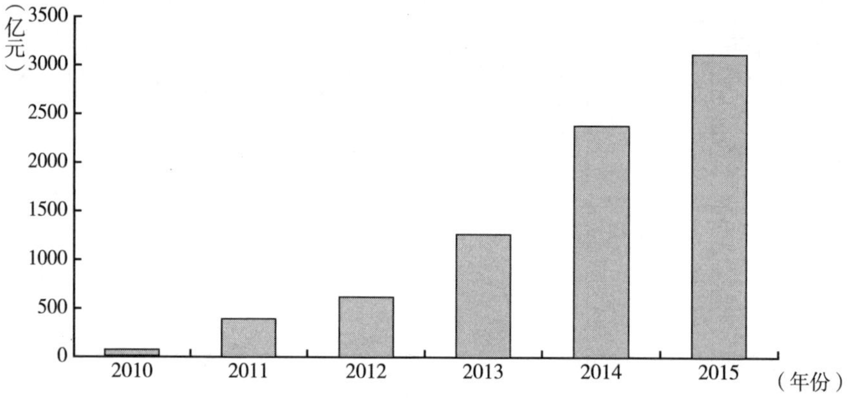

图4　天津跨境人民币结算规模

资料来源：WIND资讯。

3. 信用体系建设

在经济金融全球化的趋势下，跨境资金流动的不确定性带来的外汇市场经济主体违法失信行为趋于复杂和隐蔽，使外汇监管的有效性和执行力面临新的挑战。加快完善外汇信用体系建设，实行高效的惩罚机制，已成为我国规范外汇市场秩序的需要。监管部门应当遵循信息共享、公平竞争的原则，主动维护国家信息安全，制定并整合现有外汇法律法规，形成有利于公共服务和监管的金融环境。同时还应当以国家外管局服务平台为主轴，充分挖掘和整合外汇领域监管信息，统一对金融机构、企业、自然人及相关政府职能部门的数据要求，形成规范化的数据信息。此外，还应由政府主导，外汇管理局积极参与，制定外汇行业的规范和标准，建立与市场发展水平相适应的准入标准，有效监督管理市场参与主体的行为，规范行业行为，深入推动信用服务行业的市场化运作。

（四）天津外汇市场交易情况

1. 外汇市场跨境收付出现下滑

2015 年，天津市非银部门跨境收付总额为 1877.9 亿美元，同比下降了 5.9%，这是 2010 年以来的首次下滑。其中，跨境收入为 868.8 亿美元，跨境支出为 1009.1 亿美元，收支逆差 140.3 亿美元，同比增加 4.1%。天津市银行代客结售汇总额 1008.5 亿美元，同比下降 6.2%。其中，结汇 396.4 亿美元，售汇 612.1 亿美元，结售汇逆差 215.7 亿美元，同比增加了 230%。结售汇逆差扩大主要是受企业持汇意愿增强、企业外币融资减少、外币负债去杠杆化操作以及“内购外结”等套利交易增长等多重因素的共同影响。

2. 银行间外汇市场成交量保持快速增长

2015 年，天津银行间外汇市场会员有 8 家，其中新增加 1 家会员单位为金城银行，而外换银行（中国）有限公司被韩亚银行（中国）有限公司吸收合并不再作为会员。2015 年，天津银行间外汇市场成交额为 173.79 亿美元，同比增长 12.7%。即期市场交易、远期市场交易和掉期市场交易占比分别为 76.0%、1.4% 和 22.6%。

（五）外汇收支情况

1. 天津进出口贸易情况

2010～2014 年，天津的外贸进出口总额一路攀升，天津外资拉动经济增长的特征明显。2015 年全年外贸进出口总额为 1143.47 亿美元，同比下降 14.6%。其中，进口总额为 631.64 亿美元，同比下降 22.30%；出口总额为 511.83 亿美元，同比下降 2.7%（见表 3、图 5）。按贸易方式划分，一般贸易出口总额为 220.52 亿美元，同比下降 3.8%；加工贸易出口总额为 246.66 亿美元，同比下降 4.9%。按产品类别划分，机电产品出口总额为360.36亿美元，占天津市出口总额的70.4%；高新技术产品出口总额为197.09亿美元，占天津市出口总额的38.5%。按出口市场划分，对欧盟出口总额为74.20亿美元，同比增长4.3%；对美国出口总额为71.90亿美元，同比下降18.6%；对韩国出口总额为38.53亿美元，同比下降19.8%；对日本出口总额为33.71亿美元，同比下降10.0%。近年来我国对“一带一路”沿线国家出口规模也保持快速增长，其中，对东盟出口总额为101.32亿美元，同比增长28.0%。天津积极响应国家“一带一路”的战略，对沿线国家的出口规模明显上升，这也将成为天津对外贸易的一个新的增长点。

表3 天津2010~2015年外贸进出口情况表

单位：亿美元，%

项目		2010年		2011年		2012年		2013年		2014年		2015年	
		金额	同比	金额	同比	金额	同比	金额	同比	金额	同比	金额	同比
进出口总额		822.01	28.80	1033.91	25.90	1156.23	11.80	1285.28	11.20	1339.12	4.20	1143.47	-14.60
其中	进口	446.84	31.70	588.93	32.00	673.09	14.30	795.03	18.10	813.16	2.30	631.64	-22.30
	出口	375.17	25.50	444.98	18.70	483.14	4.80	490.25	1.50	525.97	7.30	511.83	-2.70

资料来源：根据2010~2015年《天津市国民经济和社会发展统计公报》整理。

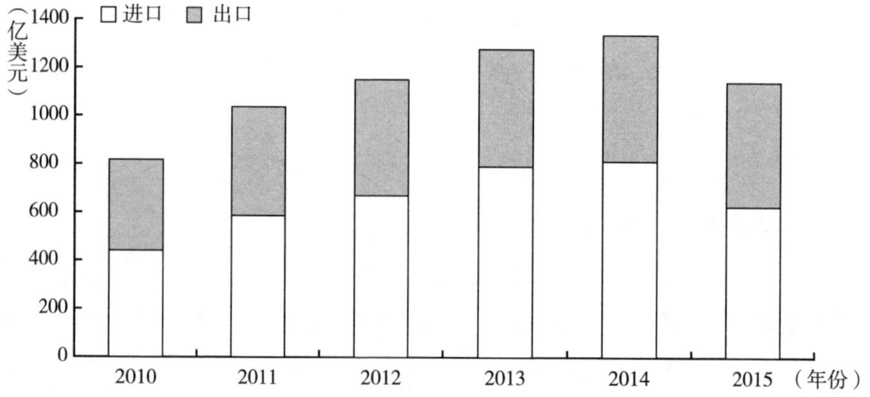

图5 天津进出口贸易规模变化

资料来源：根据2010~2015年《天津市国民经济和社会发展统计公报》整理。

四　天津外汇市场的发展展望

（一）外汇储备管理改革

中国人民银行副行长、国家外汇管理局局长易纲发表文章表示，当前外汇管理呈现的“新常态”表现为外汇流向新常态、管理环节新常态和管理方式新常态。[①] 正确认识并理解这种“新常态”，对做好外汇管理改革工作非常重要。中国的储备币种结构与 IMF 统计的新兴和发展中国家储备币种结构类似，但是规模远超过其他新兴国家，这对我国外汇储备的管理水平提出更高的要求。2016 年 1 月 6 日，天津市人大常委会通过的《中国（天津）自由贸易试验区条例》[②] 支持自贸区内租赁公司使用国家外汇储备，进行飞机、新型船舶、海洋工程结构物和大型成套进口设备等租赁业务，为外汇储备管理提供了新思路。外汇储备使用的多元化也有助于防范风险，盘活规模庞大的外汇储备资产。

（二）外汇管理政策趋势

在“新常态”背景下，外汇管理部门已将推动人民币资本项目可兑换和人民币国际化作为重点，在有效防控风险的同时提高风险监测和预警能力，着手建立跨境资金流动监测预警平台，为监管提供即时信息。“金改 30 条”的落地为天津自贸区在推行外汇管理制度改革方面先试先行发挥政策优势提供了支持。在自贸区内贸易投资更加便利化和一定限额内资本项目可兑换的环境下，天津将进一步推动外债宏观审慎管理体系，降低跨国公司外汇资金集中运作的准入标准，放开银行提供外汇衍生金融产品服务的限制，拓宽外汇资金配置的渠道。

---

① 易纲：《外汇管理改革开放的方向》，《中国金融》2015 年第 19 期。

② 2016 年 1 月 6 日，天津市人大常委会第 23 次会议全票表决通过《中国（天津）自由贸易试验区条例》。

（三）人民币汇率走势展望

美联储加息预期升温，这一变化会改变全球的资产配置布局和资金流方向。此外，从“8·11 汇改”后的走势可以看出，国际投机力量近来唱空人民币。在量化宽松的背景下，全球范围的多种资产存在不同程度的泡沫。资本项目的开放会对汇率的走势产生重大影响。预计 2016 年人民币贬值的压力依然存在，汇率波动可能会进一步加大。从中长期看，人民币贬值压力的减弱主要有赖于宏观经济的调整。随着中国外汇市场的逐步开放，人民币国际化不断推进，投机力量唱空人民币的压力会逐渐减弱，市场将对人民币未来走势充满信心。

（四）人民币国际化进程

2015 年以来，人民币国际化进程不断推进。2015 年 1 月，中国人民银行首次正式提出“人民币国际化”，声称将积极有序地推动人民币国际化进程。2015 年 6 月，央行声称将开通个人跨境投资渠道，完善“沪港通”，推出“深港通”，进一步推动人民币资本项目实现可兑换。2015 年 8 月，央行完善了人民币汇率中间价报价机制。2015 年 10 月，人民币跨境支付系统开始上线运行，为跨境人民币业务提供清算、结算服务。2015 年 12 月，国际货币基金组织（IMF）正式批准人民币纳入特别提款权（SDR）货币篮子，权重超越日元和英镑，标志着人民币国际化向前迈进了一大步。目前，我国资本账户尚未完全开放，对金融账户的管制尤甚。对此，中国人民银行出台了有关人民币汇率形成机制、放开存款利率波动上限、开放国内债券市场、创建人民币全球清算系统等的诸多政策举措。天津自贸区提升了贸易便利程度，促进境内外双向投资，支持区内租赁公司境外开立人民币账户推动跨境人民币租赁业务的发展，这有助于发挥中国在世界贸易中的优势并扩大人民币在贸易结算和投资中的使用程度，逐步推进资本项目对外开放，推动人民币加快国际化进程。

（五）外汇市场改革展望

中国外汇市场的广度和深度进一步拓展为汇率市场化提供了坚实的基础。“8·11 汇改”后，人民币兑美元汇率中间价报价逐步实现市场化，同时外汇市场产品逐渐多样化，外汇市场与国际接轨，吸引了众多境外央行参与外汇市场，进一步扩大了外汇市场对外开放程度。2015 年，对上海自贸区经济主体跨境融资活动采取宏观审慎管理模式，并将跨境融资与其资本金挂钩，通过设置杠杆率和宏观审慎调节参数进行调控。2016 年 1 月，对在天津等 4 个自贸区注册的企业的全口径跨境融资实施宏观审慎管理，将市场主体借债规模与其资本实力和偿债能力挂钩，防范跨境融资水平与宏观经济热度脱节、整体偿债能力和国际收支状况失衡的情况产生，有效控制杠杆率和货币错配风险。在中国资本账户开放和人民币国际化的大环境下，外汇管理水平逐步提高，采取合理的措施适应“新常态”，创新事中、事后监管，发挥天津自贸区的先试先行优势，将为外汇市场改革积累可资借鉴的经验。

B.8
2015年的天津股票市场

摘　要：　2015 年，我国股票市场整体呈现暴涨暴跌的态势，受此影响，天津上市公司股价出现同步剧烈波动。2015 年上半年，受资金杠杆快速上升和无风险利率下降的影响，股票市场指数出现大幅上涨。2015 年 6 月初，有关部门开始清理场外资金，股票市场指数随之下跌。本报告回顾了 2015 年天津股票市场运行状况，分析了股票市场暴涨暴跌的原因，介绍了天津股票市场融资和交易情况，以及天津股权交易所的发展状况。

关键词：　股票市场　多层次资本市场　上市公司　股权交易所

一　2015年天津股票市场运行

天津股票市场作为我国股票市场不可分割的一部分，其运行状况与国内股市整体状况息息相关。结合国内股票市场运行状况，本报告将 2014 年底至 2015 年的天津股票市场运行状况分为 4 个阶段，并分析每个阶段的运行特点。

（一）第一阶段：2014年10月至2014年末

在 2014 年 10 月之前，国内股票市场长达 3 年一直不温不火，上证综指长期在 2400 点以下运行。随着 2014 年 10 月后一系列政策的出台，尤其是 2014 年 11 月 21 日中国人民银行降息消息的发布，我国股票市场开始呈现向上运行的趋势，降息3日后上证综指突破2450点，宣告自2009年以来的熊市结束，新一轮牛市开始。

受此影响，天津股票市场随之上涨。由于当时天津的42只股票①以制造业和交通运输业为主，没有金融业上市公司，而牛市初期上涨最快的往往是金融股，所以2014年第4季度天津上市公司股价涨幅低于国内股票市场整体涨幅。从结构看，天津42只股票中有25只股票股价上涨，占股票总数的59.5%；有17只股票股价下跌，占股票总数的40.5%。在2014年第4季度股价上涨的25只股票中，有10只股票的价格涨幅区间为［0，20%），占股票总数的23.8%；9只股票的价格涨幅区间为［20%，40%），占股票总数的21.4%；5只股票的价格涨幅区间为［40%，100%），占股票总数的11.9%；1只股票的价格涨幅超过100%（见表1）。中科股份在2014年第4季度上涨了458.13%。

表1　天津市股票价格涨跌幅分布（2014年10～12月）

股票数(只)	股价涨幅	占比(%)	累计百分比(%)
17	(-∞,0)	40.5	40.5
10	[0,20%)	23.8	64.3
9	[20%,40%)	21.4	85.7
5	[40%,100%)	11.9	97.6
1	[100%,+∞)	2.4	100

资料来源：WIND资讯。

（二）第二阶段：2015年初至2015年6月12日

在第二阶段，国内股价持续快速上涨，股市增长热点由金融股转向科技股。2015年第1季度，上证综指横盘整理，波动上升。以科技股为主的创业板指数和中小板指数出现大幅上涨（2015年第1季度两个指数分别上涨

① *ST国恒于2014年7月退市，银龙股份尚未上市，因此暂记为42只股票。其中天津天海投资发展股份有限公司为AB股公司，发行A股和B股股票各1只。本报告只介绍A股和B股股票价格变动情况。

46%和58%）。2015年第2季度，沪深两市双双大幅上涨，二级市场行情进入主升浪，第2季度上证指数、中小板指数和创业板指数的最大涨幅分别达到38%、50%和73%。

与此同时，天津上市公司股票价格全面上涨。鑫茂科技、中环股份、经纬电材、银龙股份4只制造业股票的股价上涨幅度超过200%，这4只股票占天津股票总数的9.3%；18只股票的价格涨幅区间为［100%，200%），占股票总数的41.9%；17只股票的价格涨幅区间为［50%，100%），占股票总数的39.5%；4只股票的价格涨幅区间为［20%，50%），占股票总数的9.3%（见表2）。价格涨幅最高的股票是经纬电材，涨幅达242%；涨幅最低的是天津港，涨幅为20.89%。制造业上市公司股价上涨幅度较大，68.2%的制造业上市公司股价涨幅在100%以上。

表2　天津市股票价格涨跌幅分布（2015年1~6月）

股票数(只)	股价涨幅	占比(%)	累计百分比(%)
4	[200%,300%)	9.3	9.3
18	[100%,200%)	41.9	51.2
17	[50%,100%)	39.5	90.7
4	[20%,50%)	9.3	100

资料来源：WIND资讯。

（三）第三阶段：2015年6月13日至2015年9月30日

2015年6月中旬后，股价断崖式下跌宣告自2014年10月开始的这一轮牛市结束，股价下跌一直延续到2015年9月。此次股价下跌是系统性的，所有板块的股价均在大幅下降。在此期间，我国股票市场的四大主要指数——上证综指（沪指）、沪深300指数、中小板指数和创业板指数分别下跌了40.9%、40.0%、43.5%和46.6%，下跌速度之快、态势之猛前所未有，打破了我国股票市场20年的纪录。从全国情况看，跌幅最高的20只股票都下跌了70%左右。股票市场的连续性下跌使得场外配资盘被强制平仓，而场外配资盘的强制平仓又反作用于股市，使股价进一步下跌，形成了一种恶性循环。这一轮暴跌直至9月才有所缓和。在经历9月1日、2日的暴跌后（沪指分别下跌5.38%和1.82%），沪指在振荡中逐步走向平稳，在9月剩下的时间内一直处于2800~3100点的拉锯状态中。

作为我国股票市场的一部分，天津股票市场同样出现了大幅下跌的状况。在43只股票中，28只股票的价格跌幅区间为［50%，70%），占股票总数的65.1%；13只股票的价格跌幅区间为［30%，50%），占股票总数的30.2%；2只股票的价格跌幅区间为［0，30%），占股票总数的4.7%（见表3）。价格跌幅最小的股票是中源协和，其股价跌幅为0；其次是中国远洋，股价跌幅为15%；其余股票价格下跌幅度均在50%以上。总体来看，天津股票市场与国内股票市场同样呈现断崖式下跌。

表3　天津市股票价格涨跌幅分布（2015年6~9月）

股票数(只)	股价涨幅	占比(%)	累计百分比(%)
28	[50%,70%)	65.1	65.1
13	[30%,50%)	30.2	95.3
2	[0,30%)	4.6	100

资料来源：WIND资讯。

（四）第四阶段：2015年10月至2015年末

2015年国庆节假期后开盘首日沪指出现了1.27%的上涨，次日又再次上涨了3.28%，突破了2800~3100点的整理区间，此后连连攀升，并于10月26日反弹突破至3457.52点的新高点。总的来看，2015年10月沪指、中小板指数和创业板指数分别上涨了10.8%、14.99%和19.00%，股市进入触底回升阶段。2015年11月沪指在3300~3600点整理。2015年12月沪指小幅上升，12月31日沪指在3539.18点收盘。

伴随2015年第4季度我国股指在振荡中回升，天津股票市场也缓慢爬升。在43只股票中，2只股票的价格涨幅区间为［90%，130%），占股票总数的4.7%；6只股票的价格涨幅区间为［60%，90%），占股票总数的14.0%；16只股票的价格涨幅区间为［30%，60%），占股票总数的37.2%；15只股票的价格涨幅区间为［0，30%），占股票总数的34.9%；股价下跌的股票仅有4只（见表4）。

表4　天津市股票价格涨跌幅分布（2015年10～12月）

股票数(只)	股价涨幅	占比(%)	累计百分比(%)
2	[90%,130%)	4.7	4.7
6	[60%,90%)	14.0	18.7
16	[30%,60%)	37.2	55.9
15	[0,30%)	34.9	90.8
4	[-30%,0)	9.3	100

资料来源：WIND资讯。

二　2015年股市暴涨暴跌原因

从前文看，2015年全国和天津股票市场运行的一个重要特征是股价的暴涨暴跌，天津上市公司股票价格与大盘指数变动的同步性反映了天津上市公司股价暴涨暴跌是系统性的。为了更加形象地说明这一点，本报告基于天津自贸区概念板块的16家上市公司股价数据，采用加权平均法编制了天津自贸区股价指数，该指数的基期设定为2012年12月31日，基期指数设定为1000点。从图1中2015年我国上证综指和天津自贸区股价指数的走势看，两者的波动趋势一致，股价暴涨暴跌的时点相近，反映了2015年天津股票市场运行受到全国性、系统性因素的显著影响。

（一）股指快速上涨的原因[①]

第一，市场环境。党的十八届三中全会确定了进一步提高直接融资比

① 以下内容主要引自尹中立：《股灾成因及教训》，《群言》2015年第10期。

图1　2015 年我国上证综指和天津自贸区股价指数的走势

资料来源：WIND 资讯。

重的战略目标，为了实现这一战略目标，会议文件提出了“推进股票发行注册制改革”和“多渠道推动股权融资”两大改革方向。上述改革安排对于优化实体经济融资结构、降低企业融资成本、遏制金融风险过度向银行系统集中将发挥重要作用。但是，我国股票市场在国际金融危机爆发后长期处于低迷状态，二级市场的不温不火直接影响了新股发行，无助于优化企业融资结构。因此，有关部门为了活跃股市采取了一些措施，其中，对此轮牛市产生较大影响的两项措施就是融资融券门槛的降低和主流媒体的引导。

从天津地区的证券账户开户数量看，2014 年全年仅增加 8.34 万户。进入 2015 年后，天津地区证券账户开户数开始快速增长，仅 2015 年上半年就增加了 47.96 万户，是 2014 年全年增加量的 5.75 倍（见图 2）。

第二，资金杠杆。融资的爆发式增长和场外配资等增加资金杠杆的行为成为推动股指快速上升的直接因素。从交易制度看，2010 年之前我国股市尚未推出融资融券制度，因此，2015 年的这轮牛市是我国股票市场上首次出现的“杠杆牛”，这也使得我国的股票投资者对此轮牛市的“暴涨暴跌”认识不足。从国内外经验看，股价的暴涨暴跌往往与融资融券制度有

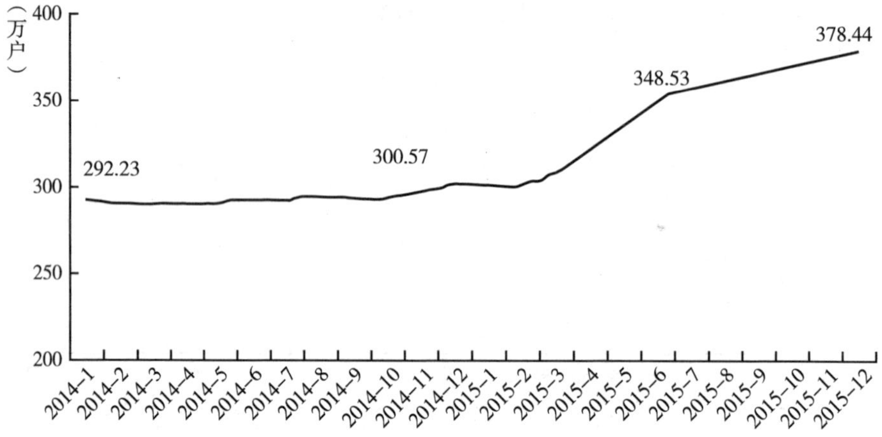

图2　2014 年 1 月至 2015 年 12 月天津地区证券账户开户数

资料来源：WIND 资讯。

非常密切的联系。2015 年 1 ~ 6 月，我国股票市场融资融券余额由 1 万亿元暴增到 2. 2 万亿元。从天津融资融券情况看，2014 年 6 月至 2015 年 6 月渤海证券融资业务呈现爆发式增长，从 14. 64 亿元提升至 85. 84 亿元（见表 5）。

表 5　渤海证券融资融券余额

单位：万元

项目	2014 年 6 月	2014 年 12 月	2015 年 6 月	2015 年 12 月
融资融券余额	146447. 98	363439. 07	859091. 21	470532. 04
融资余额	146425. 62	362656. 44	858376. 37	469662. 89
融券余额	22. 36	782. 63	714. 84	869. 15

资料来源：WIND 资讯。

场外配资是我国股票市场杠杆率飙升的另一个主导因素。所谓场外配资，就是股票投资者通过机构和个人获得融资以进行股票交易的行为，由于这一行为透明度比较低，监管难度比较高，而且其杠杆率普遍偏高，蕴含非常大的风险。

第三，金融创新。近年来的金融创新为银行资金进入股市开辟了通道，比如，一些银行会通过理财产品筹集大规模现金，而后通过具备资产管理和入市交易资格的非银行金融机构的资产管理业务进入股票市场。以伞形信托为例，假设存在一种包含“优先”和“劣后”两类份额的伞形信托，其中“优先”和“劣后”两类份额金额所占比例为5∶1，并且该信托募集资金的投向主要是股票市场。“优先”份额享受固定回报，假设回报率为10%，剩余回报分配给“劣后”份额。假设该信托1年期的回报率为25%，“优先”份额的回报率为10%，则“劣后”份额的回报率为25%×（5+1）－10%×5=100%；假设该信托1年期的回报率为0，“优先”份额的回报率仍为10%，则“劣后”份额的回报率为0×（5+1）－10%×5=－50%。可以看到，当伞形信托1年期的回报率由0变为25%时，“劣后”份额的收益则由－50%变成100%，变化幅度非常大。因此，当伞形信托投向的股票价格下跌时，“劣后”份额的回报率会以远大于股价降幅的速度下降，为了确保有限份额的股票能取得固定的汇报，信托公司会卖出股票强行平仓，这会使股票价格进一步下跌。此外，许多配资公司通过P2P平台实现筹集资金的目标，而后以配资的方式给股票市场客户提供高杠杆资金。因此，金融监管部门应加大对金融创新的监管，避免金融创新引发资本市场的剧烈波动。

第四，利率下降。2014年下半年我国经济下行趋势越发明显，多项经济指标远低于市场预期。比如，2014年8月我国工业增加值同比增长率仅为6.9%，创下金融危机发生以来的历史新低。此外，2014年8月和9月的信贷和社会融资等金融指标也与预期水平相去甚远。为了改善经济运行情况，促进经济发展，央行开始通过各种方式向市场释放流动性，如降低正回购利率、实施抵押补充贷款等。在资金面、政策面和基本面的联动作用下，市场收益率持续下降。2014年11月21日，央行宣布自11月22日起将1年期贷款基准利率下调0.4个百分点至5.6%，1年期存款基准利率下调为2.75%。这一意外的降息消息使国债收益率降低到2014年以来的最低点。受政策影响，10年期国债利率在2014年8～11月的3个月时间里下降了

75BP，由4.25%降至3.5%。大幅下降的无风险利率预示着股票市场的牛市即将到来。进入2015年后，10年期国债收益率继续下行。无风险利率的大幅下行为股票市场的牛市行情拉开了序幕。

（二）股指快速下跌的原因

2015年中期，中国证监会开始对场外配资进行盘查，成为戳破股市泡沫的起点。在此期间，中国证监会一方面要求券商自查场外配资业务，另一方面叫停了包括恒生电子HOMS系统配资在内的所有场外配资数据端口服务。中国证监会文件明确指出，“任何证券公司在未经批准的情况下，不得向客户提供融资融券服务，也不能为客户与客户之间以及客户与他人之间的融资融券活动提供任何服务和便利”。

除了监管部门清理场外配资外，大规模IPO和境外资本做空人民币引发市场对人民币贬值等因素的担忧，也成为股市暴跌的原因。

三 2015年的股票融资和交易

（一）新股发行

2014年6月，我国启动了新一轮的IPO，持续1年后因股灾而停止，在这1年的时间里，我国股票市场坚持以每月一次的频率发行新股，二级市场的繁荣并没有及时有效地带动一级市场的发展，使得一级市场的新股发行和融资都十分有限。在此情形下，天津市人民政府积极推动本地企业上市融资，鼓励企业充分利用多层次资本市场获取融资，支持各类企业充分利用主板、中小板、创业板上市，不断加强对企业上市的辅导服务，完善政策措施。在政府的支持引导下，2015年天津市新增上市公司52家，其中主板上市公司1家、新三板挂牌上市公司51家。2015年末天津市上市公司情况如表6所示。

表6　天津市上市公司情况

单位：家

市　场	2014 年末	2015 年末	市　场	2014 年末	2015 年末
上交所	21	22	创业板	7	7
深交所	8	7	新三板	41	92
中小板	6	6			

资料来源：中国证监会官方网站。

2015 年，天津在新三板上市的公司数量快速增加，由 2014 年末的 41 家增加到 2015 年末的 92 家，增长 124%，这主要得益于天津市政府近年来一直在积极构建上市公司后备资源库，同时通过各种政策支持企业利用多层次资本市场。2015 年 11 月 13 日天津市人民政府通过了市金融办拟订的《天津市金融改革创新三年行动计划》，明确提出要充分利用境内外多层次资本市场，鼓励和引导更多企业上市和挂牌，争取到 2018 年末使全市上市和新三板挂牌企业数量突破 300 家。

由于我国一级市场并没有与二级市场的繁荣形成良好的联动效应，因此新股的发行进展缓慢，2015 年天津市仅有银龙股份一只股票成功在主板上市。银龙股份公司名为天津银龙预应力材料股份有限公司，成立于 1998 年，主营业务为预应力混凝土用钢材及拉拔模具的开发、生产和销售。2015 年 2 月 27 日，银龙股份在上交所成功上市，首发价格为 13.79 元/股，首次发行 5000 万股，首发募集资金 68950 万元，相对于其他 IPO 企业，其发行规模和筹资规模都处于中上水平。

（二）上市公司再融资

2015 年，天津市共有 42 只股票完成了增发，合计增发 168806.03 万股，增发募集金额达到 135.05 亿元，具体数据汇总如表 7 所示。从表 7 可以看出，天津市 2015 年完成增发企业中新三板企业居多，占全部企业的 69.05%，不过由于新三板企业规模较小，其增发数量和增发募集金额均比较小，分别占总增发数量和总增发募集金额的 7.92% 和 4.72%；主板和中小板虽然增发的企业数量比较少，但是增发规模非常大，其增发数量和增发募集金额分别占总增发数量和总增发募集金额的84.38%和80.07%；创业板增发的企业数量虽然远少于新三板，不过其增发数量和新三板相差无几，并且其增发募集金额远大于新三板，但是小于主板和中小板。

表7　天津市上市公司增发情况

所属板块	公司数量(家)	增发数量(万股)	增发募集金额(万元)
创业板	4	13008.47	205449.99
中小板	1	34797.63	352499.99
主　板	8	107638.33	728791.65
新三板	29	13361.60	63768.31
合　计	42	168806.03	1350509.94

资料来源：WIND资讯。

为更好地观察2015年天津股票市场股本和市值的变化情况，本报告根据证监会有关数据绘制图3。

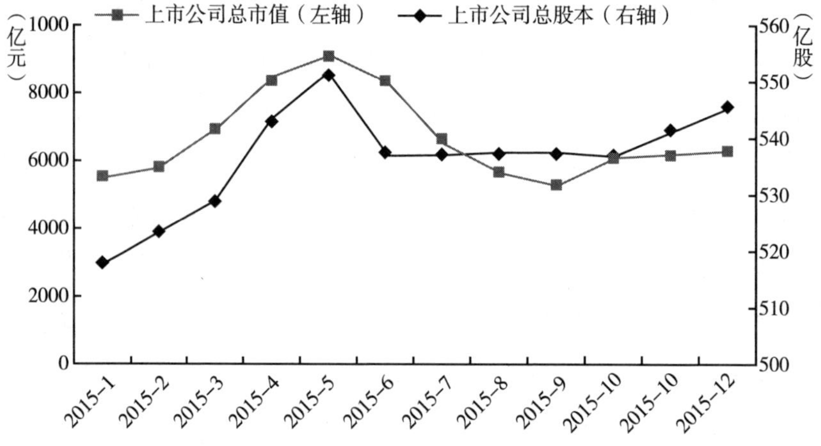

图3　天津市上市公司总股本和总市值

资料来源：中国证监会官方网站。

从图3可以看出，天津市上市公司的总股本和总市值在2015年都呈现先急速上升而后迅速回落，最后逐步趋于平稳并略有回升的总体趋势。总股本和总市值的最高点都在5月，分别为551.47亿股和8997.54亿元，在6月开始下降，其中总股本在6月下降到536.53亿股后基本保持稳定，直到10月开始回升，12月上升到544.8亿股，而上市公司总市值在9月跌至5337.8亿元，而后开始回升。总的来看，天津市上市公司在我国股市暴涨阶段大量增发股票，积极利用股票市场融资提升总市值，6月股灾后股本数和总市值都随之回落，此后的两次暴跌过程中股本数没有减少，但是市值一直在下降，9月股票市场恢复稳定后总股本和总市值向正常值回归，都超过了年初值。

（三）投资者交易情况

本报告根据天津市投资者在上交所和深交所的交易情况绘制图4。

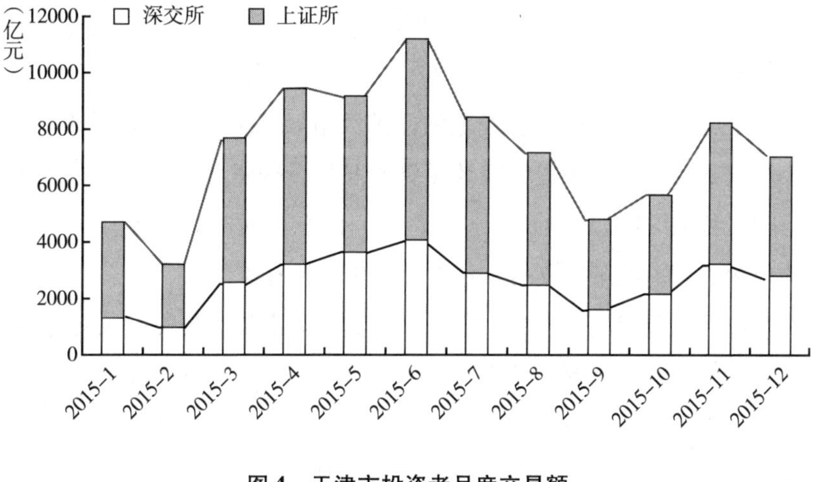

图4　天津市投资者月度交易额

资料来源：中国证监会官方网站。

从图4可以看出，天津市的投资者在沪深两市的交易额变化情况基本一致，都与2015年股票市场的整体趋势吻合，最低的交易额出现在2月，交易额分别为2257.69亿元和955.95亿元。此后交易额开始迅速攀升，6月交易额达到最高水平，总交易额达11144.93亿元，是2月交易额的3.47

倍，其中上交所交易额为7142.94亿元，深交所交易额为4001.99亿元。此后交易额逐步回落但基本上都高于年初的交易额，2015年12月，总交易额为7056.65亿元，其中上交所4311.41亿元，深交所2745.24亿元。总的来说，2015年股票市场的大起大落在一定程度上提高了股票市场活跃程度，证券投资者的数量和交易量均有所提高，增强了股票市场的弹性。

四　2015年股权交易市场发展

由天津市人民政府批准设立的天津股权交易（本报告以下简称“天交所”）所于2008年9月在天津市滨海新区注册营业，是一家公司制的交易所。2008年5月，天交所在国务院政策指导下被纳入“天津市金融改革创新20项重点工作”，随后又被列为天津市金融改革创新“重中之重”。2009年10月，《天津滨海新区综合配套改革实验金融创新专项方案》得到国务院的批复，该方案明确提出要“支持天交所不断完善运作机制，规范交易程序，健全服务网络，拓展业务范围，扩大市场规模。充分发挥市场功能，为中小企业和成长型企业提供高效便捷的股权投融资服务”。天交所的设立获得了全国各地的积极响应，到2015年，山东、浙江、江苏等19个省68个市均出台了有关政策以支持本地企业在天交所挂牌。

作为设立在天津滨海新区、服务于全国非上市公众公司股权交易的重要平台，天交所建立的主要目的就是通过借鉴成熟资本市场的成功经验，组织非上市公司挂牌交易以及利用股权进行融资，为中小企业和科技成长型企业开拓新的直接融资渠道，同时为非上市公司熟悉资本市场规则并据此调整公司治理结构以提高企业核心竞争力、实现企业快速成长从而早日成功上市提供机会，此外还可以通过市场孵化和筛选机制的建立与完善，为主板、中小板、创业板以及境外资本市场培育和输送优质的后备上市资源，努力将天交所建设成一个充满活力、自我稳定、集中统一的非上市公司股权市场，使其逐步成长为我国主板市场、中小板市场以及创业板市场的基础支撑和重要补充。

天交所建立以来成绩斐然，截至2015年在天交所挂牌的企业成功启动海外上市的已有20家，在新三板成功上市的已有30家，此外还有20余家企业被上市公司并购或同行业并购重组。2015年，在全国股票市场大起大落的背景下，天交所仍然取得了一定的进步和发展，本报告将其发展的基本概况汇总为表8。从表8可以看出，截至2015年12月，已有706家企业在天交所挂牌，比2014年末增加了155家，同比增长了28.13%，在706家挂牌企业中A板挂牌企业634家，B板挂牌企业72家。挂牌企业已覆盖31个省份，不过其中大部分企业来自河北、山东、天津、江苏、河南、广东6个地区，占全部挂牌企业的68.84%。2015年末在天交所挂牌的公司总股本达到了293.7亿股，同比增长了34.55%；总市值达到993.74亿元，同比增长了100.7%；累计成交金额60.29亿元，同比增长了12.35%；直接融资规模扩张到89.08亿元，同比增长了10.96%。

表8　天津股权交易所概况

项　目	2015年	2014年	同比增长
挂牌企业家数	706家	550家	28.36%
总市值	993.74亿元	496.19亿元	100.27%
总股本	293.7亿股	213.52亿股	37.55%
累计成交金额	60.29亿元	53.66亿元	12.35%
直接融资	89.08亿元	80.28亿元	10.96%

资料来源：天津股权交易所官方网站。

从上述分析可以发现2015年天交所取得了一定的发展，尤其是挂牌企业数、总市值和总股本有了显著提升。未来，进一步提升市场交易活跃度、改进挂牌企业信息披露、扩大直接融资规模将成为天交所发展的方向。

五　天津股票市场的发展展望

2016年，我国股票市场将处于振荡筑底状态，总结2015年国内股市震荡的教训，恢复市场的正常功能和秩序成为2016年的主要政策方向。受宏观经济基本面的影响，沪指难以有趋势性上涨的机会，防范风险成为股市投资者的首要任务。

未来几年，天津将继续鼓励和支持企业上市和挂牌融资，提升直接融资占比。切实落实支持本地企业挂牌上市融资的各项政策，大力推动和引导各类企业利用资本市场实现自身转型升级、技术改造以及科技创新。完善上市资源培育和储备机制，大力引导和推动企业加快股份制改造，丰富企业上市后备资源库。加快推动科技型中小企业尤其是“科技小巨人”企业挂牌上市。鼓励和支持国有企业突出主营业务，通过并购重组等方式实现整体上市。支持和引导行业龙头企业上市和挂牌，通过资本市场整合资源，提高其核心竞争力。引导和推动已上市和挂牌企业通过增发、发行债券等方式再融资。积极鼓励天使投资、风险投资、股权投资等投资机构的发展，助力企业股改上市。切实落实股权投资支持政策，进一步改善发展环境。

B.9

2015年的天津债券市场

摘　要： 2015 年是天津市地方政府债发行的元年，也是天津市债券市场快速发展的一年。2015 年末，天津市地方政府债余额达到 565 亿元，信用债余额达到了 5499.32 亿元，比 2014 年增长了 61.23%。2015 年，天津市债券发行量合计达到 2666 亿元，其中，地方政府债 565 亿元，信用债 2101 亿元。总的来看，2015 年在修订后的《预算法》开始实施的条件下，天津市政府对企业直接融资进行了有效引导与鼓励，债券市场融资取得较大发展。

关键词： 债券市场　地方政府债　信用债

一　2015年天津债券市场运行

（一）债券市场发行

2015 年，天津市债券市场发行量合计达 2666.00 亿元，其中企业债和政府债发行量最大，金融债次之，资产支持证券发行规模最小，我们将天津市债券市场主要债券品种的整体情况汇总如表 1 所示。可以看到 2015 年天津市企业债发行额达到了 1584.8 亿元，占总发行额的 59.84%；天津政府债虽然是首次发行，但是其规模也超过金融债，占总发行额的 21.33%；金融债发行规模较小，仅为 440 亿元，占总发行额的 16.61%，资产支持证券发行规模最小，仅为 58.67 亿元，占总发行额的 2.22%。

表 1　天津债券市场主要债券品种整体情况

券　种	2015 年末余额（亿元）	2014 年末余额（亿元）	发行量（亿元）	净增额（亿元）	交易额（亿元）
企业债	4519.39	2960.79	1584.80	1558.60	1196.58
金融债	828.00	388.00	440.00	440.00	165.52
政府债	565.00	0.00	565.00	565.00	15.05
资产支持证券	67.40	13.95	58.67	53.45	0.88
合　计	5979.79	3362.74	2648.47	2617.05	1378.03

注：定向工具、短期融资券、公司债、可转换债、中期票据以及在天津股权交易所挂牌企业发行的债券均包含在企业债内。

资料来源：WIND 数据。

由于债券市场每年都会有一部分债券到期兑付，为更加准确地描述天津市债券市场的发行情况，我们对天津市债券市场上各类债券的发行额减去其兑付额所得的净发行额进行分析。

表 2　天津债券市场净发行额

券　种	净发行额（亿元）	占比（%）	券　种	净发行额（亿元）	占比（%）
企业债	1558.60	59.56	资产支持证券	53.45	2.04
金融债	440.00	16.81	合　计	2617.05	100.00
政府债	565.00	21.59			

资料来源：WIND 数据。

从表 2 的数据可以看出，2015 年天津市债券市场的净发行额为 2617.05 亿元，净发行额最高的是企业债，占总净发行额的 59.56%；其次是政府债，占总净发行额的 21.59%；金融债净发行额比较小，仅有 440 亿元；资产支持债券净发行额最小，仅占总净发行额的 2.04%。

（二）债券市场余额

我们将天津市债券市场存量的有关数据汇总如表 3 所示。

表 3　天津债券市场存量

券　种	2015 年末		2014 年末	
	存量(亿元)	占比(%)	存量(亿元)	占比(%)
企业债	4519.39	75.58	2960.79	88.05
政府债	565.00	9.45	0.00	0.00
金融债	828.00	13.85	388.00	11.54
资产支持证券	67.40	1.13	13.95	0.41
合　计	5979.79	100.00	3362.74	100.00

注：鉴于2014 年短期融资券已被兑付，2014 年债券存量未能包括2014 年末的短期融资券存量。
资料来源：WIND 资讯

可以看出，截至2015 年末，天津市债券市场存量规模达到5979.79 亿元，相对于2014 年末扩张了77.82%，其中资产支持证券增长了53.45 亿元，增长规模较小，但增长速度非常快，2015 年末资产支持证券的规模已经达到 2014 年末存量的 4.83 倍；金融债增长了 440 亿元，同比增长113.4%；企业债存量规模增长了1558.6 亿元，增量远大于金融债和资产支持证券，不过其增速较慢，增长了52.64%。

通过以上分析可以看出，2015 年天津市债券市场取得了突破性发展，其惊人的扩张速度远远领先于我国债券市场，其原因主要有以下两点。首先，我国在2015 年开始实行新预算法，地方政府获得了发行债券的权利，地方政府债的发行极大地提高了天津市债券市场的规模。从表3 可以看出，2015 年天津市共发行政府债565 亿元，远远超过了金融债和资产支持证券，稍落后于企业债。其次，2015 年，天津市一直在通过各种措施支持和鼓励本地企业通过债券市场进行融资，2015 年7 月15 日，天津市人民政府发布了《天津市人民政府印发关于当前促投资稳增长33 条措施的通知》，明确提出支持企业采用公司债、短期融资券和中期票据等方式进行融资，切实落实国家降低企业债发行门槛的政策，鼓励发行更多企业债，此外在《关于进一步促进企业利用资本市场加快发展的实施意见》《天津市金融改革创新三年行动计划》等文件中均提出要鼓励企业利用债券市场通过直接融资的方式改善本地资产结构，在诸多政策支持鼓励下天津市企业债、金融债以及资产支持证券均取得了较大规模的增长。

（三）债券市场交易情况

2015 年，天津市债券市场总成交金额为 4662.13 亿元，其中信用债市场成交金额为 4647.08 亿元，占总成交额的 99.67%，政府债券交易额为 15.05 亿元，仅占总成交额的 0.33%。由于天津市政府债交易规模比较小，而且每期政府债都在交易所市场和银行间债券市场进行交易，因此在接下来对市场交易的分析中我们主要分析天津市信用债的交易情况。我们将天津市信用债在各市场上的发行情况信息汇总如表 4 所示。

表 4　天津市信用债市场分布概况

交易场所	2015 年发行额（亿元）	占比（%）	2015 年末余额（亿元）	占比（%）
上交所	328.79	15.65	850.93	15.62
深交所	35.36	1.68	35.56	0.65
银行间市场	1719.32	81.83	4528.30	83.10
天津股权交易所	7.53	0.36	24.53	0.45
机构间私募产品报价与服务系统	10.00	0.48	10.00	0.18
合　计	2101.00	100.00	5449.32	100.00

资料来源：WIND 资讯。

从表 4 可以看出银行间市场仍是天津信用债发行的主要场所，2015 年天津市发行的信用债中有 81.83% 是通过银行间债券市场发行的，并且天津市信用债存量中有 83.1% 在银行间债券市场进行交易；关于上交所和深交所，天津市企业更倾向于在上交所发行债券，2015 年天津市企业在上交所发行了 328.79 亿元的信用债，而在深交所仅发行了 35.36 亿元。天津股权交易所和机构间私募产品报价与服务系统作为新兴市场，其发行规模和存量规模与银行间市场和交易所市场还存在较大的差距，2015 年天津市企业两市场的债券发行规模和期末余额合计不到总发行规模和期末余额的 1%。

我们将天津市信用债的交易情况汇总如表 5 所示。

表5 天津市信用债交易

交易场所	2015年成交金额（亿元）	占比（%）	交易场所	2015年成交金额（亿元）	占比（%）
银行间市场	4546.57	97.84	上交所	94.60	2.03
深交所	5.91	0.13	合　计	4647.08	100.00

资料来源：WIND资讯。

由表5可以看出2015年天津市信用债总交易金额为4647.08亿元，同比增长37.8%，增长速度比较快。不过天津市信用债交易在各市场间的分布极不均衡，银行间市场的成交额占总成交额的97.84%，成交金额高达4546.57亿元，而交易所市场的成交金额仅占成交额的2.16%。交易所市场内部也很不均衡，上交所2015年总成交额为94.6亿元，占总成交额的2.03%；深交所2015年成交额仅为5.91亿元，占总成交额的0.13%。作为新兴市场的天津股权交易所和机构间私募产品报价与服务系统在2015年没有成交数据，其活跃度与传统市场相去甚远。银行间债券市场一枝独秀的现象不利于天津市债券市场的长期稳定发展，会降低天津市企业的融资效率，提高其融资成本，必须积极提高交易所市场和新兴市场的活跃度，支持和鼓励天津市企业综合利用多层次债券市场进行融资。

二　2015年天津政府债券发行

（一）我国地方政府债回顾

地方政府债券（本报告简称“政府债”）是指某一国家能够获取财政收入的地方政府及地方公共机构发行的债券。政府债募集的资金一般用于地方基础设施建设，如交通、住宅、教育、医院及城市卫生系统等。政府债是地方政府在进行基础设施建设时用来筹措资金的重要途径之一，以当地政府税收能力为担保发行。1958 年 4 月，党中央发布了《关于发行地方公债的决定》，指出在必要时允许符合条件的地方政府发行地方建设公债，但是在 1985 年，面对各地方政府越发狂热的投资冲动，为维持宏观经济稳定，中央暂停了地方政府发债的权利。此后，受限于《中华人民共和国预算法》（本报告以下简称《预算法》）第二十八条的规定，政府债一直没有发行。随着我国地方政府债务规模的扩大和传统融资方式效率偏低等问题的日益凸显，2014 年我国对《预算法》进行了修订，修订后的第三十五条明确了地方政府的发债权，规定“经国务院批准的省、自治区、直辖市的预算中必需的建设投资的部分资金，可以在国务院确定的限额内，通过发行地方政府债券举借债务的方式筹措”。

修订的《预算法》放开了对政府债的限制，但是为防范风险，也对政府债的发行进行了一定的约束，比如发债主体严格限制为经国务院批准的省、自治区、直辖市政府；举借债务必须严格遵守法律规定，除非法律另有规定，不得以法律规定形式之外的任何方式举借债务；筹集的资金只能用于公益性资本支出或财政预算中必要部分的建设投资，不允许用作经常性支出；不得为任何单位和个人的债务以任何方式提供担保；等等。《预算法》运用堵疏结合的方式对地方政府债券发放做出了详细的规定，“开了前门，堵了后门，修了围墙”，一方面妥善解决了多年来地方政府举债的需求与法律规定存在冲突的问题，满足了发展地方经济的需要；另一方面规范地方政府举债行为，进一步防范地方政府债务风险。

（二）天津政府债发行情况

2015 年，参照国务院批准的政府债发行规模，天津市政府发放政府债总额为 565 亿元，包括天津市政府一般债券、天津市政府定向置换一般债券、天津市政府专项债券和天津市政府定向置换专项债券 4 种类型，债券评级均为 AAA 级，均为固定利率附息债券，所有债券均在银行间债券市场和交易所市场两个市场上市交易，具体情况如表 6 所示。

表6　天津政府债券

债券名称	发行期数	发行规模（亿元）	债券期限（年）	债券利率形式	发行方式	发行对象
天津市政府一般债券	12	260.46	3、5、7、10	固定利率	公募	境内法人和自然人
天津市政府专项债券	6	101.52	5、7、10	固定利率	公募	境内法人和自然人
天津市政府定向置换一般债券	12	145.14	3、5、7、10	固定利率	定向	全国银行间债券市场成员
天津市政府定向置换专项债券	8	57.88	5、7、10	固定利率	定向	全国银行间债券市场成员

资料来源：WIND资讯。

可以看到2015年天津市共发行了12期政府一般债券，合计260.46亿元，发行方式为公募发行，发行对象为境内法人和自然人，债券期限分为3年、5年、7年、10年共4种，其中3年期有3期，共28.26亿元，票面利率均值为2.97%；5年期、7年期和10年期的各1期，募集规模都是77.4亿元，票面利率均值分别为3.24%、3.47%和3.49%。

2015年，天津市共发行了6期天津市政府专项债券，合计101.52亿元，发行方式为公募发行，发行对象为境内法人和自然人，期限为5年、7年和10年共3种，5年期债券2期，共53.72亿元，票面利率均值为3.23%；7年期债券2期，共8.1亿元，票面利率均值为3.425%；10年期债券2期共39.7亿元，票面利率均值为3.445%。

2015年，天津市政府定向置换一般债券共发行了12期，合计145.14亿元，发行方式为定向发行，发行对象为全国银行间债券市场成员，债券期限分为3年、5年、7年、10年共4种，其中3年期债券一共3期，合计6.67亿元，票面利率均值为3.28%；5年期债券一共3期，合计17.07亿元，票面利率均值为3.56%；7年期债券3期共17.1亿元，票面利率均值为3.81%；10年期债券3期合计17.1亿元，票面利率均值为3.83%。

2015年，天津市政府定向置换专项债券面向全国银行间债券市场成员，采取定向发行的方式，累计发行8期，融资金额57.88亿元。该债券期限分为5年、7年和10年共3种，其中5年期债券3期合计73.3亿元，票面利率均值为 3.56%；7 年期债券 3 期合计 49.96 亿元，票面利率均值为 3.81%；10 年期债券 2 期合计 21.88 亿元，票面利率均值为 3.73%。

三 2015年天津信用债券发展

信用债主要包括企业债、公司债、短期融资券、中期票据、分离交易可转债、资产支持证券、次级债等品种，是由政府之外的主体发行的约定还款付息及期限的债券。近年来，随着我国金融改革的逐步深化，直接债务融资高速发展。在政府的支持引导以及央行的调控下，越来越多的企业倾向于通过直接融资的方式获取资金。

（一）信用债发行情况

我们将天津市信用债发行状况汇总如表 7 所示。2015 年，天津市共发行债券 169 只，发行规模高达 2101.00 亿元。在天津市 2015 年发行的债券中，发行额最高的是定向工具，共发行了 52 支，发行规模为 609 亿元，占天津市 2015 年信用债发行总量的 28.99%；在发行规模上仅次于定向工具的是金融债，发行规模为 440 亿元，占总发行额的 20.94%；其后是中期票据，共 13 支，发行额为 319.7 亿元，占总发行额的 15.22%；企业债共 14 支，融资 264 亿元，占总发行额的 12.57%；短期融资券和公司债发行规模比较小，发行额分别为 202.4 亿元和 177.7 亿元，占 2015 年天津市信用债发行总量的 9.63% 和 8.46%；资产支持证券和可转换债虽然也有发行，但是发行规模很小，发行额分别为 58.67 亿元和 12 亿元，占天津市信用债发行规模的 2.79% 和 0.57%。不明类债券是指在天津股权交易所和机构间私募产品报价与服务系统两个新兴市场上发行的债券，由于市场规则尚待完善，其债券发行类别无法确定，因此暂记为不明类债券。不明类债券发行规模很小，仅有 17.53 亿元，占天津市 2015 年信用债发行总额的 0.83%。

表7　天津市信用债发行概况

WIND资讯债券一级分类	2015年发行数量(只)	2015年发行额(亿元)	发行额占比(%)
定向工具	52	609.00	28.99
短期融资券	21	202.40	9.63
公司债	15	177.70	8.46
金融债	11	440.00	20.94
可转换债	3	12.00	0.57
企业债	14	264.00	12.57
中期票据	13	319.70	15.22
资产支持证券	37	58.67	2.79
不明类债券	3	17.53	0.83
合　计	169	2101.00	100.00

资料来源：WIND资讯。

（二）信用债余额

我们将天津市信用债余额的有关信息汇总如表8所示。

表8　天津市信用债余额

WIND资讯债券一级分类	2014年末余额（亿元）	2015年末余额（亿元）	年增长率(%)
定向工具	909.00	1518.00	66.99
短期融资券	0.00	202.40	—
公司债	56.19	233.89	316.25
金融债	388.00	828.00	113.40
可转换债	0.00	12.00	—
企业债	1186.20	1424.00	20.05
中期票据	809.40	1129.10	39.50
资产支持证券	13.95	67.40	383.14
不明类债券	17.00	34.53	103.11
合　计	3379.74	5449.32	61.23

资料来源：WIND资讯。

可以看出，2015年天津市信用债整体规模高速扩张，由2014年末的3379.74亿元增长到2015年末的5449.32亿元，增长了61.23%。增长速度最快的是资产支持证券，由 13.95 亿元增长到 67.40 亿元，增长了 383.14%。其后是公司债，由 56.19 亿元增长到 233.89 亿元，增长了 316.25%。金融债、不明类债券分别由 388 亿元增长到 828 亿元、由 17 亿元增长到 34.53 亿元，增长率分别为 113.40% 和 103.11%。定向工具、中期票据和企业债增长速度相对较慢，分别增长了 66.99%、39.5% 和 20.05%。总的来看，天津市信用债中比较传统的债券如金融债、企业债和定向工具增长速度相对较慢，而其余债券增速均在 100% 以上，说明天津市企业越来越倾向于采取创新型、多样化的方式在债券市场进行融资，对债券市场的利用越发灵活、高效。

（三）信用债交易

我们将天津市 2015 年信用债交易信息汇总如表 9 所示。

表 9　天津市信用债成交额

债券类别	成交额（亿元）	占比（%）	债券类别	成交额（亿元）	占比（%）
短期融资券	426.69	9.18	企业债	1623.51	34.94
公司债	29.49	0.63	中期票据	2105.90	45.32
金融债	406.67	8.75	资产支持证券	0.88	0.02
可转换债	53.95	1.16	总　计	4647.08	100.00

资料来源：WIND 资讯。

由表 9 可以看出，2015 年天津市信用债成交额为 4647.08 亿元，同比增长 43.54%。在全部类型的信用债中，中期票据成交额最大，占总成交额的 45.32%，实际成交额为 2105.9 亿元；企业债成交额仅次于中期票据，2015 年企业债成交额为 1623.51 亿元，占总成交额的 34.94%；短期融资券和金融债成交规模比较小，其成交额分别为 426.69 亿元和 406.67 亿元，占总成交额的 9.18% 和 8.75%；可转换债、公司债和资产支持证券是天津市信用债中成交规模最小的 3 类债券，其成交额分别为 53.95 亿元、29.49 亿元和 0.88 亿元，占总成交额的 1.16%、0.63% 和 0.02%。总的来看，天津市信用债市场交易非常不均衡，仅中期票据和企业债两项就占成交额的80.26%，这一方面是由于不同种类信用债的发行规模和市场存量之间存在较大的差异，另一方面反映出市场上投资者对不同债券的偏好程度存在着明显的差异。

（四）信用债评级

我们将天津市信用债发行主体评级状况汇总如表10所示。

表10　天津信用债信用评级

单位：%

信用主体评级	2014年末占比	2015年末占比	信用主体评级	2014年末占比	2015年末占比
A+	0.52	1.60	AA+	27.83	29.39
AA	36.08	37.70	AAA	29.38	25.88
AA-	6.19	5.43			

资料来源：WIND资讯。

从表10可以看出，2014年末天津市信用债发行主体中评级为A+的企业占比为0.52%，到2015年末上涨到1.6%；2014年末天津市信用债发行主体中有36.08%的企业信用评级为AA，2015年该比例增长到37.7%；2014年末评级为AA-的企业比例为6.19%，2015年末降低到5.43%；2014年末评级为AA+的信用债发行主体占27.83%，2015年末上升到29.39%；评级最高的AAA级信用主体2014年末比例为29.38%，2015年末下降到25.88%。总的来看，天津市信用债发行主体的信用评级并无明显变化，信用评级在AA及以上的债券比例由2014年末的93.3%变成了92.97%。具体来看，评级为AAA的占比下降了3.5个百分点，评级为A+的占比则以较快的速度增长，2015年末占比是2014年末的约3倍，说明天津市信用债主体评级有下降的趋势，这主要是源于债券发行方式由审批制转变为注册制，降低了债券融资的门槛。与此同时，随着我国债券市场逐步发展成熟，越来越多的企业认识到直接融资在节约成本方面的优势，这吸引了更多的企业选择债券市场进行融资，使债券融资越发平民化，表现为债券市场整体信用等级呈现下降的趋势。

总的来看，2015年天津市信用债呈现稳步扩容的趋势，包括定向工具、短期融资券、公司债、金融债、可转换债、企业债、中期票据、资产支持证券和不明类债券在内的信用债市场迅速发展，各类债券的发行规模、交易规模和存量规模都有显著提升。此外，可以看出资产支持证券以及在天津股权交易所和机构间私募产品报价与服务系统上发行的债券规模不断提高，债券品种日益丰富，债券的风险类型和期限结构趋向完善。作为企业融资的重要途径之一，天津市信用债市场的稳步发展在丰富天津市企业直接债务融资渠道的同时，对天津市经济的可持续健康发展产生了强有力的促进作用。

四　促进债券市场发展的建议

从上文的描述可以看出，虽然天津市债券市场几年来发展十分迅速，但是与北京、上海这些一线城市相比仍存在较大的差距，因此天津市应紧紧抓住滨海新区开发开放、京津冀协同发展、国家资助创新示范区建设、自贸区建设以及“一带一路”战略五大国家战略机遇，依托滨海新区、自贸区和自主创新示范区带来的政策和体制上的优势，积极支持与鼓励各信用主体利用多层次的资本市场进行融资，推动债券市场的发展。针对政府债与信用债之间的差异，我们下面分别提出相应的建议。

（一）发展信用债的建议

在我国经济进入“新常态”的整体背景下，不论是去杠杆、去风险战略目标的实现，还是供给侧结构改革战略的实施，都要求我国要大力推动直接融资，提高企业融资效率，改变传统的将风险集中于银行等金融机构的融资方式，作为直接融资主要途径的债券市场的重要性必将逐步提高。但是，天津市债券市场不论是发行规模、种类还是交易量都有待提高，为此我们提出以下建议。

（1）组建债券发行指导机构，对天津市企业债的发行进行指导。债券发行指导机构的主要任务包括：指导、宣传和组织天津市企业的债券发行工作，为拟发债企业提供信息支持与服务；与债券审批部保持联系进行沟通，及时、有效地掌握债券融资最新动态，并将信息向企业公布；协助债券发行和承销机构筛选优质企业发行债券，保证发债企业质量；挑选合适的中介服务机构和担保机构为企业债的发行提供中介和担保服务等。

（2）建立天津市债券发行企业后备资源库。将贷款余额较大、信用评级在 BBB 以上、具有发债意愿的企业纳入后备资源库。债券发行指导机构可结合天津市经济发展的整体规划，对后备资源库中的企业进行分类辅导，支持和引导企业完成债券融资的准备工作。

（3）大力开展宣传培训，鼓励、引导企业积极利用银行间债券市场筹集资金。挑选经验丰富的承销商与中介机构对天津市具有债券发行能力或拟发债的企业的管理层进行培训，推介债券融资品种，讲解债券融资流程，使企业管理层能够充分地认识到利用债券市场进行融资在企业优化债务结构、改善经营管理以及降低融资成本方面的优势，提高企业发行债券的积极性。

（4）大力推广中小企业集合债，鼓励民营中小企业通过发行集合债的方式进行融资。首先，建立健全中小企业集合债发行的组织体系和推进机制，由政府相关职能部门统一组织协调中小企业集合发债工作；其次，由相关政府职能部门出面组织筛选优质中小企业集合发债，挑选符合财务基础优良、经营稳健、发展前景良好和募集资金用途符合国家产业政策等条件的中小企业，形成集合发债相对优良的企业资源；再次，组织优秀承销机构和专业中介机构为参与集合债券发行的中小企业进行发债前的指导工作；最后，完善担保机制，解决中小企业在集合发债时增信困难的问题，提高中小企业发行集合债的成功率。担保机构既可以是地区性的，也可以是全国性的，可以考虑统筹利用全市的担保资源，整合现有的由财政出资组建的多家担保机构，或对全市目前发展比较好的担保机构进行注资，提高其担保实力，从而为地区中小企业集合债的发行提供担保。此外还可以积极引入全国性的担保机构为中小企业集合债的发行提供担保服务，只要能够获得市场投资者的认可并达到信用增级的目的即可。

（5）制定发债企业扶持政策，鼓励与引导企业积极参与发债。对企业债融资给予与股票融资类似的优惠政策，通过各项优惠政策引导企业积极参与债券发行。此外还可以通过补贴担保费用或给予贴息等方式为企业提供政策支持，切实降低中小企业发债成本。通过政策制定引导企业积极利用银行间债券市场筹集资金。

（6）规范企业管理，为企业债券的发行创造条件。从根本上来说，债券融资市场的主体是企业，企业的优劣和竞争力强弱是决定企业能否通过债券市场进行融资的决定性因素。因此，要指导天津市企业更新经营管理观念，为企业发展制定合理的发展规划，完善公司治理结构，加快产业结构转型升级，根据国家政策要求及时调整产品结构，提高自主创新能力，增强企业的核心竞争力，为企业提高直接融资比例创造条件。

（二）发展政府债的建议

（1）建立一套完善的明确政府债券发行上限的指标体系，设立政府债券发行的“警戒线”。在指标设置上要充分考虑“新常态”下区域经济运行特点和现有的债务规模。

（2）建立全口径政府会计制度，通过确定地方政府债务治理平衡点，防止天津市政府出现过度举债的问题。借鉴国际经验，建立健全政府会计制度，完善天津市政府资产负债表的编制，为天津市政府债务风险研判和治理创造条件。在天津市资产负债表的编制过程中，精确设计、严格执行天津市政府负债率和执行率等关键指标，建立有效的关联机制，将天津市政府财政收入与债券发行联结起来，严格把控天津市政府债券发行的风险。

（3）明确债券筹集资金的用途，针对不同债务类型制定差异化的管理方法。若举借债务所获资金用于没有收益的公益性事业，则应发行承担一般责任的证券，对于此类债券要严格限制规模，将其规模控制在政府偿付能力之内；若通过债券筹集的资金用于可获得收益的公益性事业，则应通过收益性债券进行融资，并设立相应的政府基金或通过专项收入定期还本付息。

（4）确保政府债的发行和兑付在阳光下运行，建立健全政府债信息披露机制，将政府债务作为财政预算公开的重要项目之一。有效管理地方政府债务的必要前提就是有完备的信息披露机制。天津市政府应严格遵守《预算法》对于政府预算公开的要求，在发行债券的同时建立健全政府债务信息动态披露机制。

（5）建立风险预警机制和相应的应急处理机制，设计严密的预案，严防地方政府债务风险向债务危机转化。一方面要严格把控，防止债务危机的出现，另一方面要早做准备，确保债务风险恶化时能够及时有效地加以控制。

（6）积极探索PPP（政府与社会资本合作）模式，加强政府资本与民间资本的协调配合，努力减轻地方政府负债的压力。要有效利用地方政府债务投资对民间资本的引导功能，以先期投入、注入资本金、信贷贴息、财政补助等方式，引导民间资本通过直接参与、特许经营或BOT、BOO、BTO等途径参与基础设施建设。在公共品领域，要探索采用公司合作伙伴的模式进行公共服务和基础设施的建设，扭转当前单纯依靠财政投入造成地方政府财政资金压力过大的局面，降低政府债务融资需求。

B.10
2015年的天津信托市场

摘　要：　在以信托业为经营实体的狭义信托市场中，截至2015年末，全国信托资产余额达到16.3万亿元，比2014年末增长16.4%。2015年，天津信托资产余额达到4163.46亿元，比2014年末减少0.7%。在经济结构调整阵痛期，信托市场的风险－收益属性正发生转变。本报告首先介绍了天津信托市场运行概况，其次分析了信托市场发展环境，重点分析了天津信托市场运营状况，再次结合2015年股灾中的伞形信托问题介绍了信托市场监管动态，最后展望2016年信托市场发展局面。

关键词：　信托市场　信托监管　伞形信托　风险管理

一　2015年天津信托市场概况

截至2015年末，天津信托业拥有信托公司法人机构2家，营业网点2家，从业人员275人（见图1），固有资产总额87.8亿元（见图2）。

（一）天津信托市场的经营主体

1. 天津信托有限责任公司

天津信托有限责任公司（本报告以下简称“天津信托”）成立于1980年。是中国最先批准设立的信托投资机构，天津信托凭借区域优势以及自身特色，业务品种逐渐发展完善，目前天津信托的业务品种涵盖了集合资金信

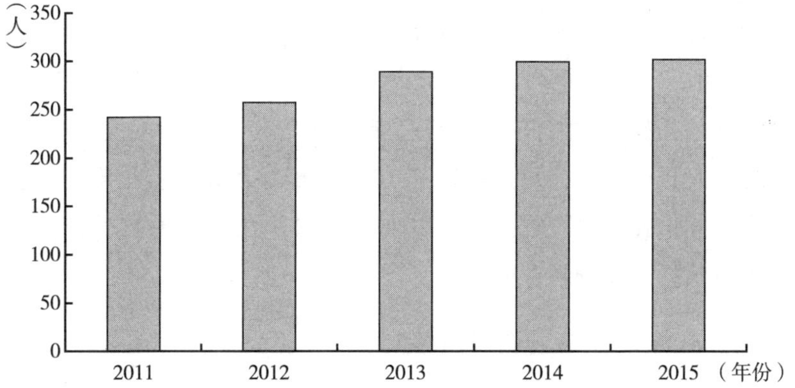

图 1　天津信托业从业人员数量

资料来源：WIND 资讯。

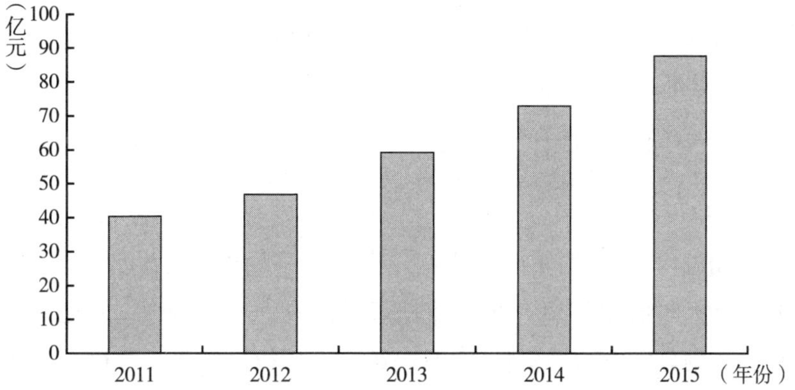

图 2　天津信托业固有资产规模

资料来源：WIND 资讯。

托、单一资金信托、股权投资、指定项目投资等领域。与此同时，天津信托在房地产投资、高新技术等产业不断推出信托产品，充分发挥了将社会资本转化为投资性资本的资金转化作用，不仅实现了投资者资金保值增值的目标，而且为城市的建设提供了充足的资金。

2. 北方国际信托股份有限公司

北方国际信托股份有限公司（本报告以下简称“北方信托”），成立于1987年10月，1994年更名为天津北方国际信托投资公司，2002年6月完成与天津滨海信托投资有限公司的合并，改制为股份有限公司，公司名称改为天津北方国际投资有限公司。2008年10月，经中国银监会批准变更公司名称为北方国际信托股份有限公司。2014年，北方信托成功设立自己的PE子公司，促进信托产品创新发展。

（二）天津信托市场资产规模

2015年末，天津信托管理的资产总规模为1376.09亿元，其中固有资产45.12亿元，占资产总规模的3.28%；信托资产1330.97亿元，占资产总规模的96.72%。

2015年末，北方信托管理的资产总规模为2875.14亿元，其中固有资产42.65亿元，占资产总规模的1.48%；信托资产2832.49亿元，占资产总规模的98.52%。

（三）天津市场信托产品发行

WIND资讯数据显示，2015年，天津地区发行信托产品74只（含非本地法人信托机构），平均发行规模2.52亿元，平均预期收益率7.97%。

其中，天津信托2015年成立信托23只，平均发行规模2.6亿元，按资金运用方式划分，贷款类信托11只，组合、债权、权益、股权、其他等投资信托12只。

北方信托2015年成立信托46只，平均发行规模2亿元，平均预期收益率8.28%。按资金运用方式划分，贷款类信托8只，证券投资信托38只。

（四）天津信托贷款规模

从2015年天津社会融资规模①看，信托贷款②达到113亿元，比上一年

---

① 社会融资规模是一个“流量”的概念，代表一定时期内各项指标的净增量。

② 社会融资规模中的信托贷款是指作为贷款的信托贷款，不包括金融资产投资。

同比多增（见图3）。2015年，信托贷款占天津社会融资规模的3%，信托贷款在2015年更好地支持了国内实体经济的发展。

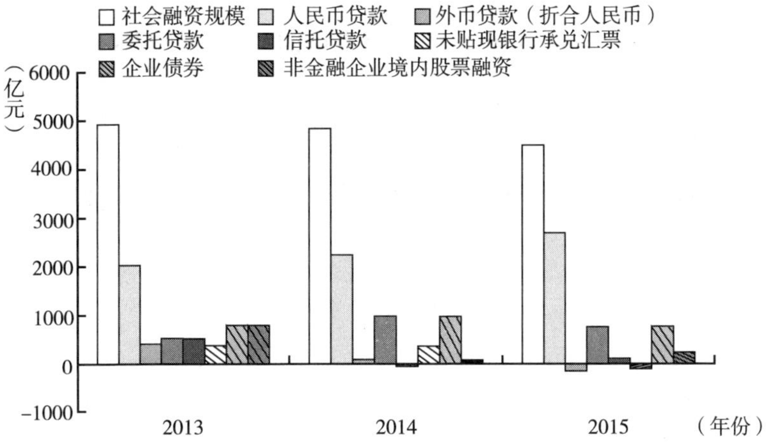

图3　天津社会融资规模及其构成

资料来源：WIND资讯。

二　2015年信托市场环境分析

（一）宏观环境分析[①]

经济“新常态”下，整体宏观经济面临更加复杂的多方面挑战，这也使信托市场的良好运行面临难题。第一，宏观经济面临“三期叠加”，经济形势尚未明显好转，导致部分企业的流动资产不足以支撑良性发展，企业的偿债能力显著下滑。这给存续信托项目到期顺利清算以及开发新的投融资项目带来挑战。第二，随着国家供给侧改革的不断深入，去杠杆、去产能、去库存将是未来一段时间的主要任务。相关边缘产业、过剩行业及有关企业可能加快形成两极分化，给与此相关的存续信托项目防控风险和

① 本部分内容主要引自天津信托和北方信托2015年的年度报告。

新的项目准入造成困难。第三，银行业衰退周期的轮换，可能将周期性机遇转接到证券业。资本不断从房地产市场、信贷市场以及其他私募债券市场流向股票市场、基金市场以及私募股权市场。2014 年 7 月，股票市场牛市启动。信托业资金虽然积极涌入，但牛市的持续时间相对较短，未能为信托业提供充足的战略转换空间，在一定程度上还带来了业务布局方面的不利影响。第四，伴随国内资产市场泡沫化和金融市场的开放，2015 年，信托业在不断开放的金融市场环境下整合资源，资产配置任务的平衡成为新常态下的难题。

（二）区域环境分析

第一，天津市 GDP 增速高于全国平均水平，实体经济的较快发展使得信托项目第一还款来源更有保证。第二，天津正处在京津冀协同发展、自贸区建设、国家自主创新示范区建设、滨海新区开发开放和“一带一路”建设五大战略机遇的叠加期，利用好政策优势将为天津的信托业带来空前的发展良机。第三，城乡居民收入增长，居民存款继续增长，合格投资者队伍加快形成，信托产品的投资需求还会进一步增加。第四，在社会经济运行过程中仍然存在结构性资金短缺的局面，资产管理市场的服务质量参差不齐，巨大的资产管理需求有待挖掘。信托公司结合自身业务优势和专业化程度，将打开更广阔的市场空间。

（三）行业环境分析

第一，资产管理市场各类金融机构角逐激烈，信托市场传统的业务优势急需转型优化。第二，信托监管更加严格，对监管套利和无序竞争加大了治理力度，监管套利空间逐步缩小直至消除。第三，受制于监管部门的协调性欠佳，信托业探索资产证券化、财富管理、社会保障和服务、地方政府 PPP 项目等领域的创新活动受到体制因素的阻碍。第四，在经济周期性大背景下，各类风险事件频发，资本的安全性受到重视，信托业风险事件多发，截至 2015 年第 3 季度末，全国信托业风险项目规模总计 1083 亿元（袁增霆，2015）。

三　2015年信托市场机构运营

（一）信托市场的资产运作和资产分布

2015年，天津信托市场法人机构通过运用固有资产经营不同的业务品种，包括自营贷款、融资租赁、自营证券投资、自营金融股权投资、金融产品投资、财务顾问业务等，以及集合资金信托、单一资金信托、财产权信托等通过运用信托资产经营的业务。

1. 固有资产的运用和分布

2015年，天津信托市场法人机构固有资产总计87.8亿元，从资产运用类别看，贷款及应收款为22.1亿元，占比25.17%；其他资产为21.83亿元，占比24.83%；长期股权投资为13.2亿元，占比15.03%；货币资产为12.4亿元，占比14.12%；交易性金融资产为6.5亿元，占比7.40%（见表1）。

表1　2015年天津信托市场法人机构固有资产运用

资产运用	金额(亿元)	占比(%)	资产运用	金额(亿元)	占比(%)
货币资产	12.4	14.12	持有至到期投资	0.0	0.00
贷款及应收款	22.1	25.17	长期股权投资	13.2	15.03
交易性金融资产	6.5	7.40	其他资产	21.8	24.83
可供出售金融资产	11.8	13.44	合　计	87.8	100.00

注：其他资产包括买入返售金融资产、递延所得税资产、投资性房地产及固定资产、无形资产等。

资料来源：天津信托、北方信托2015年年报。

2015年，天津信托市场法人机构固有资产从资产分布领域看，金融机构领域达26.3亿元，占比29.95%；其他领域达25.3亿元，占比28.82%；证券市场领域达19.9亿元，占比22.66%；实业（工商企业）领域达8.4亿元，占比9.57%；房地产业领域达4.0亿元，占比4.56%；基础产业领域达4.0亿元，占比4.56%（见表2）。

表 2　2015 年天津信托市场法人机构固有资产分布

资产分布	金额(亿元)	占比(%)	资产分布	金额(亿元)	占比(%)
基础产业	4.0	4.56	金融机构	26.3	29.95
房地产业	4.0	4.56	其他①	25.3	28.82
证券市场	19.9	22.66	合　计	87.8	100.00
实业(工商企业)	8.4	9.57			

注：其他包括投资房地产及固定资产、无形资产、递延所得税资产、其他应收款等。
资料来源：天津信托、北方信托 2015 年年报。

2. 信托资产的运用和分布

2015 年，天津信托市场法人机构信托资产总计 4163.5 亿元，从资产运用类别看，贷款及应收款为 1644.1 亿元，占比 39.49%；持有至到期投资为 1341.1 亿元，占比 32.21%；交易性金融资产为 521.6 亿元，占比 12.53%；其他资产为 291.8 亿元，占比 7.01%；长期股权投资为 276.5 亿元，占比 6.64%；可供出售金融资产为 54.5 亿元，占比 1.31%；货币资产为 33.9 亿元，占比 0.81%（见表 3）。

表 3　2015 年天津信托市场法人机构信托资产运用

资产运用	金额(亿元)	占比(%)	资产运用	金额(亿元)	占比(%)
货币资产	33.9	0.81	持有至到期投资	1341.1	32.21
贷款及应收款	1644.1	39.49	长期股权投资	276.5	6.64
交易性金融资产	521.6	12.53	其他资产	291.8	7.01
可供出售金融资产	54.5	1.31	合　计	4163.5	100.00

注：其他资产包括买入返售金融资产、递延所得税资产、投资性房地产及固定资产、无形资产等。
资料来源：天津信托、北方信托 2015 年年报。

2015 年，天津信托市场法人机构信托资产从资产分布领域看，实业（工商企业）构领域达 1608.0 亿元，占比 38.62%；基础产业领域达 833.7 亿元，占比 20.03%；其他领域达 668.6 亿元，占比 16.06%；证券市场领域达 572.6 亿元，占比 13.75%；金融机构领域达 271.0 亿元，占比 6.51%；房地产业领域达 209.4 亿元，占比 5.03%（见表 4）。

表 4 2015 年天津信托市场法人机构信托资产分布

资产分布	金额(亿元)	占比(%)	资产分布	金额(亿元)	占比(%)
基础产业	833.7	20.03	金融机构	271.0	6.51
房地产业	209.4	5.03	其他[①]	668.6	16.06
证券市场	572.6	13.75	合　计	4163.5	100.00
实业(工商企业)	1608.0	38.62			

注：其他包括投资房地产及固定资产、无形资产、递延所得税资产、其他应收款等。

资料来源：天津信托、北方信托 2015 年年报。

（二）天津法人信托机构的财务状况

1. 天津信托的财务状况

2015 年末，天津信托固有资产总计 45.1 亿元，比 2014 年增加 9.3 亿元，总负债、股东权益合计分别为 7.4 亿元、37.8 亿元，分别比 2014 年提升 5.5 亿元、3.9 亿元。2015 年，天津信托实现总营业收入 11.5 亿元、营业利润 6.5 亿元、税前利润 6.5 亿元、净利润 5.4 亿元，分别比 2014 年减少 3.4 亿元、3.2 亿元、3.2 亿元、2.4 亿元。2015 年，天津信托的资产负债率达 16.4%，比 2014 年提升 11.1 个百分点；净资产收益率达 14.9%，比 2014 年降低 11.1 个百分点；总资产回报率达 16.1%，比 2014 年降低 14.4 个百分点；净利润增长率为 -31.1%，远低于 2014 年 51.0% 的水平。

表 5 2011 年末至 2015 年末天津信托资产负债表摘要

单位：亿元

时间	2015-12-31	2014-12-31	2013-12-31	2012-12-31	2011-12-31
资产总计	45.1	35.8	27.5	22.0	19.8
总负债	7.4	1.9	1.6	1.4	1.3
归属母公司股东权益	37.8	33.9	25.9	20.7	18.5
股东权益合计	37.8	33.9	25.9	20.7	18.5

资料来源：WIND 资讯。

表6 2011年末至2015年末天津信托损益表摘要

时间	2015-12-31	2014-12-31	2013-12-31	2012-12-31	2011-12-31
总营业收入	11.5	14.9	11.4	6.4	4.4
营业利润	6.5	9.7	6.1	3.4	2.7
税前利润	6.5	9.7	6.6	3.4	2.8
净利润	5.4	7.8	5.1	2.5	2.1

资料来源：WIND资讯。

表7 2011年末至2015年末天津信托财务指标摘要

时间	2015-12-31	2014-12-31	2013-12-31	2012-12-31	2011-12-31
资产负债率	16.4	5.3	5.8	6.2	6.4
净资产收益率	14.9	26.0	22.1	12.7	11.0
总资产回报率	16.1	30.5	26.8	16.1	14.0
净利润增长率	-31.1	51.0	107.0	19.7	13.2

资料来源：WIND资讯。

2. 北方信托的财务状况

2015年末，北方信托固有资产总计42.7亿元，比2014年增加5.3亿元，总负债、股东权益合计分别为6.3亿元、36.4亿元，分别比2014年提升1.0亿元、4.3亿元。2015年，北方信托实现总营业收入12.0亿元、营业利润7.2亿元、税前利润7.2亿元、净利润5.3亿元，分别比2014年减少0.2亿元、0.0亿元、0.3亿元、0.3亿元。2015年，北方信托的资产负债率达14.7%，比2014年提升0.4个百分点；净资产收益率达15.6%，比2014年降低3.4个百分点；总资产回报率达17.9%，比2014年降低3.7个百分点；净利润增长率为-5.2%，低于2014年8.1%的水平。

表8 2011年末至2015年末北方信托资产负债表摘要

单位：亿元

时间	2015-12-31	2014-12-31	2013-12-31	2012-12-31	2011-12-31
资产总计	42.7	37.4	32.1	25.4	20.4
总负债	6.3	5.3	4.7	3.2	2.6
归属母公司股东权益	36.4	32.1	27.4	22.2	17.9
股东权益合计	36.4	32.1	27.4	22.2	17.9

资料来源：WIND资讯。

表 9　2011 年末至 2015 年末北方信托损益表摘要

时间	2015－12－31	2014－12－31	2013－12－31	2012－12－31	2011－12－31
总营业收入	12.0	12.2	11.4	9.2	5.9
营业利润	7.2	7.2	6.9	5.8	4.1
税前利润	7.2	7.5	6.9	5.9	4.1
净利润	5.3	5.6	5.2	4.3	3.1

资料来源：WIND 资讯。

表 10　2011 年末至 2015 年末北方信托财务指标摘要

时间	2015－12－31	2014－12－31	2013－12－31	2012－12－31	2011－12－31
资产负债率	14.7	14.3	14.7	12.6	12.5
净资产收益率	15.6	19.0	21.0	21.6	19.2
总资产回报率	17.9	21.6	24.0	25.7	22.5
净利润增长率	－5.2	8.1	20.6	37.9	56.8

资料来源：WIND 资讯。

3. 法人机构财务状况分析

从 2015 年信托市场法人机构的财务状况看，资产、负债和所有者权益的规模有所提升；资产负债率有所上升；净资产收益率、总资产回报率有所下降；营业收入有所降低；净利润增长率变为负数。法人机构财务状况的恶化主要受到我国宏观经济“三期叠加”和区域经济转型的影响，从 2015 年天津信托和北方信托的年度报告看，两个机构自营资产中信用风险资产的不良率①均有所提升。

四　2015年信托市场人才状况

2015 年天津信托市场法人机构从业人员 275 人，与 2014 年持平。从年龄分布看，40 岁及以上人员达 145 人，占比 52.7%；30～39 岁人员达 71

① 不良率为次级类、可疑类、损失类信用风险资产额占信用风险资产合计的比例。

人，占比25.8%；25～29岁人员达57人，占比20.7%；25岁以下人员2人，占比0.7%，人员年龄结构比上一年没有显著改变。从学历分布看，博士学历7人，占比2.5%；硕士学历121人，占比44.0%；本科学历116人，占比42.2%；专科学历29人，占比10.5%；其他学历2人，占比0.7%，硕士和本科学历从业人员已经成为天津信托市场从业人员的主体（见表11）。

表11　天津信托市场从业人员的年龄和学历分布

项目		2015年		2014年	
		人数(人)	占比(%)	人数(人)	占比(%)
年龄分布	25岁以下	2	0.7	5	1.8
	25～29岁	57	20.7	62	22.5
	30～39岁	71	25.8	69	25.1
	40岁及以上	145	52.7	139	50.5
	合计	275	100.0	275	100.0
学历分布	博士	7	2.5	7	2.5
	硕士	121	44.0	120	43.6
	本科	116	42.2	117	42.5
	专科	29	10.5	28	10.2
	其他	2	0.7	3	1.1
	合计	275	100.0	275	100.0

资料来源：天津信托、北方信托2015年年报。

五　2015年信托市场监管动态

（一）伞形信托

2015年我国股票市场的暴涨暴跌使伞形信托及其股票配资问题成为信托市场监管的焦点问题。2015年4月，中国证监会发布《中国证监会通报证券公司融资融券业务开展情况》，规定“不得以任何形式参与场外股票配资、伞形信托等活动，不得为场外股票配资、伞形信托提供数据端口等服务或便利”。

伞形信托属于结构化信托的一种，其主要特点是在常见的优先－劣后分层交易结构中被进一步拆分，形成众多灵活的劣后级交易。伞形信托在场外股票配资行为中的运用主要表现为拥有优先级固定受益权的信托投资者为劣后的股票投资者账户提供杠杆资金，后者在统一的信托证券投资通道账户中，被分割成若干个虚拟的子信托账户，信托公司统一监控子账户操作，为各个子账户中的股票账户信托投资者提供一定比例的配资服务，并根据强制平仓或止损线的设置进行风险控制操作。原则上，投资者可以在优先、劣后级别的信托账户中进行选择。当专门为一个客户进行配资服务时，它就退化为单一伞形信托，或被归属为单一结构化信托。与场内融资融券交易的配资比例以及证券投资范围相比，场外的伞形信托具有更大的自由度（袁增霆，2015）。

股票市场行情从2015年6月中旬开始逆转，伞形信托以及其他股票配资行为对于市场风险的放大作用逐渐暴露出来。根据财经媒体的报道，银信理财合作是优先级账户的主要投资者。2015年上半年，信托业特色业务中银信合作业务规模的放量增长可能与此有所关联。银行资金通过伞形信托等方式进入股票市场的实质是规避银行的监管，严格的监管是一个国家金融业安稳运行的保障，即使在金融混业经营的国家，伞形信托也受到严格的约束。我国香港作为金融发达程度较高的地区，类似内地的伞形信托业务也是被禁止的（尹中立，2015）。此外，考虑到基于股票配资发展起来的伞形信托业务是信托公司与证券公司之间的合作业务，要加强对伞形信托的监管就必须加强银行和证券两大行业监管的协调。

（二）监管动态

2014年，中国银监会开始加大对信托业的监管力度。首先，明确由风险承担责任约束、净资本监管和分类监管组成的审慎性监管规则；其次，设计信托业保障基金制度，兼具信托保险与行业内最后贷款人的功能；最后，补充信托业资本金，有效缓解行业杠杆率的进一步上升以及处置风险项目的压力。

为进一步管控和防御信托市场风险，稳定社会预期，2015 年监管部门先后出台了一系列监管政策，这些政策有助于改进微观业务领域的监管规则体系和监管执行力（见表 12）。

表 12　2015 年出台的与信托市场相关的监管政策

时间	监管政策	对信托市场的影响
2015 年 1 月	银监会监管架构改革	对信托业实施独立于非银行金融机构的监管，信托业的监管更加专业性和规范性
2015 年 1 月	《商业银行委托贷款管理办法（征求意见稿）》	规范监管套利行为，清理非标资产。新规的执行不利于券商、银行以及相关基金子公司，而利好信托业
2015 年 3 月	信托业协会发文提示信托产品正确的“打开方式”	督促信托公司履行好“卖者尽责”义务，投资者应遵循“买者自负”的原则
2015 年 3 月	《关于做好信托业保障基金筹集和管理等有关具体事项的通知》	开始实施信托业保障基金制度，信托行业逐步进入后保障金时代
2015 年 4 月	《信托公司行政许可事项实施办法（征求意见稿）》	打破信托公司规模大体量、品牌很小众的尴尬局面
2015 年 4 月	证监会强调券商两融业务不得以任何形式开展场外股票配资、伞形信托等活动	主要规范伞形信托市场，打击非法配资行为
2015 年 5 月	《信托公司行业评级指引（试行）》	系统评价信托公司经营管理状况，引领行业健康规范发展
2015 年 7 月	《关于促进互联网金融健康发展的指导意见》	为信托业的转型发展提供全新的方向，有助于信托公司打破传统业务模式，实现互联网金融的新开拓
2015 年 9 月	证监会叫停场外配资、伞形信托	整顿伞形信托以及涉及场外配资的结构化信托
2015 年 9 月	银监会下发的关于鼓励信托公司开展铁路专项信托业务的指导文件	有助于拓展信托业业务发展空间，不断探索新的信托制度，为促进国民经济社会发展做出各类尝试
2015 年 12 月	《信托公司行业评级指引（试行）》	增强信托公司的风险管理能力

资料来源：笔者根据公开资料总结。

六　天津信托市场的发展展望

本报告预计，在历经2015年信托市场的经济震荡调整后，信托业的去杠杆压力将有所增加。尽管这种调整的压力可能随着房地产市场企业企稳等利好因素而得到缓解，信托行业多年积累的历史问题，在经济增长速度下行的影响下，仍会加剧信托业的转型困难与去杠杆压力。信托市场收益率走低，风险有所加大的特征引起广泛关注。利好政策的不断出台支持信托业在经济周期中实现转型发展，在此过程中，具有产业背景的信托公司积极开展跨界金融业务，为信托业的发展带来了生机。同时，信托业对资金流动性监管的加强以及信托公司资本金的及时补充，将保证信托业走出财务困局。

B.11
2015年的天津金融租赁市场

摘　要：　2015 年，天津市金融租赁市场的规模、质量和效益显著提升，金融租赁公司实力和业务规模连续多年在全国处于领先地位，主要表现在：机构实力提升，业务快速增长；政策利好叠加，发展环境优化；创新成果显著，服务实体经济。同时，天津金融租赁市场也面临一些挑战，政策体系不成熟、专业人才匮乏、融资渠道过窄等问题制约金融租赁市场发展。本报告基于以上分析展望了 2016 年天津金融租赁市场的发展。

关键词：　金融租赁　实体经济　金融租赁证券化

一　2015年金融租赁市场运行

（一）行业规模进一步扩大

天津凭借滨海新区良好的政策优势和产业发展环境，从 2006 年租赁业复兴以来，逐步聚集了大批优质融资租赁公司，业务规模不断拓展，经营效益逐年攀升，集聚发展优势显著。天津金融租赁业一直走在行业的前列，天津金融租赁聚集区在全国范围具有较大优势。

2005 ~ 2015 年，天津市金融租赁公司的数量增长迅速，天津辖内金融租赁公司 9 家（已开业运营 8 家，批准筹建 1 家）天津金融租赁行业总资产已经突破 5200 亿元，较 2010 年增长了近 4 倍，年均复合增长率

37%，资产规模占全国金融租赁行业的近30%。目前，天津拥有3家千亿元级资产规模的金融租赁公司，天津金融租赁公司的数量在全国占比14%（见图1）。天津金融租赁行业经过10年的发展，逐步占据全国金融租赁业的领军地位，在行业标准制定和行业政策完善方面发挥越来越重要的作用。

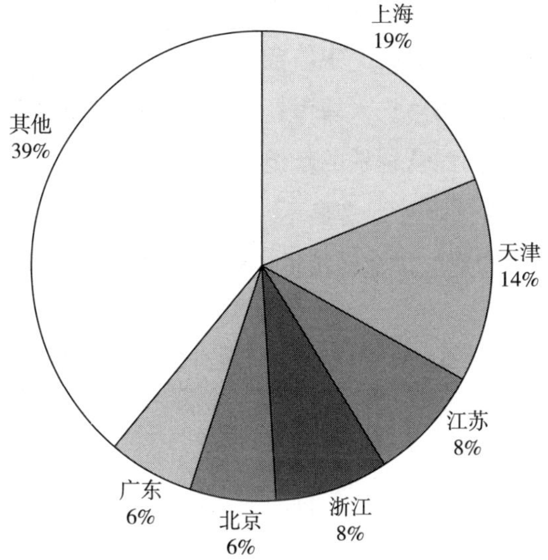

图1　天津金融租赁公司数量全国占比情况

资料来源：金融租赁论坛。

天津金融租赁公司从2014年的335家增加到2015年的685家，增幅104.48%，表1为全国主要地区金融租赁公司数量及增长情况。

表1　2014～2015年金融租赁公司数量及增长情况

地　区	2014年	2015年	增幅
上　海	452家	1302家	188.05%
广　东	381家	834家	118.90%
天　津	335家	685家	104.48%
北　京	166家	206家	24.10%
江　苏	142家	183家	28.87%
浙　江	86家	156家	81.40%

资料来源：融资租赁论坛。

截至2015年底，天津市金融租赁企业达到650家，比年初增加了363家。注册资本达到2580亿元，比年初增加1497亿元。其中，中国银监会监管的金融租赁公司7家；商务部监管的内资金融租赁公司18家；外资金融租赁公司625家。金融租赁公司总资产规模突破7400亿元，租赁资产规模突破6500亿元，均比年初增长20%左右，约占全国总量的1/4。工银金融租赁、渤海租赁等企业通过海外设立子公司和并购等方式，实现境外业务快速增长，国际化水平显著提高。中信金融租赁、中民投国际租赁等一批在全国具有影响力的租赁公司落户天津市；华运金融租赁公司作为纯民营的金融租赁公司，开启了全国民营租赁的新纪元。

2015年金融租赁企业排行榜显示，天津市共有两家金融租赁企业进入十强（见表2），分别是工银金融租赁、长江租赁。

表2　中国金融租赁十强企业（截至2015年12月31日）

排名	企　业	注册年份	注册地	注册资金(亿元)
1	远东国际租赁	1991	上海	114.45
2	工银金融租赁	2007	天津	110.00
3	国银金融租赁	1984	深圳	95.00
4	平安国际金融租赁	2012	上海	93.00
5	建信金融租赁	2007	北京	80.00
6	山东晨鸣金融租赁	2014	济南	77.00
7	浦航租赁	2009	上海	76.60
8	交银金融租赁	2007	上海	70.00
9	长江租赁	2004	天津	67.90
10	上海金昊阳融资租赁	2015	上海	63.00

资料来源：中国租赁联盟。

（二）利好政策叠加，行业发展趋稳定

2015年国家针对天津金融租赁行业的利好政策不断推出，中国金融租赁登记流转平台在天津自贸区设立；支持银行业的专业子公司和相应专营机构落户天津自贸区。流转平台将对租赁资产进行登记备案，规范金融租赁资

产的交易流转进程，全国范围内的金融租赁资产通过流转平台进行交易流转，形成金融租赁交易的二级市场，实现金融租赁行业资源的优化配置。为简化审批手续，银监会将设立绿色通道，支持银行业的专业子公司和相关专营机构落户天津，审批制度的精简将会为天津金融租赁行业带来独特的竞争优势，为天津金融行业的创新发展提供有力支持。这两项政策在天津的实施将更好地树立天津金融租赁在全国范围内的影响力。

为响应国家政策号召，天津市政府印发了《关于加快我市金融租赁业发展的实施意见》，指出为支持天津金融租赁业创新发展，应积极落实政府服务质量。做到租赁物权公示查询便捷化，充分发挥中介机构和行业协会的引导作用。为积极促进金融租赁企业的健康发展，天津市成为首个向内、外资金融租赁公司开放人行企业征信系统的地区。与此同时，天津引进设立规模500亿元的平安东疆交通产业基金和100亿元的平安郎业航空产业发展基金，为金融租赁项目提供资金保障；获批50亿美元切块管理中长期国际商业贷款，用于支持大飞机租赁项目；搭建全国性金融租赁资产交易流转平台，完善金融租赁行业重要基础设施，优化存量租赁资产的配置结构。天津市金融租赁行业通过近几年的发展，形成了一定的行业规模，发展态势逐步稳定。

工银金融租赁成立于2007年，是国内首家银行系金融租赁公司。近年来凭借自身优势和政策扶持，在飞机租赁业务领域开拓市场，具有较强的国际竞争力。在最新的全球飞机租赁公司排名中，工银租赁以绝对的行业优势列全球飞机租赁公司第7位，民生金融租赁在公务机租赁领域独树一帜，成为亚洲最大的公务机租赁公司。

（三）行业问题开始显现

1. 法律制度需要健全

随着金融租赁行业的日益繁荣，相应的法律制度需要进一步健全，目前有关金融租赁的法律主要是《中华人民共和国合同法》第十四章融资租赁合同、2014年2月27日发布的《最高人民法院关于审理融资租赁合同纠纷案件适用法律问题的解释》,《中华人民共和国民用航空法》《中华人民共和国企业所得税法》对金融租赁也略有涉及。现存的法律法规虽然对金融租赁的税收政策以及业务经营范围等做了相关规定,但是缺乏完整的法律制度来规范交易行为和规避金融租赁期间的各种风险。

法律法规制度的不健全和缺乏统一性很容易致使交易双方产生矛盾纠纷,各项法规之间需要更加清晰的界限,以更好地衔接。只有法律制度的不断完善才能够保障金融租赁机构的合法权益。

我国金融租赁行业迅速发展的爆发点是2000年,国务院决定将租赁业正式列入“国家重点鼓励发展的产业”,迎来了我国金融租赁产业发展的新契机。在金融租赁业在我国繁荣发展的过程中,法律、监管方面不完善的问题以及矛盾逐渐显现。我国亟待出台金融租赁相关的法律法规。目前,我国尚未出台单独的金融租赁方面的法律,《金融租赁法》草案正在审议之中。《金融租赁法》的颁布和实施对完善规范金融租赁业的健康发展具有深远的意义,应当给予充分的重视,《金融租赁法》的制定实施将为金融租赁的健康发展提供更加健全的法律法规环境,对规范金融租赁交易主体的行为具有推动作用,将更好地促进金融租赁行业持续健康发展。

当前,天津市有关部门应积极响应《金融租赁法》的落地实施,在制度体系建设方面,从多方位探索符合天津特色的金融租赁发展模式。金融租赁业的健康持续发展需要健全的法律环境,《金融租赁法》的逐步实施以及后续地方法律法规和规章制度的建设,都是规范金融租赁市场的关键因素。规范的法律环境将为金融租赁在天津的发展奠定良好的基础。

2. 专业人才急需储备

近年来,金融租赁行业在我国发展态势迅猛,金融租赁业快速发展过程中暴露了金融管理人才的巨大缺口。

金融租赁在我国兴起的时间较晚,当前仍然处于不断实践、不断探索的阶段,不仅缺乏发展的实战经验,而且金融租赁人才也相对匮乏,在全球经济一体化的背景下,行业的竞争越来越激烈,而人才竞争作为行业竞争的核心竞争力，值得引起足够的重视。金融行业作为综合性强、专业度高的行业，对人才的需求尤为迫切。天津作为全国的金融租赁示范中心，金融租赁公司数量多，需要更多引进金融管理人才。

北京、上海、深圳作为全国的金融中心，聚集了大量的金融从业人员。与之相比天津金融行业从业人员无论数量还是人才素质方面都存在一定的差距。天津高校目前尚未开设金融租赁专业，金融租赁人才的培养教育体制仍未搭建。金融高级管理人才的匮乏在一定程度上阻碍了天津市金融租赁改革创新发展的进程，目前天津市的相关专业人才供给无法为金融租赁的迅速发展提供充足的支持。

金融管理人才的引进是天津金融租赁发展的关键因素，天津市政府应不断健全完善金融租赁专业人才引进的管理条例，制定并改进从业人员在监管机构和金融机构备案的制度、明确金融从业人员的奖惩制度，奖励在改革创新中发挥作用的优秀从业人员，协助天津市金融租赁企业开展海外高级金融管理人员的引进工作，不断推进人才国际化战略。同时天津市高校也应为金融租赁人才的培养做出努力。比如，定期组织金融租赁企业到财经高校进行租赁知识的培训学习，或开设金融租赁方面的课程，为天津市金融租赁企业输送专业人才。在条件允许的情况下，高校可与金融租赁公司联合定向办学，培养更多熟悉金融租赁的专业人才。此外，天津市政府也应在加强金融企业与高校的联系方面发挥积极的引导作用，进一步推动金融企业、高校、科研机构之间的合作，为培养、引进和储备人才提供更加便捷的途径。从财政支持和政策支持两方面，缓解天津市金融人才供应短缺的难题，为天津乃至全国金融租赁的改革创新输入专业人才。

3. 金融渠道亟待拓宽

现阶段金融租赁资金的直接融资方式主要有金融租赁公司股权性融资、发行企业债券融资、委托发行信托基金融资。

发挥银行融资主渠道作用，大力支持银行机构针对金融租赁的项目特点和需求提供产品和相关服务，对符合相关政策法规和规定的金融租赁企业进行单独授信，鼓励金融租赁企业向国外拓展业务，充分利用海外资源进行投资。

对金融租赁公司进行信用评级，对信用评级较高的金融租赁公司，大力支持进行直接融资。鼓励金融租赁企业发行短期融资券、金融债券等金融工具。支持金融租赁企业通过境内外资本市场上市的方式进行融资，金融租赁公司可以利用天津股权交易所、全国中小企业股份转让系统、天津滨海柜台交易市场等融资途径进行直接融资，鼓励各类资本以基金的形式注入金融租赁企业，股权投资基金，创业投资基金等资本的流入将极大地拓宽金融租赁公司的融资渠道。鼓励金融租赁企业利用应收账款融资服务平台进行融资，从多方面拓展融资途径，拓宽合格（抵）质押物的覆盖范围，提升金融租赁企业融资能力。

二　2015年金融租赁市场机遇

（一）金融改革助推租赁业发展

2015 年，供给侧改革的不断推进给金融租赁行业带来了发展机遇和转型升级的挑战。外部市场环境的变化对各行各业的影响程度不同，一方面，船舶海工、石油装备租赁经营风险不断加大，市场占有率不高；另一方面，航空、轨道装备租赁欣欣向荣。租赁行业传统的业务模式受到挑战，新的市场背景下急需转型升级、改革创新。供给侧改革的提出对金融租赁业的发展是一剂催化剂，使该行业在响应国家政策的同时反省自身发展中的问题，并在国家政策的指引下，从实际出发找到适合租赁行业健康发展的新思路。

作为国家金融改革的前沿地带，近年来天津市出台了许多与金融租赁行业相关的行业政策，监管层面也为金融租赁的快速发展提供了支持，不断调整金融管制力度。特别是“金改 30 条”的提出为金融租赁公司在全球经济一体化的大环境下，开展境外外币放款业务、跨境投融资业务以及境外跨境人民币租赁业务等创造了条件。

（二）金融租赁证券化

2014 年 11 月 21 日，证监会发布《证券公司以及基金管理公司子公司资产证券化业务管理规定》，指出要取消事前行政审批，将租赁债权纳入资产证券化基础资产范围，逐步实施事后备案和负面清单管理。

中国证监会已经批准交银金融租赁、工银金融租赁、华融租赁、江苏租赁 4 家金融租赁公司开展资产证券化业务。交银金融租赁于 2014 年 9 月发行了首单银行间市场租赁资产证券化项目。工银金融租赁于 2015 年 1 月发行了首单出表型的租赁资产证券化项目。从已发行的项目来看，基本上入池的资产质量较好，设置的交易结构简单透明，其中交银金融租赁和华融租赁资产证券化过程中的次级档证券均由发起人全部持有，工银金融租赁次级档证券部分转让给投资者，证券化项目评级较高，在发行过程中都获得了投资者的积极认购。发行成本相比于同期银行贷款优势明显。以交银金融租赁为例，项目发行金额为 10. 12 亿元，分为优先 A 档资产支持证券、优先 B 档资产支持证券和次级档资产支持证券。

通过资产证券化进行融资的方式是通过一项或多项资产来获得资金，其所影响的只是金融租赁公司资产负债表的资产项，并不会改变金融租赁公司资产负债表结构。与一般的债务性融资相比，通过资产证券化融资能够提高资产的流动性，将长期资产转化为现金资产，合理配置长期资产在总资产中所占比例，优化资产负债结构，降低金融租赁公司资产负债率，提高公司的资产周转率。资产证券化不仅能够盘活租赁公司流动性较低的资产，将中长期资产短期化，解决流动性问题，而且能够在较短的期限内实现一次性融资。

拓宽融资渠道，与传统的债务融资模式相比，资产证券化融资作为直接融资的典型代表，不会受到资产规模、赢利能力等经营指标的影响，显著的优势使得资产证券化逐渐成为金融租赁公司融资渠道的新选择。

在资产证券化过程中，主要通过特有的结构化处理和信用增级方式，增强向投资者发行的证券本金和利息的现金流稳定性，从而降低融资成本。

（三）互联网金融创新

自2006年以来，中国金融租赁业的发展速度迅猛，2015年下半年受相关政策的影响，业务量有所波动，但从业务总量来看，到年底接近3.2万亿元，较之2014年的2.1万亿元，增长约50%，“十三五”期间，随着金融创新改革的不断深化，我国的金融租赁业还有广阔的发展空间。随着创新型融资渠道的打开，到2020年金融租赁业务量或将超过12万亿元。该行业将逐步分担银行业在经济社会发展中的责任，成为支撑社会经济运作的资金供应渠道。

国有大型银行以及股份制银行长期以来的畸形发展，造成金融业过度集中的局面。随着互联网时代的到来，互联网金融平台崛起，为大量中小企业解决了融资难的问题，调动了社会资金的流动性，盘活了居民手中的储蓄存款。

作为互联网金融与金融租赁结合的创新型平台，金融租赁债权众投平台以金融租赁公司和习惯购买理财产品的客户作为服务对象，降低客户在互联网平台购买理财产品的风险系数。由于传统融资渠道已经无法满足快速发展的行业需求，灵活高效的互联网金融有力拓展了金融租赁公司的融资渠道。

在许多发达国家，金融租赁作为一种全新的融资模式已经成为社会主要的融资渠道，在社会经济发展中起着举足轻重的作用。中国金融体系落后，金融制度不健全，一度造成银行业垄断金融市场的局面，近年来，非银行金融机构迅速崛起，互联网金融出现，都进一步加快了金融租赁公司在社会资本配置过程中的发展进程。

（四）天津金融租赁业扶助实体企业发展

2015年经济转型发展，“新常态”下金融租赁与实体经济的联系越来越密切，金融租赁服务涉及多个领域，包括飞机、海洋工程、医疗等多个行业。为实体经济的融资提供了便捷的渠道，极大地促进了实体经济的发展。

2015年天津市开展了金融租赁公司兼营保理、经营性租赁收取外币租金、售后回租外币支付设备款、外债意愿结汇、外汇资金集中运营管理等租赁创新政策试点，完成了“两头在外”的离岸飞机船舶租赁、不同类型租赁公司间联合租赁、银租联动批量化中小企业租赁、PPP 项下基础设施租赁、出表型租赁资产证券化、大飞机租赁资产转让、带租约租赁项目公司股权转让、境外发行外币债务等租赁业务模式创新。

工银金融租赁完成 30 架波音 737 采购订单；“租易通”服务在中小企业间有序开展，租赁公司、银行以及制造商的三方合作有效降低了中小企业获得设备的难度。目前工银金融租赁累计投放设备融资超 100 亿元。在绿色环保作为新的时代标签的情况下，兴业租赁将时代背景与自身业务特点结合，创新开发绿色公交、污水处理、集中供热、清洁能源、固体废物等绿色租赁产品，绿色租赁领域累计投放超过 500 亿元。

在航空、航运、海洋工程等优势行业发展的同时，天津金融租赁行业拓展业务范围的脚步不断加快，开始向医疗服务、节能环保、轨道交通等领域延伸，实现了产品服务多元化发展，融资能力仅次于资本市场和传统信贷市场。金融租赁保险业务的开展降低了金融租赁公司的经营风险，保险公司通过信用保险业务为金融租赁公司提供专业化风险管理。在跨境担保业务方面，金融租赁公司依法对外提供担保可自行办理担保合同签约，向境外支付担保费可直接在银行办理购付汇手续；境外公司为金融租赁企业提供本外币贷款担保，金融租赁公司可自行办理担保合同签约。这些利好政策都在很大程度上支持了实体经济的健康发展。

金融租赁行业的兴起为实体经济的发展特别是国际基础设施的建设提供了融资渠道。租赁行业在自身谋求发展的同时，与实体经济紧密结合，为中小企业和三农的融资拓宽了渠道，为稳定经济发挥了积极作用，为中国制造业在国际舞台上的发展提供了条件。

金融租赁的融资方式更加便捷灵活，能够根据企业的实际需求顺利完成需求与供给的对接，通过金融租赁平台可以建立快捷的“融资”“融物”渠道，为企业资金的优化配置提供便利，降低融资成本。中国经济正处于过渡的关键阶段，金融租赁弥补了传统银行信贷的不足之处，对宏观经济政策无法辐射的中小企业和三农，金融租赁起到了调节结构的作用，实体经济的发展和金融体系的改革创新发挥了推动作用。

三　2015年金融租赁业大事件

2015 年 9 月，国务院办公厅印发《加快海关特殊监管区域整合优化方案》（本报告以下简称《方案》）。对注册地在天津自贸区、广东自贸区的金融租赁公司提供支持。在现行相关税收政策前提下，对进口飞机、船舶和海洋工程结构等的金融租赁公司，根根据实际的物流需要实行海关异地委托监管。

2015 年是中国经济转型发展的关键阶段，经济下行压力持续增大。金融租赁业在宏观经济不景气的背景下，凭借独特的行业优势逆势增长，维持着高速发展。据中国租赁联盟和天津滨海融资租赁研究院统计，截至 2015 年底，全国金融租赁企业总数（不含单一项目公司、子公司和收购的海外公司）超过 4500 家，比 2014 年底增加近 2000 家；金融租赁合同余额超过 4. 4 亿元，比上年增长约 37. 5%，作为全新的融资渠道，金融租赁业成为经济增长新的突破点，在天津、上海、北京、广州等地已成为经济发展一个主流支撑。

2015 年 4 月 21 日，天津、广东、福建三大自贸区同时挂牌运营，金融租赁业作为重点发展行业得到了政策支持。其中，“金改 30 条”政策在天津自贸区的实施为京津冀协同发展过程中天津特色优势的发挥提供了政策支持。

2015 年 12 月 12 ~ 13 日，2015 年中国租赁年会在天津召开，此次年会以“共筑租赁强国梦”为主题，由中国租赁联盟及上海、天津、广东、福建自贸区相关片区联合主办。为推动全国金融租赁更好地发展，与会人员就租赁行业目前的问题以及未来的发展方向进行了讨论。

四　天津金融租赁市场的展望

目前，产能过剩仍然是制约着我国经济发展的因素，我国处于经济结构转型的关键时期，展望2016年，在中央相关政策的支持和引导下，天津自贸区、福建省以及陕西省等地迅速响应，在经营效益、融资功能和交易规模等方面天津市的金融业都实现了长足发展。在稳中有进的经济改革过程中，天津市已经凭借自身的优势成为全国融资租赁的示范聚集区。

2016年，天津市将紧抓“三期叠加”战略机遇，加快建设服务完备、机构聚集、政策完善的国家金融创新示范区，推动金融租赁业实现更大发展。

1. 监管力度

监管力度的加强促使金融租赁业规范化发展。近几年，天津金融租赁公司的数量实现了井喷式增长，涌现了很多优质公司。随着监管力度的加强，天津金融租赁业的发展将会更加规范化，金融租赁公司的整体业务质量将提高，从而为支持实体经济的发展提供有力支持。

2. 信用风险

天津市金融租赁业的整体行业信用风险保持较低水平。在不同的细分行业风险程度有所区别，例如，产能过剩的传统周期性行业信用风险相对较高；一些弱周期行业拥有核心竞争力以及国家经济政策的支持，市场前景广阔，金融租赁公司比较容易把控风险。天津的金融租赁主要集中在高端装备制造业，因此相对于全国的金融租赁市场信用风险较小。

3. 重组并购

2015年，全球并购重组热潮愈演愈烈，2016年天津金融租赁业将在并购重组的大背景下，进一步加快并购重组和资本运作的进程。经过几年的积淀发展，自贸区和保税区已经拥有很多具有一定业务规模的金融租赁公司，这类公司之间通过并购重组实现强强联合，将会促进天津金融租赁的产业集聚。一些大型金融租赁公司拥有资金实力雄厚的股东背景，往往积极寻求公司的国际化发展机遇，在努力拓展自身业务的同时，寻找能与之匹配的并购对象，如渤海租赁的全球化收购运作逐渐增多。

4. 融资渠道

天津融资租赁行业的蓬勃发展，在带动地方经济发展的同时，为天津中小企业的融资带来新的机遇。金融租赁公司数量以及质量的提高，有助于企业降低经营成本。此外，短融、中票、企业债、公司债等债务融资工具将得到迅速发展，ABS支持租赁公司盘活存量资产，全新融资工具的陆续推出，将提升金融租赁公司的融资能力。相关政策的大力支持、融资工具发行的注册审批流程不断简化以及融资渠道的多元化将助力金融租赁公司的发展。

5. 互联网金融

互联网金融在金融租赁行业的应用过程中，逐渐暴露出利率过高、期限结构不合理、信息不对称等问题，加之监管体系不完善，P2P平台的风险事件频发。在未来的天津金融业发展中，互联网金融与金融租赁的结合将会更加合理、更加规范。

专 题 篇

Special Research Reports

·天津金融发展研究·

B.12

我国区域金融视野下的天津金融发展

摘 要： 2015年，全国各地区金融运行总体平稳，各项改革创新加快推进，社会融资规模平稳较快增长，直接融资占比上升。本报告立足区域金融视角，考察天津金融业、金融市场在全国及东部地区的规模占比和相对增速，反映天津金融业、金融市场在全国及我国东部地区的位置，介绍天津与我国其他地区之间的资金流动状况，分析天津社会融资结构的特征，考察天津金融改革创新和金融生态建设在全国的位置。

关键词： 天津金融 区域金融 融资结构 金融生态

一 引言

2015年，我国经济增速下行压力较大，供求的结构性矛盾突出。按照中央部署，中国人民银行主动适应经济发展“新常态”，继续实施稳健的货币政策，维护适宜的货币金融环境，为经济结构调整创造有利条件。从区域金融运行情况看，各地区贯彻落实稳健的货币政策，金融业运行总体稳健，区域金融改革持续推进。面对复杂的经济形势，我国东部地区（包括北京、天津、河北、上海、江苏、浙江、福建、山东、广东和海南10个省或直辖市）率先调整，金融运行效率有所提高，金融服务实体经济的能力有所改善。作为东部10省市之一的天津，2015年加快金融改革创新步伐，重点推进金融创新运营示范区和天津自贸区建设，努力提升金融支持实体经济的作用，金融机构稳健发展，金融市场平稳运行，金融生态环境持续优化，为区域经济升级营造了良好的货币金融环境。

本报告立足区域金融视角，逐层介绍2015年全国、东部和天津的金融业和金融市场发展概况，考察天津金融业、金融市场较全国及东部地区的规模占比和相对增速，勾勒天津金融业、金融市场在全国及我国东部地区的位置，这有助于把握天津金融运行发展的特征和环境，挖掘天津金融未来发展的潜力。具体来看，本报告首先分析了天津银行业、证券业、保险业的总体规模和增长水平在全国及东部地区所处位置；其次介绍了天津与我国其他地区之间的资金流动状况，分析了天津社会融资结构的特征；最后介绍了天津金融改革创新和金融生态建设在全国的水平。

二　天津银行业在全国的位置

2015年，据统计全国各地银行类金融机构网点数为22.1万个，同比增长1.4%；银行从业人员数为379.0万人，同比增长1.8%；资产总额为174.2万亿元，同比增长12.6%。从各省份数据来看，北京、上海、江苏、广东、浙江这5个经济较为发达的省份银行业资产总规模在全国银行业资产中占比超过40%；北京、福建、贵州、海南和西藏五省份银行业资产总额增长速度最快，资产总额均同比增长超过20%。2015年，天津银行业资产规模占全国的2.6%，银行业资产总额同比增长速度达到5.8%。

2015年，全国各地区地方法人银行业机构开始快速增长。金城银行是天津市第一家民营银行，也是国内第一批5家民营银行试点之一。2016年初，天津银行成功在香港联交所主板上市，成为天津市首家登陆香港资本市场的金融企业，也是继青岛银行、郑州银行、锦州银行等银行在联交所主板挂牌的第8家城商行。

2015年，全国外资银行发展稳定，主要聚集在东部地区，西部地区外资银行数量较少。2015年末，全国法人外资银行总计52家，分别在27个省份建立分支机构；外资银行机构总数为1006个，相比去年出现减少的态势，减少个数为2个；资产总额同样也出现下滑，同比下降1.8%，为2.7万亿元。2015年末，天津拥有法人外资银行1家，全国法人外资银行数量的1.9%；外资银行机构56个，占全国外资银行金融机构数量的5.6%；资产总额869.2亿元，占全国外资银行资产总额的3.2%。

（一）各地区存款平稳增长，存款结构有所变化

2015年末，全国本外币存款余额同比增长12.4%，达到139.8万亿元，增速相比去年下降0.2%。从各地区来看，2015年末东部地区本外币存款余额同比增长11.8%，较去年下降0.3%（见图1），但全国银行体系主要存款来源仍然是东部地区，占全国存款余额的58.7%。2015年末，天津本外币存款余额28149.4亿元，占东部地区存款余额的3.4%，占全国存款余额的2.0%；同比增速为11.9%，比东部地区高0.1个百分点，比全国低0.5个百分点。

2015年，全国各地区住户存款增速在经历短暂下降后开始上升，非银行业金融机构存款和非金融企业的存款增长速度都普遍加快。2015年，天津市金融机构本外币各项存款同比多增1552.31亿元，增加额达到2969.13亿元。其中，非金融企业存款增加1349.92亿元，同比多增973.50亿元；住户存款增加404.02亿元，同比多增130.43亿元；广义政府存款增加142.62亿元，同比少增295.66亿元；非银行业金融机构存款增加1058.77亿元，同比多增750.62亿元。

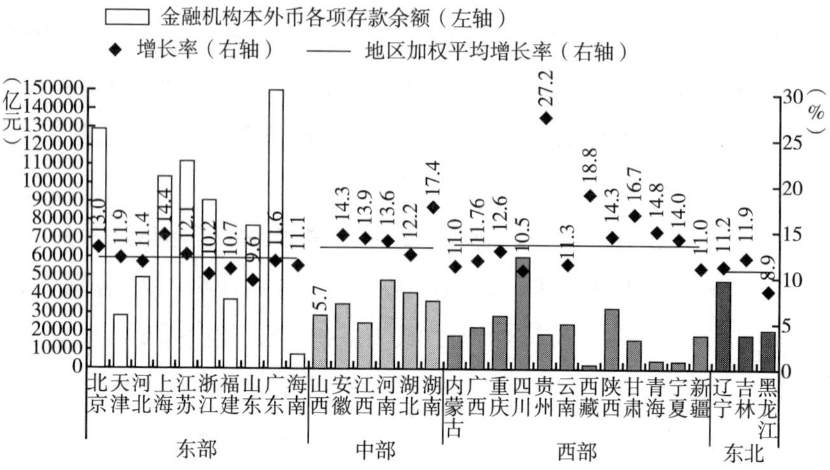

图1　2015 年末各地区金融机构本外币各项存款余额及增长率

资料来源：2015 年中国区域金融运行报告。

（二）各地区贷款增长总体平稳，信贷结构有所调整

2015 年末，全国本外币贷款余额 99.3 万亿元，同比增长 13.4%，增速同去年相比没有大的变化。从不同地区来看，东部地区同比增长 11.0%，相比去年末下降 0.2%。2015 年末，天津本外币贷款余额 25994.7 亿元（见图 2），占东部地区外币贷款余额的 4.9%，占全国外币贷款余额的 2.6%；同比增速为 11.8%，比东部地区高 0.8 个百分点，比全国低 1.6 个百分点。

2015 年，受住房贷款、汽车贷款等拉动，天津市消费贷款增长较快。2015 年，天津市各类金融机构本外币各项贷款总额增加同去年相比增加 306.18 亿元，达到 2664.92 亿元。其中，非金融企业及机关团体贷款增加 2108.35 亿元，同比多增 119.15 亿元；住户贷款增加 512.19 亿元，同比多增 188.27 亿元；非银行业金融机构贷款出现下降，贷款额下降到 13.65 亿元，同比减少 46.36 亿元。

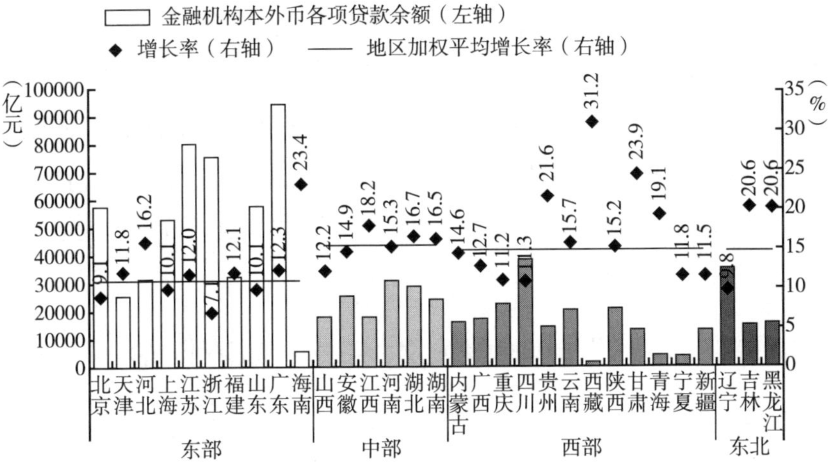

图 2　2015 年末金融机构本外币各项贷款余额及增速

2015 年，全国各地区银行业金融机构持续增加对国民经济薄弱环节的支持，坚持盘活存量、用好增量的政策方针。2015 年，天津财政出资 60 亿元用于中小微企业贷款风险补偿，以降低银行业为中小企业提供贷款的风险。

（三）银行业金融机构改革取得新进展

民营金融机构平稳运行。截至 2015 年末，全国新成立民营银行 5 家、民营金融租赁公司 7 家、民营企业集团财务公司 33 家和民营消费金融公司 2 家。上海华瑞银行、深圳前海微众银行、天津金城银行、温州民商银行和浙江网商银行 5 家民营银行重新寻找市场定位，将发展有差异的特色业务作为经营重点，经营状况总体处于平稳状态，年末资产规模为 794 亿元，负债规模为 651 亿元。金城银行自 2015 年 4 月 27 日挂牌至 2016 年 4 月 27 日的一年时间内，资产总额超过 80 亿元，一般性存款合计超过 100 亿元，贷款余额合计突破 50 亿元。2015 年，天津的金融租赁公司、财务公司、汽车金融公司数量均有所增加。

三　天津证券业在全国的位置

2015年证券期货市场交易活跃，A股市场筹资额增长较快。证券业机构加快发展，资产管理规模快速增长。资本市场改革继续推进，信息披露、新股发行等基础性制度进一步完善。“新三板”挂牌公司数量迅速增长，服务实体经济能力有效提升。

（一）“新三板”市场快速发展，股票市场剧烈波动

“新三板”挂牌公司数量增加速度较快，东部地区上市公司数量居首。2015年末，“新三板”挂牌公司总数已经多达5129家，其中新增3557家，增长速度超过60%。分省份看，“新三板”挂牌公司数量在100家以上的有北京、江苏、上海、浙江等12个省份，合计占比65.6%。2015年，天津“新三板”挂牌公司数增加到92家，比年初增加51家。挂牌公司数占全国的1.8%。

2015年末，在沪深A股和B股市场上市的公司总数达到2827家，比去年末新增214家，其中，中小板上市公司比去年末增加44家，创业板上市公司数比去年末增加86家。从各地区上市公司数量分布来看，东部地区数量最多，占总上市公司数量的66.1%，其中上市公司数量超过200家的省份有浙江、上海、江苏、广东、北京。2015年，天津辖区内上市公司数量为42家，上市公司数量较去年没有变化，境内上市公司数占全国的1.5%，占东部地区的2.2%。

2015年，各行业企业和金融机构通过境内外股票市场融资金额总计1.1万亿元，融资主要通过股票发行、股票增发、配股、权证行权等方式，融资总额较去年增长60.4%，其中A股市场筹资占很大比重，融资金额达到8518亿元，较去年增长75.9%。东部地区企业在A股市场筹资额上升较快，占全国比重较去年上升2.7个百分点。“新三板”挂牌公司全年股票融资金额大幅增加，达到1216.2亿元，同比增长820.7%。

2015 年，天津上市公司 A 股筹资 129.4 亿元，“新三板”发行股票融资 9.56 亿元，分别占当年全国 A 股筹资额、“新三板”股票融资额的 1.5%、0.8%。

2015 年，股票市场出现剧烈波动。股票市场指数在上半年快速上涨，沪指一度超过 5000 点，投资者杠杆上升较快。6 月中旬以来，市场波动增大，出现了较大幅度下跌。在相关部门综合应对下，较去年增加 31.7%。截至 2015 年末，天津市辖区内上市公司发行总股本数达到 544.8 亿股，流通股本 488.17 亿股；总市值 6221.4 亿元，比年初增长 16.9%；流通市值 5350.97 亿元，比年初增长 18.3%。

（二）证券业机构加快发展，资产管理规模快速增长

2015 年末，全国证券公司数总计 125 家，总资产规模达到 6.4 万亿元，较去年增长 57%；拥有公募资格的资产管理机构总计 112 家，其中 101 家为基金管理公司，公募基金管理规模大幅增加，达到 8.4 万亿元，较去年增加 85%；期货公司总计 150 家，总资产规模达到 932.2 亿元（不含客户权益），较去年增加 30%，净资本规模达到 600.4 亿元；私募基金管理机构（已登记）总计 2.5 万家，基金认缴规模也大幅增加，达到 5.1 万亿元，较去年增长 138%。分地区看，东部地区证券公司、基金公司、期货公司数量分别占全国的 69.6%、98.0%、73.3%。

从天津情况看，2015 年，天津辖区内证券公司法人机构 1 家，期货公司法人机构 6 家，基金公司法人机构 1 家，私募基金管理机构（已登记）499 家。2015 年，天津证券公司、基金公司、期货公司数量分别占全国的 0.8%、1.0%、4.0%，占东部地区的 1.1%、1.0%、5.5%。2015 年，天津私募基金管理机构（已登记）占全国的 2.0%。2015 年末，渤海证券总资产规模达到 451.73 亿元，比年初增长 96.7%。2015 年末，天弘基金开放式基金资产净值 6739.30 亿元，比年初增长 14.3%。2015 年末，天津市法人期货公司总资产规模达到 61.00 亿元，比年初增长 46.3%。

（三）资本市场改革深入推进，区域性股权市场定位明确

2015 年末，全国共设立 37 家区域性股权市场，较去年增加 2 家；在这些股权市场挂牌的股份公司总计达到 3375 家，较去年增加 53.4%；参与企业总计 4.2 万家，较去年增长将近 200%；该市场为企业融资累计达到 4331.6 亿元，同比增长近 3 倍。2015 年末，天津股权交易所挂牌企业已经达到 706 家，同比增长 28.1%。

四 天津保险业在全国的位置

（一）保险业发展势头强劲，行业实力不断增强

2015 年末，全国保险法人公司总计 182 家，较去年增加 4 家；保险公司分支机构总计 1723 家，较去年增加 138 家。保险业总资产保持较快增长，2015 年末总资产规模共计 12.4 万亿元，较去年增加 21.7%；净资产规模总计 1.6 万亿元，较去年增长 21.4%。在全世界保险市场排名中，中国保险市场排第 3 位，对国际保险市场增长贡献度在各国中居第一位。2015 年，天津保险法人公司总计 6 家，占全国的 3.3%，占东部地区的 3.8%；保险公司分支机构总计 61 家，占全国 3.5%，占东部地区的 7.7%。天津保险业总资产规模为 1556.9 亿元，较去年增长 13.6%，低于全国平均增长速度。

2015 年，全国保费收入快速增长。保险业全行业保费收入（原保费收入，下同）超过 2.4 万亿元，较去年增加 20%，增速较去年提高 2.5 个百分点。从地区来看，东部保费收入较去年增加 18.8%，增速较去年提高 1.2 个百分点。从各省份看，有 9 个省份保费收入超过千亿元，总计占全国保费总收入的 58.8%。9 个省份分别为广东、上海、山东、浙江、河南、北京、四川、江苏、河北。

2015 年，天津保险业保费收入总计 398.3 亿元，较去年增加 25.4%，增速较去年提高 10.6 个百分点。保费收入占全国保费总收入的 1.7%，占东部地区的 3.1%。

（二）人身险业务增长较快，财产险业务增势趋缓

2015 年，全国人身险保费收入总计 1.6 万亿元，较去年增加 25.0%，增速较去年提高 6.6%。东部地区人身险保费收入同比增长 22.3%。从各省来看，共有 4 个省份人身险保费收入超过千亿元，合计占全国的比重为 33.8%，分别为北京、山东、江苏和广东。2015 年，天津人身险保费收入总计 275.18 亿元，较去年增加 33.4%，增长速度高于全国和东部地区平均水平。

2015 年，全国财产险保费收入总计 8423.3 亿元，较去年增加 11.7%，增速较上年下降 4.3 个百分点。东部地区财产险保费收入较去年增加 12.3%，增速较上年下降 3.3 个百分点。从各省份来看，共有 4 个省份财产险保费收入超过 500 亿元，合计占全国的比重为 35.2%，分别为江苏、广东、浙江和山东。2015 年，天津财产险公司保费收入总计 123.16 亿元，较去年增长 10.4%，增长速度低于全国和东部地区平均水平。

2015 年，农业保险全面升级了保险条款，拓宽保险责任、降低保险费率、提高保障水平、规范赔付标准、简化理赔流程，对“三农”发展起到有效促进作用。2015 年全年农业保险保费收入总计 374.9 亿元，较去年增加 15.1%，增速较去年提高 8.8 个百分点，参保农户 2.3 亿户次。2015 年，天津农业保险保费收入总计 2.57 亿元，较去年增加 30.3%，增长速度高于全国平均水平。

（三）保险赔款给付支出保持较快增长，经济补偿和民生保障功能增强

2015 年，保险业原保险赔款给付支出总计 8674.1 亿元，较去年增加 20.2%，增速较去年提高 4 个百分点。其中，财产险赔付总计 4194.2 亿元，较去年增加 10.7%；人身险赔付总计 4479.9 亿元，较去年增加 30.7%。东部地区各类保险赔付总计较去年增加 24.5%，增速较去年提高 8.1 个百分

点。2015 年，天津保险业各类保险赔付总计 139.53 亿元，较去年增加 33.7%，增速较去年提高 31.4 个百分点，并积极办理了“8.12”事故赔付。

（四）保险密度持续上升，保险深度继续提高

2015 年，全国保险密度为 1766.5 元/人，较上年提高 287.2 元/人。分地区看，东部、东北、中西部保险密度逐渐递减。分省份看，北京、上海和浙江依旧居前 3 位，其中北京、上海明显领先其他省份。2015 年，全国保险深度为 3.59%，较上年提高 0.41 个百分点。分地区看，东部、东北、西部和中部地区保险深度逐渐递减，全国 26 个省份的保险深度在 2%～4%，北京、上海和山西保险深度分别为 6.3%、4.5% 和 4.4%，居全国前 3 位。2015 年，天津保险密度达到 2575.0 元/人，保险密度为 2.4%，分别比 2014 年提升 480.1 元/人和 0.4 个百分点。

五　各地资金流向和融资结构

（一）银行间市场交易量大幅增长，天津由资金融出地变为融入地

2015 年，银行间市场累计成交 608.8 万亿元，同比增长 101.3%，增速较上年上升 72.8 个百分点。其中，东部地区交易量同比增长 104.5%。分省份看，北京、广东、上海、江苏、浙江交易量合计超过全国的 71.7%；贵州、江西和重庆交易量增速位居全国前 3，同比分别增长 323.3%、201.6% 和 187.6%。2015 年，天津由净融出转为净融入[①]，当年净融入 2.4 万亿元（见图 3）。

---

① 指银行间市场上同业拆借、质押式回购、买断式回购和现券买卖交易形成的资金净融入或净融出。

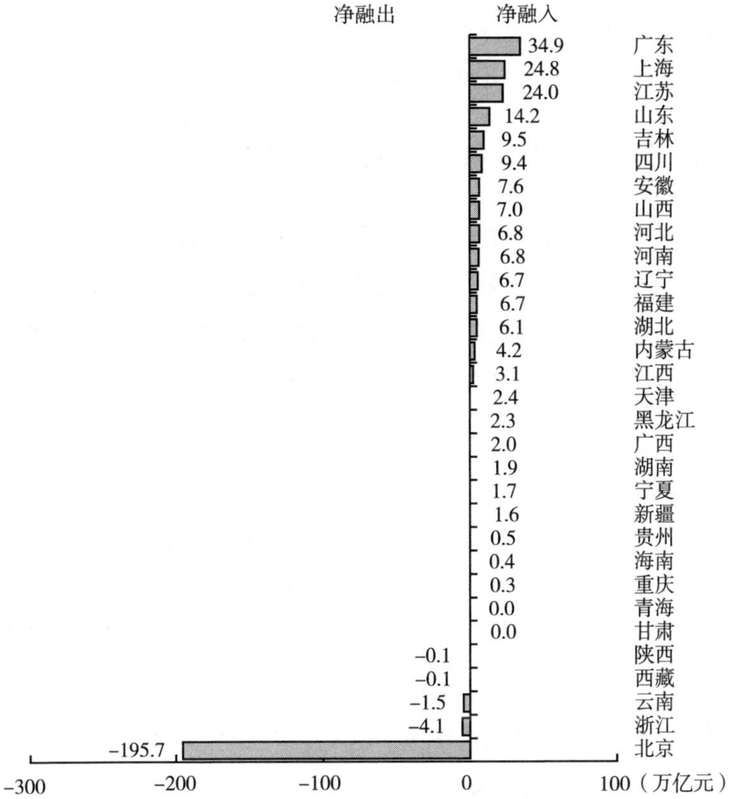

图3　2015年货币市场资金净融入（净融出）情况

资料来源：2015年中国区域金融运行报告。

（二）票据融资快速增长，贴现利率大幅下行

2015年，全国票据承兑业务小幅增长，东部地区发生额占比上升。2015年，企业累计签发商业汇票22.4万亿元，同比增长1.3%。天津银行承兑汇票累计发生额达10199.2亿元，同比增长10.8%。票据融资快速增长，东部、西部和东北地区发生额占比提高。2015年，金融机构累计完成票据贴现102.1万亿元，同比增长68.2%。东部地区票据贴现累计发生额占全国比重达到65.6%，较上年提高1.2个百分点。2015年，

天津票据贴现累计发生额达 5170.3 亿元，同比增长 24.3%。2015 年，票据市场利率下行。从天津情况看，2015 年银行承兑汇票贴现利率从第 1 季度的 5.47% 下降到第 4 季度的 3.40%。

（三）社会融资规模总体适度，直接融资占比上升

2015 年末，全国社会融资规模存量为 1381000 亿元，同比增长 12.4%，初步统计，全年社会融资规模增量为 154000 亿元，比上年少增 4675 亿元，主要是受外币贷款、委托贷款、信托贷款和未贴现银行承兑汇票等下降的影响，同时，存量政府债务置换也压低了社会融资规模。2015 年，天津社会融资规模为 4473.8 亿元，比上年减少 345.3 亿元。2015 年，天津社会融资规模增量占全国的 2.9%，占东部地区的 5.4%。

2015 年，企业债券和非金融企业境内股票融资占同期社会融资规模增量的 24.0%，比上年提高 6.7 个百分点。2015 年，天津企业债和非金融企业境内股票融资合计 1046.0 亿元，占其社会融资规模增量的 23.4%。各地区融资工具创新力度不断加大。2015 年 9 月，天津成功发行全国首笔保障房中期票据，为棚户区改造提供资金支持。2015 年，天津以委托贷款、信托贷款和未贴现银行承兑汇票方式融资合计 808.0 亿元，占其社会融资规模增量的 18.1%。

六　天津金融创新在全国位置

（一）自贸区金融改革深入推进，区域金融改革步伐加快

2015 年，我国 4 个自贸区金融改革不断深化。上海自贸区出台“金改 40 条”；广东自贸区提出金融支持自贸区建设 30 项措施；福建自贸区推出扩大人民币跨境使用 22 项创新业务；天津自贸区实施 6 条 11 项措施支持扩大人民币跨境使用，深化资本项目可兑换、外债宏观审慎管理改革，拓宽租赁业投融资渠道，打造京津冀高水平对外开放平台。

（二）跨境人民币业务深入发展，创新业务稳步推进

跨境贸易和投资人民币结算业务稳步推进，东部地区结算额占比居首位。2015 年，银行累计办理跨境贸易人民币结算业务 7.2 万亿元，同比增长 10.4%；天津办理跨境贸易人民币结算业务 3111.0 亿元，占全国的 4.3%，占东部地区的 5.0%。2015 年，天津、上海、山东、广东、海南人民币跨境直接投资结算额同比均实现较大增幅。

2015 年，跨境人民币创新业务试点工作在全国 15 个地区实施。个人货物贸易和服务贸易跨境人民币结算、跨国企业集团跨境双向人民币资金池和经常项下跨境人民币集中收付、跨境电子商务人民币结算业务等创新业务已推广至全国。2015 年 11 月，天津生态城企业在新加坡发行人民币债券 10 亿元，实现境外发行人民币债券零的突破。

七　天津金融生态在全国位置

（一）征信及社会信用体系建设稳步推进

征信服务实体经济成效明显。2015 年，金融信用信息基础数据库累计收录 8.8 亿自然人、2120 万户企业及其他组织，全年分别提供个人和企业信用报告查询 6.3 亿次和 0.9 亿次。小微机构与互联网技术结合愈发紧密，接入服务平台试点数量显著增长。应收账款融资服务平台促成融资交易金额达 14000 亿元，有效缓解中小企业融资难问题。2015 年，全市 19 家小额贷款公司和融资性担保公司试点接入金融信用信息基础数据库。此外，各地社会信用体系建设取得新进展，天津、河北、福建、宁夏相继出台《社会信用体系建设规划》。

（二）支付结算体系更加便捷高效

第二代支付系统全面铺开，中部和西部地区支付业务占比上升。2015

年，第二代人民币跨境支付系统日趋完善，主要体现在兼顾大额与小额支付、人民币国内与国外支付。2015 年，天津市支付体系建设持续完善。大额支付系统仍占支付清算各系统的主体地位，同城票据清算量进一步萎缩，电子化支付方式的替代作用逐步显现，非现金支付工具发展势头良好。天津市支付机构业务发展迅速，支付机构收单业务已基本与传统银行业平分银行卡受理市场。

（三）金融消费权益保护更加有力

2015 年 11 月，《关于加强金融消费者权益保护工作的指导意见》发布，支持建立多方分工负责的金融消费者权益保护机制。2015 年，天津市有 73 家银行业金融机构上线运行央行的金融消费权益保护信息管理系统。此外，各金融机构开展投诉分类标准应用试点，“12363”金融消费权益保护咨询投诉热线顺畅运行。目前，天津市已构建“12363”投诉热线、12363@126.com 投诉邮箱、金融消费权益保护信息管理系统等多维度的金融消费权益保护基础设施。

八　总结和展望

本报告从区域金融视角考察天津金融业、金融市场在全国和东部地区的位置，丰富了认知天津金融运行状况的维度，有助于加深对天津金融业发展状况的理解。

第一，全国及天津的银行业。2015 年，全国各地区银行业运行平稳，地方法人银行业机构快速成长，商业银行加权平均资本充足率和流动性比率有所上升，分层有序、差异化竞争的存款定价格局逐步显现，存款保险制度平稳实施。从天津情况看，2015 年天津银行业资产规模占全国的 2.6%，占东部地区的 4.5%。2015 年末，天津本外币存款余额 28149.4 亿元，占全国的 2.0%，占东部地区的 3.4%，同比增速为 11.9%，比全国低 0.5 个百分点，比东部地区高 0.1 个百分点。2015 年末，天津本外币贷款余额 25994.7

亿元，占全国的2.6%，占东部地区的4.9%，同比增速为11.8%，比全国低1.6个百分点，比东部地区高0.8个百分点。天津本外币存贷款增速处于东部地区前列。金城银行成为国内首批5家民营银行试点之一，目前运营平稳。

第二，全国及天津的证券业。2015年，全国各地区证券业机构资产管理规模、“新三板”挂牌公司数量和筹资额大幅增长。从天津情况看，2015年末，渤海证券总资产451.73亿元，比年初增长96.7%。2015年末，天弘基金开放式基金资产净值6739.30亿元，比年初增长14.3%。2015年，天津上市公司A股筹资129.4亿元，“新三板”发行股票融资9.56亿元，分别占当年全国A股筹资额、“新三板”股票融资额的1.5%、0.8%。2015年，天津“新三板”挂牌公司数达到92家，比年初增加51家，挂牌公司数占全国的1.8%。

第三，全国及天津的保险业。2015年，全国各地区保险业保费收入增速进一步提高，经营效益提升，费率市场化等改革创新加快推进。从天津情况看，2015年，天津保险业实现保费收入398.3亿元，同比增长25.4%，增速较上年提高10.6个百分点。2015年，天津保费收入占全国的1.7%，占东部地区的3.1%。

第四，全国及天津的资金流动和融资结构特征。2015年，全国银行间市场累计成交608.8万亿元，同比增长101.3%，增速较上年上升72.8个百分点，交易量大幅增长。从天津情况看，2015年，天津由资金融出地变为融入地，当年净融入2.4万亿元。2015年，我国社会融资规模总体适度，直接融资占比上升。从融资规模看，2015年，天津社会融资规模占全国的2.9%，占东部地区的5.4%。从融资结构看，2015年，天津企业债和非金融企业境内股票融资合计1046.0亿元，占其社会融资规模增量的23.4%，低于全国0.6个百分点。

第五，全国及天津的金融创新。2015年，互联网金融主要业态快速发展，互联网企业多渠道进入金融领域，传统金融机构加快互联网布局。4个自贸区和5个国家级金融综合改革试验区在跨境人民币业务、财富管理、农村金融服务和沿边地区对外经贸往来便利化等方面开展有益探索。从天津情况看，2015 年，天津自贸区实施 6 条 11 项措施支持扩大人民币跨境使用，深化资本项目可兑换、外债宏观审慎管理改革，拓宽租赁业投融资渠道，打造京津冀高水平对外开放平台。

第六，全国及天津的金融生态环境。2015 年，全国各地区金融生态环境进一步优化，中小企业和农村信用体系建设全面推进。从天津情况看，2015 年，天津出台《社会信用体系建设规划》，征信及社会信用体系建设稳步推进。

展望 2016 年，全国各地区金融业将继续贯彻落实稳健的货币政策，保持货币信贷和社会融资规模合理增长，为区域经济发展和供给侧结构性改革营造中性的货币金融环境，进一步盘活存量、优化增量，改善社会融资结构和信贷结构，认真落实“去产能、去库存、去杠杆、降成本、补短板”各项任务部署，更有力地支持区域经济转型升级。

2016 年，天津金融业将保持稳健运行态势，社会融资总量适度增长，金融支持实体经济、小微企业和产业结构调整的力量进一步增强。天津将继续加快金融改革创新，巩固扩大金融租赁、商业保理、互联网金融等新型业态优势，大力发展直接融资，集聚更多金融要素资源，切实防范金融风险，加快金融创新运营示范区建设，同时，继续落实金融支持自贸区建设政策，完善中小微企业贷款风险补偿机制，推进企业上市和直接融资，以金融发展支持京津冀协同发展取得实质进展。

B.13
DEA 模型下京津冀资源利用效率测评

摘　要：　目前，京津冀地区已成为新时期经济发展的重点区域。而城市作为区域发展的主要成员，是实现地区整体发展的动力之源。基于此，本报告将研究范围界定为由京津冀地区的10个主要城市（北京市、天津市、承德市、秦皇岛市、唐山市、张家口市、廊坊市、保定市、沧州市和石家庄市）形成的都市圈，对其在建设开发过程中的城市资源利用效率进行测评。由于目前对“城市资源利用效率”没有统一定义，在参考近10年国内外权威文献的基础上，本报告选择运用投入主导型的DEA模型构建评价指标体系，对2012～2014年资源利用效率分解下的综合效率（*CRSTE*）、纯技术效率（*VRSTE*）以及规模效率（*SE*）进行测度与评价，依次得到各城市的3个效率指标值与DEA有效性的连续分布情况。最后进行城市间的横向比较，揭示部分城市在发展过程中存在的问题，并给出相应的对策和建议。

关键词：　京津冀都市圈　资源利用效率　DEA模型

一　引言

纵观历史，北京、天津、河北三地构建“命运共同体”共同发展经济的概念由来已久。经历了30多年的改革开放历程，长期的自然发展状态使得区域内部的产业、经济分散化程度仍然较高。同时，随着在原有的“计划经济”体制下的不公平、不合理因素逐渐暴露出来，问题具体表现在对各项资源的不合理利用使得效率低下，难以评价与改善。归根结底，还是京津冀地区内部各城市之间的合作意识没有被很好地激发出来，导致产业之间的衔接程度较弱，产业链上的联系也不够紧密，进而影响地区内部各城市之间资源的有效流通与转移，使得资源利用效率难以提高。在京津冀地区实现“跨越式”发展重要契机的今天，优化各方资源的合理利用尤为重要。

随着目前京津冀地区“经济第三增长极”定位的确立，国家宏观政策新型趋向逐步出现，加之当下市场力量的不断强化，资金、技术、人才资源大量定向聚集，为三地经济的快速发展开创了崭新局面。这也必将形成一种良性循环，以促进带动促进，加快共赢局面的实现。同时我们也应看到，天长日久的行政区域划分体制形成了一道道无形而又难以僭越的“区域壁垒”。各地区长期以追求本地区利益最大化为最终目标，由此滋生地区保护主义，导致产业趋同而合作不足，加速了市场分割，使城市对于资源利用的效率无法有效提升。

要实现京津冀地区经济实力的整体提升，必须要打破已经存在的这种“区域壁垒”，从而实现区域内统一分工和协作，形成统一大市场。习总书记在 2014 年 2 月的专题报告会上就“京津冀协同发展”问题提出了 7 个发展思想：一是要加强“顶层设计”，规范产业间的分工与功能确认，并依照政策动向使各项措施具体化；二是要增强实现产业升级的推动力，摒弃传统理念，充分激发地区经济的“内驱力”；三是要加快推进产业间的“无缝对接”，从而实现产业布局合理，产业链流畅灵活，避免产业同构、同质的现象；四是要不断调整地区内的发展节奏与整体布局，增强发展水平以及综合“负载力”；五是要扩大生态空间，加强在水污染、大气污染防治等领域的合作；六是要愈加重视区域视角下交通网络“便捷、可依赖、性能稳定、高承载、低消耗”几大目标的实现；七是要加快“市场一体化”的整体进程，同时消除一系列限制因素，实现生产各部分要素依照市场规律的发展进行科学合理的流动和配置。

作为下一步区域发展的重要决策支持，了解目前京津冀地区城市建设过程中主要资源的利用效率情况就显得尤为重要。而如何科学、合理评价都市圈在发展建设中对于各类型资源利用的有效性，一直以来就是一个莫衷一是的问题。结合上述背景，本文选择运用投入主导型 DEA 模型对 2012 ~ 2014 年京津冀地区 10 个主要城市发展过程中资源的利用效率进行测度与评价，并提出相应的未来发展建议。

二 文献综述

目前，国内外对于“资源利用效率”的研究较为分散，大多集中在对水资源、土地资源、粮食等自然资源的利用效率的分析上，少数涉及教育、医疗、生态、人力等社会资源，而针对城市发展过程中的“资源利用效率”尚无统一定义。此外，国内外在对于“相对效率”的相关问题研究中大多将“前沿分析法”作为首选。该方法主要由“参数法”和“非参数法”构成。其中，以“随机前沿分析”（SFA）和“数据包络分析”（DEA）最为典型。

对于 DEA 方法的普遍运用始于 1986 年。一开始方法运用的研究着眼点大多是城市的交通状况、物流特点等领域，而对于城市的资源利用效率方面的研究由于数据的缺乏几乎停滞不前。随着近几年数据变得易得和 DEA 方法的进一步演进、推广，采用 DEA 方法研究城市发展相关效率的文献也逐渐增多。如张晓瑞、宗跃光（2010）运用 DEA 模型原理研究了我国 30 个省会城市在开发过程中资源的利用效率情况；杨开忠、谢燮（2002）运用 DEA 模型就在技术使用方面我国省会城市（包括直辖市）的投入、产出效率进行了分析；孙秀丽等（2007）利用 DEA 模型相关原理评价了山东省 17 个城市发展的 DEA 相对有效性；王琦、华夏等（2014）运用 DEA 方法评价了京津冀地区科技资源的使用绩效；杨志荣、吴次芳（2009）采用 DEA 方法以我国 30 个省会城市为对象，研究分析了土地使用的经济效益；郭腾云、徐勇等（2009）综合DEA方法和Malmquist指数模型对中国特大城市在1990~2006年各生产要素资源的利用效率及其变化趋势进行了横向比较；李郇、徐现祥等（2005）通过对DEA模型的使用测度了中国200多个中等规模城市的效率值大小，并分析得出中国城市效率在较长时间跨度下的时空变化规律；李红锦、李胜会（2012）通过DEA方法联系实际对我国几个主城市群的“城市化效率”进行了实证研究记录；张庆民、王海燕等（2011）以我国十大城市群环境污染与资金投入的统计数据为样本，从投入、产出视角通过DEA方法对有关污染防治的一系列效率指标进行了实证研究；袁晓玲、张宝山等（2008）采用超效率DEA模型对中国15个主要城市在1995~2005年的城市效率值进行了“路演”研究，并给予了科学评价。基于对上述各文献的研究成果，本文选择运用DEA方法对能够反映资源利用效率的相关指标进行初步量化与测度，并给出合理化建议。

三　基于DEA方法的相关理论概述

（一）研究方法

DEA（Data Envelopment Analysis）方法即“数据包络分析法”，多用于检验两个及以上类型相同、多输入输出的决策单元在相同指标下的相对效率分布情况。数据包络分析法DEA方法是在1978年由查恩斯（Charnes）、库博（W. W. Cooper）和罗茨（E. Rhodes）首次提出的，其第一个模型用他们的名字命名，称为CCR模型。

（二）方法优劣性比较

DEA方法涉及经济学、计量经济学等领域，其核心思想是由若干组投入、产出的观测值对“生产前沿面”进行科学估计。从普遍角度来看，对于“生产前沿面”的确定主要采用以统计回归为主的一系列方法，但是在运用这些方法的过程中是将有效的与非有效的决策单元归为一类进行的，难以表现符合实际情形的“生产前沿面”。

相比之下，DEA 方法还具有如下 3 点优势。第一，依据现有的样本数据运用 DEA 方法进行处理可以快速得到最理想的效率水平。第二，使用 DEA 方法检验各决策单元是否实现 DEA 有效时，可排除数据量纲不一致对结果产生的影响。第三，如上所述，DEA 方法是一种非参数分析方法，在使用该方法时没有必要预先设定投入和产出之间的函数对应关系，也就是其具有类似“黑箱”的特性，在很大程度上规避了外在客观因素导致的对结果的影响和与随之产生的非系统性误差。

另外，在运用 DEA 方法对决策单元是否位于“生产前沿面”进行判断的同时，还可以获得很多非常宝贵的有效信息以运用到现实的情形上。以上优势表明，DEA 方法非常适合对城市发展过程中各项资源效率的测度与评价。当然，除了 DEA 方法之外，也存在很多侧重点不同的方法来对有效性进行评价，但其中绝大多数方法只适用于“单个输出”的情形。综合上述的优劣性比较我们可以知道，在处理本文以城市作为决策单元的多输入输出问题时运用 DEA 方法尤为适合。

四　京津冀都市圈现状分析

（一）京津冀都市圈范围界定

首先，介绍一下“区域经济”的整体概念。其概念具体包括国家与国际两个视角。本文主要选择阐述基于国家视角的区域经济。总体来看，区域经济协作发展的过程是一些在地理上具有邻近关系的地区，其内部相互之间通过拟定某些契约和条款，加强经济联系与合作，以逐渐消除区域内存在的“壁垒”，最终形成一个商品、资本、人力等一系列生产要素自由流通的统一经济区域和“命运共同体”。其目的是通过区域成员之间的分工协作形成一个具有交互能力的“区域系统”，以便更加合理地利用有限资源，促进区域经济的共同繁荣。除了地域关系的因素之外，区域经济的划分也要从国情出发，应本着发挥区域成员比较优势的前提，根据区域内存在的发展差异和特色，以最终扩大区域市场、加强经济联系为目标进行战略性经济区域划分。

其次，京津冀地区的区域经济想要实现发展，就必须定位准确。其中以“点”带“面”的发展模式较为亮眼。该模式主要采用“2+8+4”的发展格局，以期推动区域内主要成员“节点”即2个核心城市（北京市、天津市）、8个次中心城市（石家庄市、唐山市、秦皇岛市、承德市、张家口市、廊坊市、保定市和沧州市）和4个新兴地区（天津滨海新区、北京顺义区和通州区、河北唐山曹妃甸）的发展。各成员应充分发挥各自的比较优势，实现错位式提升。具体来说，京、津“双核”应着眼于引领三地提升经济实力，强化“上游”的辐射功能；8个次中心城市应承接京、津两地的辐射效果，并依照各自的比较优势和“区域一体化”原则，疏解京、津两地目前过于集中的城市功能；同时积极推动4个新兴地区的发展。综上所述，再考虑数据收集的难易程度与研究问题的系统性，本文选择京津冀区域中由10个主要城市构成的“2+8”都市圈为研究范围进行相关问题研究。

（二）京津冀、长三角和珠三角地区主要指标比较

众所周知，我国对区域经济的探索过程早在20世纪80年代就悄然兴起。“京津冀协同发展”的理念与长三角、珠三角地区划分理念同时提出，经过30多年的发展，长三角、珠三角两大地区已然脱胎换骨，实力大大提升，成为我国东部沿海一带最为引人注目的“两颗明珠”。然而，京津冀地区虽总体而言基础较好，但由于总体规划决心不足，实施力度不够，地区发展长期处于半封闭状态，区域经济发展的步伐十分缓慢。我们这里以2013年为例列举三大地区的主要经济指标，如表1所示。

表 1　2013 年三大地区主要经济指标比较

地　区	土地面积（万平方公里）	GDP（亿元）	社会消费品零售总额（亿元）	外商直接投资（亿美元）
京津冀	21.78	62685.77	23859.28	318.00
长三角	21.33	118332.36	44074.04	641.98
珠三角	5.49	53060.48	18630.61	230.62

资料来源：WIND 资讯。

由表 1 可知，京津冀地区的土地面积为 21.78 万平方公里，略大于长三角地区土地面积，大约是珠三角地区土地面积的 4 倍。2013 年，京津冀地区 GDP 略高于珠三角地区，仅为长三角地区的一半左右；社会消费品零售总额略高于珠三角地区，仅为长三角地区的一半左右。同时，外商直接投资的情况不容乐观，指标金额不及长三角地区的 1/2。综上所述，就所选取的指标来看，京津冀地区目前的发展已与珠三角地区不分伯仲。但需要看到的是，京津冀地区的土地面积约为珠三角地区的 4 倍，若以规模效益相较，则京津冀地区还相差甚远。若相较于长三角地区，京津冀地区仍然“路漫漫其修远兮”。如何在今后奋起直追乃至超越，这对于京津冀地区而言是一个巨大的挑战。

（三）京津冀都市圈合作概况

虽然京津冀地区内部具有天然联系，并且整体在基础设施建设、低碳环保等方面的合作已初见成效，但行政区域划分导致各城市地方政府难免会产生一些“个体利益最大化”的思维，使得各城市在制定未来发展战略时将自身利益摆在第一位，而缺乏共同发展的整体视角。同时，各城市间的协调工作做得也不够到位，一时难以形成合理的产业分工，导致产业间衔接不畅、结构趋同，进而使区域经济联动性较差。

北京、天津作为区域内两大中心城市，两地产业间的竞争远多于合作，导致生产要素很难在区域内自由流动，同时很大程度上限制了周围各城市“联动效应”的进一步增强。同时，各主要城市缺乏统一的协调组织，导致现有的市场机制很难进一步形成有效的利益协调机制，并以此为契机以“点”带“面”增强区域内的合作水平。在计划经济的大环境下，京津冀地区长期习惯于“政策推动经济”的发展模式，使得各城市较为依赖灵活度低的财政投资，而弱化了合作意识的培养。综上所述，京津冀都市圈内的合作水平仍有较大的提升空间，需要地区和地方政府的共同努力。

（四）京津冀都市圈实力差距

京津冀地区内部由于经济、社会条件的差异显著，各城市间经济发展差距长期存在，这是构建区域经济“命运共同体”面临的一个巨大问题。在市场经济的浪潮下，经济相对发达的城市如北京、天津集聚了一大批优秀的人才，并且所掌握的技术、资本也相对丰富，这种资源的“空吸”现象使得它们在整个都市圈中具有绝对优势，加上“半封闭式”的发展模式使得其他城市不能很好地进行有梯度的产业承接，都市圈中其余城市产业经济发展滞后。同时，北京、天津两个中心城市出现的产业聚集现象和巨型产业链很难向周围城市进行有效扩散，难以形成合理的产业运行梯度，导致各地区的经济差距难以实现缩小。在这里我们依据 2014 年京津冀都市圈内 10 个主要城市的 GDP 构造柱状图直观体现其经济上的发展差距，如图 1 所示。

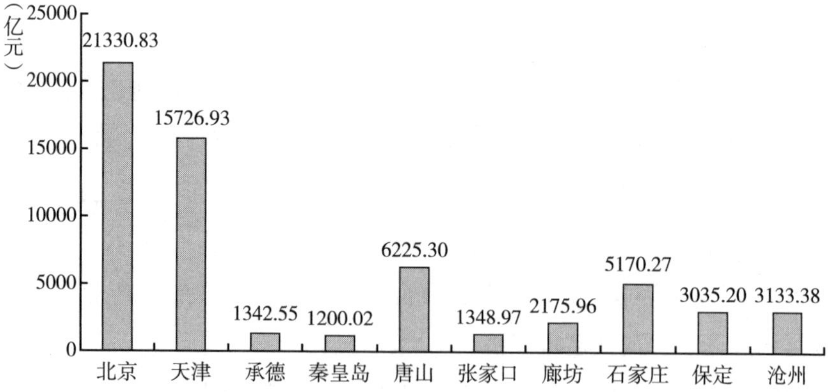

图 1　2014 年京津冀都市圈主要城市 GDP 比较

资料来源：《中国城市统计年鉴 2015》。

五　DEA 评价模型构建与资源利用效率测评

（一）DEA 评价模型构建

1. DEA－CCR 模型构建

假设共有 n 个决策单位，选取适当的指标代表决策单位的 m 种投入和 p 种产出。其中，x_{ij} 表示第 j 个决策单元第 i 种投入指标的投入量，$x_{ij}>0$；y_{rj} 表示第 j 个决策单元第 r 种产出指标的产出量，$y_{rj}>0$。假定 v_i 表示第 i 种投入指标的权系数，$v_i \geq 0$；u_r 表示第 r 种产出指标的权系数，$u_r \geq 0$（$i=1,2,\cdots,m;j=1,2,\cdots,n;r=1,2,\cdots,p$）。其中 x_{ij} 和 y_{rj} 为已知数据，u_r 和 v_i 则需通过模型计算得出。

设第 j_0 个决策单元的投入向量为 $x_0=(x_{1j_0},x_{2j_0},\cdots,x_{mj_0})^T$，产出向量为 $y_0=(y_{1j_0},y_{2j_0},\cdots,y_{pj_0})^T$；权系数向量分别为 $v=(v_1,v_2,\cdots,v_m)^T$，$u=(u_1,u_2,\cdots,u_p)^T$。再令 $t=1/v^Tx_0$，$\omega=tv$，$\mu=tu$，将原 CCR 模型转化为等价的线性规划问题 P：

$$\max V_p=\mu^T y_0$$

$$(P)\begin{cases}\omega^T x_j-\mu^T y_j \geq 0,\ 1 \leq j \leq n\\ \omega^T x_0=1\\ \omega \geq 0,\mu \geq 0\end{cases}$$

而 P 的对偶规划问题 D 为：

$$\min V_D=\theta$$

$$(D)\begin{cases}\sum_{j=1}^{n} x_j\lambda_j+s^-=\theta x_0\\ \sum_{j=1}^{n} y_j\lambda_j-s^+=y_0\\ \lambda_j \geq 0,\ 1 \leq j \leq n\\ s^+ \geq 0,\ s^- \geq 0\end{cases}$$

式中，松弛变量 $s^{-}=(s_1^{-},s_2^{-},\cdots,s_m^{-})^T,s^{+}=(s_1^{+},s_2^{+},\cdots,s_m^{+})^T$。

2. DEA－BCC 模型构建

CCR 模型转化为 BCC 模型只需在上述公式中再加入约束条件 $\sum_{j=1}^{n}\lambda_j=1$ 即可。

（二）通过 DEAP2.1实现的模型说明与评价规则

在运用上述模型的过程中，同时联系 DEAP2.1 软件的实际操作流程，我们以“规模收益可变”（Variable Returns to Scale，VRS）为前提条件，并在此基础上建立出 DEA－BCC 模型，运用该模型可得到决策单元的技术效率（*VRSTE*）和规模效率（*SE*）。在指标的数量关系上，有 $SE=CRSTE/VRSTE$。在分析模型结果时，技术效率（*VRSTE*）表示最优投入量与实际投入量在保证产出条件下的比值；规模效率（*SE*）表示现有规模与最优规模在一定制度和管理水平下的比值。当 $SE=1$ 时，说明此时决策单元处于最佳规模效率水平上；当 $SE<1$ 时，说明此时决策单元处于规模效率不足的情形。DEA 有效的意义在于实现“投入最小、产出最大”的 Pareto 最优目标。而实现此目标的一系列 Pareto 最优点组成的包络面称为“生产前沿面”。

现在我们对 DEA 有效性的评价进行相关规则说明。此处我们以对偶规划（*D*）来说明。当对偶规划（*D*）的最优值 $V_D<1$ 时，那么可视决策单元 j_0 为非 DEA 有效；当对偶规划（*D*）的最优值 $V_D=1$，而 s^{-} 不等于 0 或 s^{+} 不等于 0 时，可视决策单元 j_0 为弱 DEA 有效；反之，当 s^{-} 和 s^{+} 均为 0 时，决策单元 j_0 为 DEA 有效。当决策单元出现非 DEA 有效的情形，大多采用“投影”的方法加以调整。其原理如下：设 λ^0，s^{0-}，s^{0+}，θ^0 是对偶问题（*D*）的最优解，令 $\hat{x}_0=\theta^0x_0+s^{0-}$，$\hat{y}_0=\theta^0y_0+s^{0+}$，则（$\hat{x}_0$，$\hat{y}_0$）为决策单元 j_0 在其相对有效面上的“投影”，从而实现了 DEA 有效的转化。这时再看模型的最优解，一般分如下几种情形：若 $\sum\lambda_j=1$，则该决策单元规模

收益不变（CRS）；若 $\sum \lambda_j < 1$，表示该决策单元规模收益递增（IRS）；若 $\sum \lambda_j > 1$，表示该决策单元规模收益递减（DRS）。

（三）建立京津冀都市圈 DEA 效率评价指标体系

在构建评价指标体系之前，我们先说明本报告所研究的“资源利用率”的内涵。此处的资源利用率由城市发展过程中社会资源以投入、产出角度转化的效率值来反映，具体分解为 3 个效率指标：技术效率（*VRSTE*）、规模效率（*SE*）和综合效率（*CRSTE*）。该 3 个效率指标值越接近 1，则我们认为资源的使用合理性越高；反之则越低。

下面说明 DEA 效率的测度与评价过程。通常，该过程由 3 个步骤顺次实现。首先，明确决策单元。如前文所述，这里我们选取京津冀地区都市圈中的 10 个主要城市作为决策单位。其次，确定 DEA 评价指标体系。指标体系由投入、产出两部分指标构成。顾名思义，投入指标体现各决策单元在实际生产运作过程当中各项资源的投入情况，而产出指标则体现决策单元对所投入的各项资源进行合理规划与使用之后获得的产出量大小。显然，这一步骤决定了整个 DEA 评价指标体系的合理性程度。最后，运用恰当的 DEA 模型进行处理并分析得到的结果。得到每个决策单元的效率值，再利用这些效率值直观反映各决策单元在投入、产出背景下的资源利用效率情况。

考虑到所选的投入与产出指标会对评价各决策单元相对效率的准确性起决定性作用，因此一定要对评价指标体系进行合理设计。总体来看，确定评价指标体系主要遵循“准确性、目标性、系统性、精简性、可比性”五大原则，还要将收集各指标数据的难易程度以及指标间相关性的强弱纳入考虑范畴，排除相关性高以及效度较差的指标，这也是对统计样本的基本要求。除此之外，在构建 DEA 模型时决策单元个数与评价指标个数之间应具有适当的比例关系。一般认为模型中决策单元个数应大于或者等于评价指标个数的两倍。这样运用 DEA 方法得到的评价结果会更加科学、合理，可以为决策提供更好的支持功能。

需要指出的是，本文所关注的资源类型并不是传统视角下的自然资源，如水、土地、矿藏等，而是与之相对的社会资源，即直接关系经济、社会发展的蕴含社会价值的一系列资源，如人力、资金、消费力等。基于此，并依据上述原则，参考权威机构筛选的高频率指标，本报告选取的投入指标为：在岗职工平均工资、固定资产投资额和外商直接投资实际使用金额；选取的产出指标为：GDP、人均消费性支出。将在岗职工平均工资视为劳动力投入，将固定资产投资额视为资本投入，外商直接投资实际使用金额则反映外资的利用水平；GDP 作为最直观的产出指标，可以直接反映城市经济发展的总水平高低。而人均消费性支出反映的是各城市的整体消费需求量大小与居民生活质量高低。这样就从经济、社会的角度确定了城市资源效率的投入、产出评价指标体系：5 个投入和产出指标，10 个决策单元。囿于篇幅，原始数据这里从略。整理后的 2012 ~ 2014 年多决策单元的投入、产出评价指标体系见表 2 ~ 表 4。

表 2　多决策单元的投入、产出评价指标体系（2012 年）

决策单元	北京	天津	承德	秦皇岛	唐山	张家口	廊坊	石家庄	保定	沧州
在岗职工平均工资(元)	85307	62225	37787	44824	45838	35615	44886	38425	34912	40114
固定资产投资额(亿元)	6065	7913	997	739	3017	1184	1282	3729	1988	1506
外商直接投资实际使用金额(万美元)	804160	1501633	12020	62795	121384	24621	52809	84811	54749	35435
GDP(亿元)	17879	12894	1182	1139	5862	1234	1794	4500	2721	2812
人均消费性支出(元)	24046	20024	11604	12691	15605	11498	15736	13378	11769	11883

资料来源：WIND 资讯。

表 3　多决策单元的投入、产出评价指标体系（2013 年）

决策单元	北京	天津	承德	秦皇岛	唐山	张家口	廊坊	石家庄	保定	沧州
在岗职工平均工资(元)	93997	68864	41992	47367	47848	38218	48994	43712	39130	43469
固定资产投资额(亿元)	6798	9103	1202	770	3576	1272	1541	4186	2083	2292
外商直接投资实际使用金额(万美元)	852418	1682897	3475	73825	134481	27429	59759	95519	63293	40714
GDP(亿元)	19801	14442	1272	1169	6121	1317	1943	4863	2904	3013
人均消费性支出(元)	31632	22306	11756	16820	16472	12517	19019	15198	12394	13544

资料来源：WIND 资讯。

表 4　多决策单元的投入、产出评价指标体系（2014 年）

决策单元	北京	天津	承德	秦皇岛	唐山	张家口	廊坊	石家庄	保定	沧州
在岗职工平均工资(元)	103400	73839	44281	51593	51052	41469	55536	48272	43086	47181
固定资产投资额(亿元)	6873	10490	1403	792	4146	1402	1852	4884	2386	2729
外商直接投资实际使用金额(万美元)	904000	1886700	14375	60581	136489	31798	65817	81666	57395	32974
GDP(亿元)	21331	15727	1342	1200	6225	1349	2176	5170	3035	3133
人均消费性支出(元)	33717	24290	14114	15134	19427	13932	19876	16506	12478	14951

资料来源：WIND 资讯。

（四）京津冀都市圈城市资源利用效率实证分析

利用上述 DEA 模型以及相关数据，本报告现从普遍的投入角度通过软件 DEAP2.1 处理得到各年资源利用效率的结果。软件输出的具体结果见表 5 ~ 表 7。

表 5　京津冀都市圈主要城市的资源利用效率（2012 年）

城　市	综合效率（*CRSTE*）	技术效率（*VRSTE*）	规模效率（*SE*）	规模收益（*RTS*）	结果
北　京	1.000	1.000	1.000	CRS	DEA 有效
天　津	1.000	1.000	1.000	CRS	DEA 有效
承　德	1.000	1.000	1.000	CRS	DEA 有效
秦皇岛	1.000	1.000	1.000	CRS	DEA 有效
唐　山	1.000	1.000	1.000	CRS	DEA 有效
张家口	0.990	1.000	0.990	IRS	DEA 无效
廊　坊	1.000	1.000	1.000	CRS	DEA 有效
石家庄	1.000	1.000	1.000	CRS	DEA 有效
保　定	0.996	1.000	0.996	IRS	DEA 无效
沧　州	1.000	1.000	1.000	CRS	DEA 有效
平均值（*MEAN*）	0.999	0.999	0.999	—	—

资料来源：笔者整理。

表 6　京津冀都市圈主要城市的资源利用效率（2013 年）

城　市	综合效率（*CRSTE*）	技术效率（*VRSTE*）	规模效率（*SE*）	规模收益（*RTS*）	结果
北　京	1.000	1.000	1.000	CRS	DEA 有效
天　津	0.996	1.000	0.996	IRS	DEA 无效
承　德	1.000	1.000	1.000	CRS	DEA 有效
秦皇岛	1.000	1.000	1.000	CRS	DEA 有效
唐　山	1.000	1.000	1.000	CRS	DEA 有效
张家口	0.963	1.000	0.963	IRS	DEA 无效
廊　坊	1.000	1.000	1.000	CRS	DEA 有效
石家庄	1.000	1.000	1.000	CRS	DEA 有效
保　定	0.931	1.000	0.931	IRS	DEA 无效
沧　州	1.000	1.000	1.000	CRS	DEA 有效
平均值（*MEAN*）	0.989	1.000	0.989	—	—

资料来源：笔者整理。

表 7　京津冀都市圈主要城市的资源利用效率（2014 年）

城　市	综合效率（*CRSTE*）	技术效率（*VRSTE*）	规模效率（*SE*）	规模收益（*RTS*）	结果
北　京	1.000	1.000	1.000	CRS	DEA 有效
天　津	1.000	1.000	1.000	CRS	DEA 有效
承　德	1.000	1.000	1.000	CRS	DEA 有效
秦皇岛	1.000	1.000	1.000	CRS	DEA 有效
唐　山	1.000	1.000	1.000	CRS	DEA 有效
张家口	0.991	1.000	0.991	IRS	DEA 无效
廊　坊	1.000	1.000	1.000	CRS	DEA 有效
石家庄	1.000	1.000	1.000	CRS	DEA 有效
保　定	0.948	1.000	0.948	IRS	DEA 无效
沧　州	1.000	1.000	1.000	CRS	DEA 有效
平均值（*MEAN*）	0.994	1.000	0.994	—	—

资料来源：笔者整理。

1. 效率分析

根据表 5 ~ 表 7 对 2012 ~ 2014 年 3 年的结果进行横向对比和纵向趋势分析可以发现，在京津冀都市圈的 10 个主要城市中，北京、承德、秦皇岛、唐山、廊坊、石家庄和沧州这 7 个城市始终处于投入、产出效率生产前沿面上，占总数的 70%。由表可知，该 7 个城市的技术效率（*VRSTE*）、规模效率（*SE*）以及综合效率（*CRSTE*）都等于 1，同时松弛变量都等于 0，满足 DEA 有效的条件。这说明它们对资源进行了科学的技术利用，规模的扩张也具有较为合理的速度。而在其余 3 个城市中，张家口和保定在 3 年里均为 DEA 无效。这两个城市的技术效率（*VRSTE*）值始终等于 1，规模效率（*SE*）均小于 1。该结果表明，这两个城市 DEA 无效的原因主要是规模集聚的情况与实际的投入、产出契合度不高，需要进一步调整规模；而在技术上实现 DEA 有效表示这两个城市对所投入的资源实现了最佳的技术附加使用水平。以 2014 年的结果来看，张家口和保定的规模效率均接近 1，分别为 0.991 和 0.948。说明在现有的基础上只需稍加调整，优化内部结构，便可实现更好的发展。从 2012 ~

2014 年 3 年效率的平均水平来看，这 10 个城市的平均技术效率（*VRSTE*）和平均规模效率（*SE*）出现了小幅振荡现象。最后，从 2012 ~2014 年 3 年体现出总体趋势来看，技术效率和规模效率始终保持较高水平，两者的效率值均已十分接近 1，也就是说单独提升的空间并不大，这时就需要地区内部统筹兼顾“技术”与“规模”两大因素，使都市圈的在规模有序扩张的基础上，加大技术投入力度，深化规模集聚效应。同时重点建设个别城市，如张家口市和保定市，两方面并行以期提高总体资源利用效率。

2. 规模收益分析

规模收益分析结果主要包括规模收益不变（CRS）、规模收益递增（IRS）、规模收益递减（DRS）三种情况。其中，规模收益不变（CRS）表示投入和产出可以保持相同的增长速度；规模收益递增表示产出增长速度高于投入增长速度；而规模收益递减就表示产出增长速度不及投入增长速度。由表 5 ~7 可知，在 3 年里这 10 个城市中没有出现处于规模收益递减阶段的城市，而处在规模收益不变、规模收益递增阶段城市的个数逐渐稳定为 8 个、2 个，所占比例为 80%、20%。具体来说，只有张家口和保定两个城市在 2012 ~2014 年 3 年间始终处在规模收益递增阶段，天津市仅在 2013 年处于规模收益递增阶段，2014 年恢复规模收益不变。剩下的 7 个城市即北京、承德、秦皇岛、唐山、廊坊、石家庄和沧州则始终处于最佳生产状态。综上分析，本报告有如下建议：天津市今后的发展应留意对投入规模的持续性调整，预防规模效率的波动，使“技术”和“规模”两个因素更加契合，实现协同发展；张家口市和保定市可以考虑进一步扩大资源投入量，同时科学规划投入的结构分布，以实现在一定投入下的最佳产出水平。

六　总结与展望

本报告主要运用投入主导型的 DEA 模型，并结合 DEAP2. 1 软件的计算结果对我国京津冀都市圈的 10 个主要城市在 2012 ~2014 年 3 年间有关资源利用的各项效率指标进行了初步对比研究，结果显示：对于京津冀都市圈整体而言，城市资源利用效率指标分解下的 3 个效率值即技术效率（*VRSTE*）、规模效率（*SE*）以及综合效率（*CRSTE*）在 3 年中始终处于较高水平；达到 DEA 有效的城市个数分别为 2012 年 8 个、2013 年 7 个、2014 年 8 个，较为稳定。在今后的发展中，建议以张家口和保定两个城市为重点，着重调整投入、产出结构，在技术投入和规模扩张两方面双管齐下，提高资源的整体利用效率。我们也应看到，对于“城市资源利用效率”尚无统一定义，同时对于指标的测度与评价也是较为复杂的系统工程。当然，在运用 DEA 模型时，若选择不同的指标构建评价体系，也可能会得到不一样的分析结论。本报告以最近 3 年作为时间跨度进行逐年测度与评价，而将时间跨度进一步拉长并依据政策动向选取不同的投入、产出指标以分析数据的动态变化，也是十分有现实参考意义的研究方向。

B.14
中国（天津）自贸区的金融改革创新

摘　要：　自天津自贸区挂牌以来，依托国家政策优势以及“一带一路”战略和“京津冀协同发展”国家战略，金融创新与发展成果不断推出，在扩大人民币跨境使用、深化外汇体制改革、促进租赁业发展方面进行了深入的探索并取得了一定的成就。2015年，天津自贸区设立了北方唯一一家民营银行——金城银行，这对于自贸区金融创新乃至全国金融改革都有促进作用。天津自贸区金融改革创新具有市场优势，对产业聚集、简政放权和推进人民币国际化具有重要意义。但在自贸区金融创新发展中仍要注意不能一味追求发展速度，仍要坚持金融创新必须符合天津金融体量以及金融环境，并突出天津特色。未来天津自贸区金融创新发展应注意不断完善金融产业链，提升社会资本水平，注重金融人才的引进与培养，发展具有天津特色的金融业务，持续推进人民币国际化进程，加快资本项目可兑换先行先试，同时进一步防范风险，加强自贸区金融监管。

关键词：　自贸区　人民币国际化　外汇体制改革　租赁业　民营银行

一　引言

加快进行天津自贸区的金融改革创新，是明确天津市金融业发展方向和提高天津市金融业改革开放质量的重要步骤和关键举措。“十三五”时期，天津将深入贯彻绿色、开放、创新、共享、协调的前进方向和发展理念，把自贸区作为金融创新的重要媒介，积极推动金融制度创新，积极转变贸易结算方式，如开办自由贸易账户、人民币银行结算账户和外汇账户，达到跨境贸易、投融资的高效化和便捷化。加快推进资本项目可兑换，使金融国际化程度达到我国领先水平。本报告首先介绍了天津自贸区的建设背景和发展优势，其次汇总了2015年天津自贸区金融改革创新的主要成就，最后展望了未来天津自贸区金融改革创新的发展蓝图。

二　天津自贸区概况和发展优势

（一）天津自贸区总体概况

2015年3月24日，中共中央政治局审议通过中国（天津）自由贸易实验区总体方案。2015年4月21日上午10点，天津自贸区正式挂牌成立，与上海自贸区、福建自贸区、广州自贸区共同享用同样的负面清单。建立天津自贸区是党中央、国务院做出的重大决策，是在复杂的国际环境和国内新经济环境下继续扩大对外开放、全方位深化改革、加速推进京津冀协同发展战略的关键战略。自此，以天津自贸区为依托的天津市新一轮改革开放正式开启。

天津自贸区是北方首个自贸区，它的战略定位与京津冀协同发展紧密联系。在学习和复制上海经验基础上，积极寻找京津冀协同发展和对外开放的增长源泉，努力打造一个法制化、市场化、国际化的经营环境，为我国全方位深化改革和扩大对外开放的广度和深度寻找新方法，起到服务国家、示范带动的积极作用。

天津自贸区的核心任务是制度创新，根本目标是总结可推广、可复制的经验，在此基础上，天津自贸区积极发展成京津冀协同发展的对外开放新平台、制度创新试验田、全国改革开放先行区和面向世界的高水平自贸区。天津自贸区总体目标是，经3~5年的改革探索，成为高水平的国际化自贸区，国际化、高水平意味着投资便捷高效、金融产品和服务丰富完善、汇聚一大批高端产业、贸易自由化程度较高、法律制度完善、监管全面有效、示范辐射作用显著，对京津冀协同发展起到良好的先导作用。天津自贸区之所以与众不同是因为它极具天津特色，具体包括：通过创新制度增进实体经济的福利；重视航运与经济的结合，如航运税收、航运金融等；借助“一带一路”的国家战略促进经济向前迈进，并带动整个环渤海经济圈的发展。进行天津自贸区创新实践、辐射华北经济圈，在自贸区发展实践中形成一般性规律以供国家借鉴并起到示范带头作用，这是一个长期坚持探索并不断开拓创新的艰难过程。

（二）天津自贸区金融发展优势

1. 地理区位优势突出

天津作为北方经济中心，辐射范围涵盖全国整个中西部地区。目前，天津港是国内唯一同时拥有 4 条线路通往欧洲陆桥的港口。环渤海经济圈作为中国北方最发达的经济区域，其中心为天津港，亚欧大陆桥的最佳起点同样是天津港。另外，天津自贸区不仅位于“丝绸之路经济带”上，而且位于“21 世纪海上丝绸之路”上，是“一带一路”极其重要的战略地域。天津自贸区还位于中蒙俄经济走廊上，不仅拥有海上运输便利，而且还拥有津新欧班列，经由其进行运输可以极大地缩短时间、提高效率。天津具有重要的区位优势，近年来，天津港口经济快速发展，亚欧大陆桥促进了运输的便捷，天津自贸区可以高效便捷地与国内中西部地区乃至海外国家开展经济合作和贸易往来，实现双赢。

2. 雄厚的实体经济为自贸区金融创新发展提供基础

天津制造业发展突出，战略性新兴产业和高端制造业异军突起，天津的比较优势也在于此。依托先进的制造业，天津自贸区的发展可以促进金融机构和金融市场的完善和发展，一方面，可以实现制造业的创新升级，另一方面，可以促进现代服务业的发展。

3. 金融租赁与国际航运优势突出，成为自贸区金融创新的重要推动力

天津自贸区的特点是它凸显天津特色，而天津特色在于金融租赁和国际

航运。近年来，天津金融租赁的发展领先于全国，产业规模逐年攀升，一条新的产业链已经形成。早在2014年底，天津金融租赁机构就已经达到267家，资产规模已达4000多亿元，业务总量占全国1/4。仅在东疆保税港注册的金融租赁公司数量就占全国的1/10。借助北方国际航运中心的定位，天津也不断在航运方面摸索实践，航运业大型设备的使用与金融租赁密切结合，起到了相互促进的作用。良好的金融租赁业与航运业基础为天津自贸区的金融创造了发展引擎。

4. 依托京津冀协同发展国家战略，于家堡金融区具有广阔的发展前景

京津冀区域已经成为国家经济发展的重要一极，当前正在实施京津冀协同发展的国家战略，于家堡金融区作为天津自贸区的重要一部分，背负巨大的战略任务和历史发展责任。天津市将在立足自贸区的基础上，促进京津冀协同发展，继续探索自贸区金融改革开放的新路径，努力把于家堡金融区建设成金融开放、创新和服务的新高地。

三　天津自贸区的金融创新成果

（一）2015年天津自贸区金融政策优惠

中国人民银行加大对投融资和跨境贸易的金融支持，促进自贸区实体经济的发展，发布了《中国人民银行关于金融支持中国（天津）自由贸易试验区建设的指导意见》本报告以下简称《指导意见》。《指导意见》的总体原则是坚定不移地落实金融服务实体经济的理念，深化完善体制机制的改革，加强对金融风险的防控和监管，高效稳定地推进改革开放的有序进行。《指导意见》在融合天津地理区位和经济发展特征的基础上，加强金融对实体经济转型升级的指导作用，重点投向高效低能的行业，如租赁业，促进金融要素的合理流动，优化资源配置，找寻金融服务的新功能，总结可复制、可推广的经验服务全国。天津自贸区要深入研究上海自贸区可用的成功经验，在改革上始终坚持简政放权，对负

面清单加准入前国民待遇的管理方式进行进一步落实与实践，提高事中事后研究评价的能力和质量，合理规划并有效进行事后备案管理，使市场要素得到充分自由的流动。

国家外汇管理局天津分局以及中国人民银行天津分行也随之出台了金融支持自贸区建设的相关政策，配合“金改30条”的实施，为天津市金融改革的有序开展提供有力支撑。

2015年4月21日天津自贸区创立以来，主要出台的措施可总结为6个方面：一是深化外汇管理改革；二是促进租赁业发展；三是完善金融服务功能；四是扩大人民币跨境使用；五是加强监测与管理；六是支持京津冀协同发展。天津自贸区金融创新政策见表1。

表1 天津自贸区金融创新政策

发布主体	政策(发布日期)	主要内容
中国人民银行	《中国人民银行关于金融支持中国（天津）自由贸易试验区建设的指导意见》(2015年12月9日)	1. 支持自贸区内企业和金融机构按规定在境外发行人民币债券,募集资金可调回区内使用,支持开展人民币境外证券投资和境外衍生品投资业务 2. 自贸区内A类企业货物贸易收入无须开立待核查账户。允许自贸区内符合条件的金融租赁收取外币租金,在境外开立人民币账户用于跨境人民币租赁业务,可开展以人民币计价结算的跨境租赁资产交易
中国人民银行	《中国人民银行关于扩大全口径跨境融资宏观审慎管理试点的通知》(2016年1月22日)	自2016年1月25日起,对注册在4个自贸区内的企业和27家金融机构进行扩大本外币一体化的全口径跨境融资宏观审慎管理试点。在与各自资本或净资产挂钩的跨境融资上限内,试点金融机构和企业可自主开展本外币跨境融资
中国人民银行天津分行	《关于支持中国（天津）自由贸易试验区扩大人民币跨境使用的通知》(2016年4月13日)	天津市内结算银行可根据相关规定和原则,为符合条件的境内外主体（含个人）开立人民币银行结算账户,办理自贸区内个人经常项下和直接投资项下跨境人民币业务、跨国企业集团跨境双向人民币资金池业务、金融机构和企业境外发行人民币债券募集资金回流业务、银行发放境外人民币贷款业务,同意自贸区内企业的境外母公司按有关规定在境内发行人民币债券,募集资金用于集团内设立在自贸区内全资子公司和集团内成员企业借款的,不纳入现行外债管理

续表

发布主体	政策(发布日期)	主要内容
国家外汇局天津分局	《关于印发〈推进中国(天津)自由贸易试验区外汇管理改革试点实施细则〉的通知》(2015年12月30日)	一是加快总部经济发展的步伐并建设结算中心。二是加大对跨境资金流动风险的监管和防范。三是对经常项目外汇收支手续进行精简。四是区内企业(不含金融机构)外债资金可以进行意愿结汇。五是加大对银行开展人民币与外汇衍生产品服务的支持力度

资料来源：中国人民银行网站。

（二）2015年天津自贸区金融发展成果

在国家政策的大力支持下，天津自贸区在金融领域不断创新发展，金融业务量逐渐提高，金融创新政策随时间的推移逐渐得到落实。自贸区设立1周年后，“金改30条”核心内容的21条45项具体措施中，21项已实施，8项部分实施，已实施和部分实施的具体措施约占2/3，涵盖了深化外汇管理改革、促进租赁业发展、完善金融服务功能、扩大人民币跨境使用、加强监测与管理和支持京津冀协同发展的金融创新政策。

1. 扩大人民币跨境使用

（1）本外币账户设立迅速增加

自天津自贸区设立以来，抓住“一带一路”国家战略机遇，进一步推进人民币国际化，依托自贸区金融改革优势，不断扩大跨境人民币交易，推动跨境贸易往来，自2015年6月以来，天津自贸区开立的本外币账户飞速增长，从3084个增加到2016年4月的18000个，不到1年的时间本外币账户开立增加了约6倍（见图1）。其中人民币账户的开立由2015年6月的3019个增长到2016年2月的13345个（见图2）。而外币账户由2015年6月的65个增长到2016年2月的2066个（见图3）。本外币账户的快速增加，一方面反映了随着天津自贸区的设立，市场主体快速集聚；另一方面反映了天津自贸区跨境贸易的迅速发展。

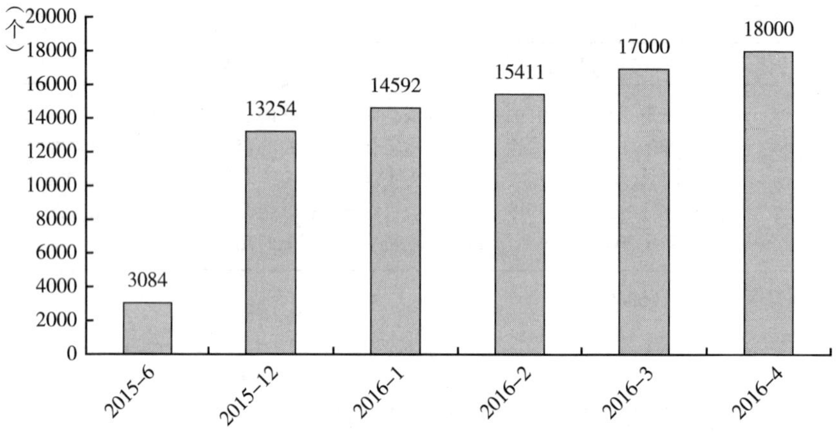

图1　天津自贸区本外币账户增长情况

资料来源：中国人民银行天津分行、天津市金融办、天津自贸区。

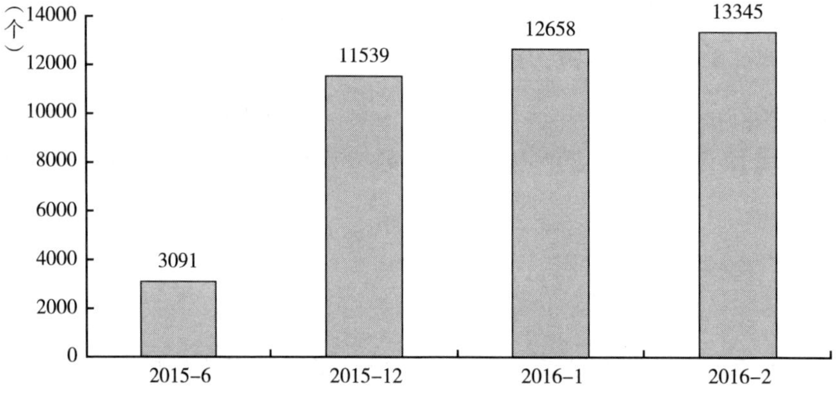

图2　天津自贸区人民币账户增长情况

资料来源：中国人民银行天津分行、天津市金融办、天津自贸区。

（2）跨境收支不断增长

“金改30条”要求在自贸区内就业并符合条件的境内个人按规定开展各类人民币境内、外投资。人民币跨境交易会对我国的国际收支产生影响，由于人民币的升值预期、资本项目的不完全开放以及国际收支统计系统的不完善，人民币跨境交易量的增加在短期内会加剧国际收支顺差，但从长远发

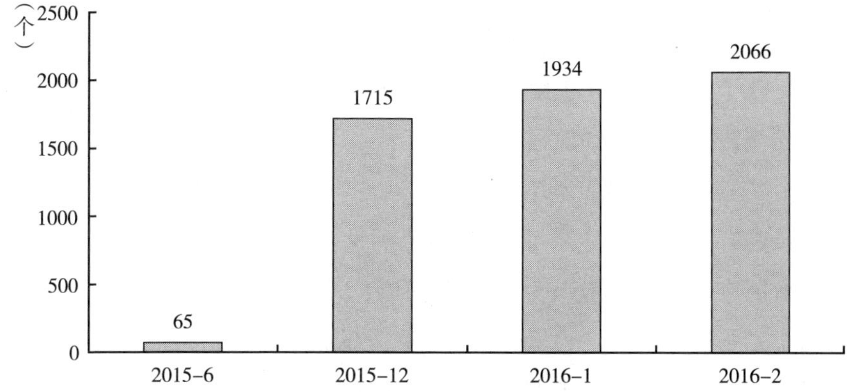

图3　天津自贸区外币账户增长情况

资料来源：中国人民银行天津分行、天津市金融办、天津自贸区。

展来看，人民币跨境交易有利于提升人民币的国际地位，加快人民币的国际化的进程。随着人民币国际结算地位的提升和我国国际收支统计系统的完善，人民币跨境交易量的扩大，国际收支状况也将趋于平衡。天津自贸区跨境收支在2015年6月底为80.5亿美元，到2016年6月增长到554亿美元（见图4）。

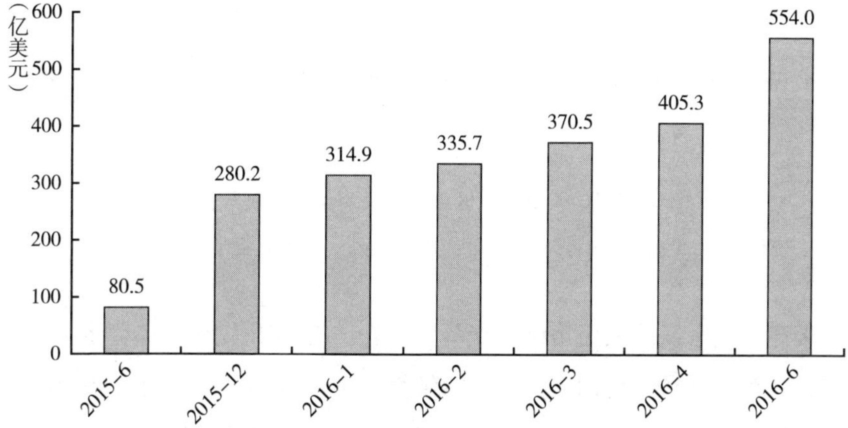

图4　天津自贸区跨境收支增长情况

资料来源：中国人民银行天津分行、天津市金融办、天津自贸区。

跨境收支的迅速增长反映了跨境贸易、金融往来的频繁，主要归功于自贸区的一系列金融开放创新政策，如支持区内不同主体开展跨境人民币投资，也反映了投资便利化程度大大增加。区内主体境外融资限制被打破，境外资金回流便捷程度得到加强。

（3）跨境人民币结算额不断增加

“金改 30 条”提出，在拥有一个全国性金融基础设施平台的基础上，天津自贸区应不断建设辨识度高的交易平台，添加如航运、股权、以人民币计价的金融资产等要素，为境外或自贸区外的投资者提供人民币的清算交割服务。2015 年 6 月，天津自贸区跨境人民币结算业务额为 159.7 亿元，到 2016 年 6 月，该业务额为 1192.8 亿元（见图 5），1 年中自贸区人民币结算金额增长了 6 倍多。

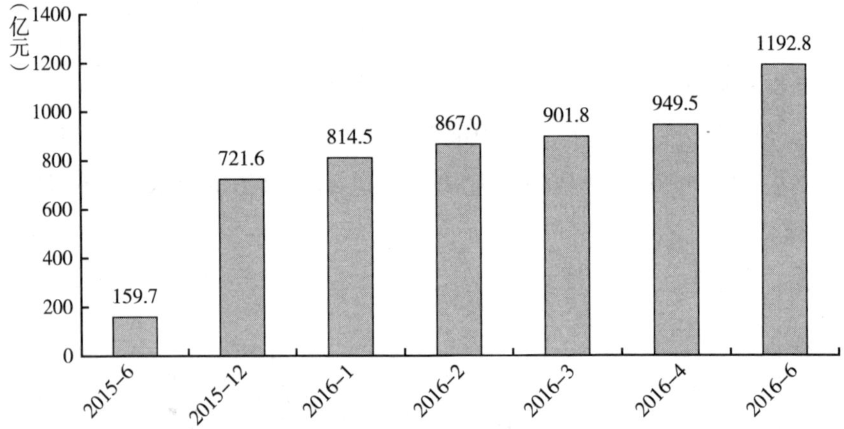

图 5　天津自贸区跨境人民币结算业务额

资料来源：中国人民银行天津分行、天津市金融办、天津自贸区。

天津自贸区发展人民币结算交易，首先，有利于人民币汇率形成机制的完善，在跨境贸易中使用人民币进行结算，不仅丰富了企业的交易方式，避免汇率风险、交易风险、财务风险，还进一步使人民币币值在多次交易的博弈中找到合理的价格区间，促进人民币汇率形成机制的不断完善。其次，跨境人民币结算的发展在一定程度上促进了人民币的国际化。该项业务扩大了人民币的使用范围，增强了人民币的认可度，提高了人民币的国际地位，也会进一步加强中国对外经济、贸易和投资往来，促使中国经济进一步融入世界经济。

（4）跨境双向人民币资金池业务成为企业架通国际国内资金的桥梁

达到要求的跨国企业集团开展跨境双向人民币资金池业务，在净流入额上限、年度营业收入和经营时间方面没有制约。自贸区内 9 家企业在中国银行天津分行、招商银行天津分行、中信银行天津分行成功办理了跨境双向人民币资金池业务，业务累计资金达到 92 亿元。该政策不仅拓展了企业内部境内外不同成员间资金流动和调配的方式方法，而且加强了企业内部的风险管理，资金使用更便捷高效，企业内部财务成本的控制更加得当。

2. 深化外汇管理改革

（1）深入简化经常项目外汇收支手续，增强贸易便捷性

依照合法诚信、有效真实的原则，贸易外汇管理评价为 A 的企业，在自贸区内的外汇收入无须开立待核查账户。2015 年末，该项业务的发生额仅有 9.2 亿美元，到 2016 年 4 月达到 18.9 亿美元（见图 6），不到半年的时间金额差不多翻了一番。事实证明，贸易的便捷化极大繁荣了贸易交易。但为了避免热钱通过此途径涌入，需要高水平的金融人才为此业务提供专业性指导，并需要经验丰富的金融机构作为媒介核查完成，更需要全球大型金融机构提供优质的金融服务。建设银行天津分行共办理该类业务 112 笔，累计金额达到 852 万美元，均未经过待核查账户；工商银行天津分行办理该类业务涉及金额 47 万美元，均未经过待核查账户。这项改革实现了贸易便利化程度的加强以及企业资金运行效率的提高。

（2）直接投资下放银行办理，手续简化，业务量迅速增加

天津自贸区金融改革将直接投资部分由过去的外汇登记简化为下放银行办理。随着自贸区的不断发展，该业务办理也持续增加。2015 年末，该业务项下登记 157 项，涉及金额 87.5 亿美元，此后迅猛增加，2016 年 3 月达到 253.4 亿美元，1 个月时间增加了 99 笔直接投资业务，涉及金额 148.4 亿美元。截至 2016 年 4 月，该业务项下登记 307 笔，涉及金额 257.4 亿美元。

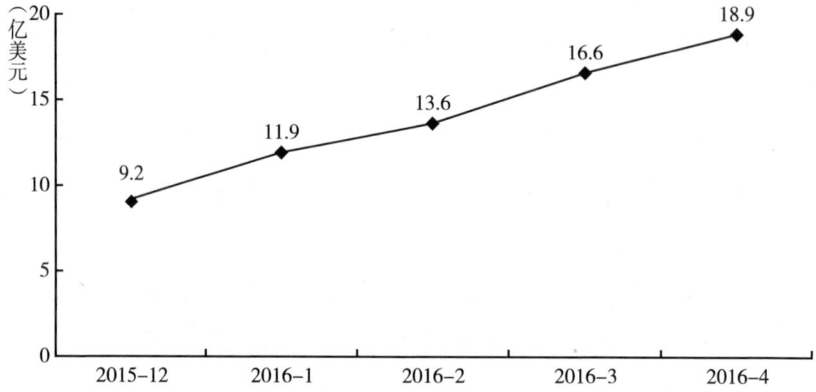

图 6　天津自贸区 A 类企业货物贸易收入无须开立待核查账户相关业务发展

资料来源：中国人民银行天津分行、天津市金融办、天津自贸区。

不到半年时间增加 169.9 亿美元（见图 7）。这直接反映了天津自贸区直接投资因手续的简化而迅猛增加，同时也进一步为我国资本项目进一步开放提供了可借鉴的经验。

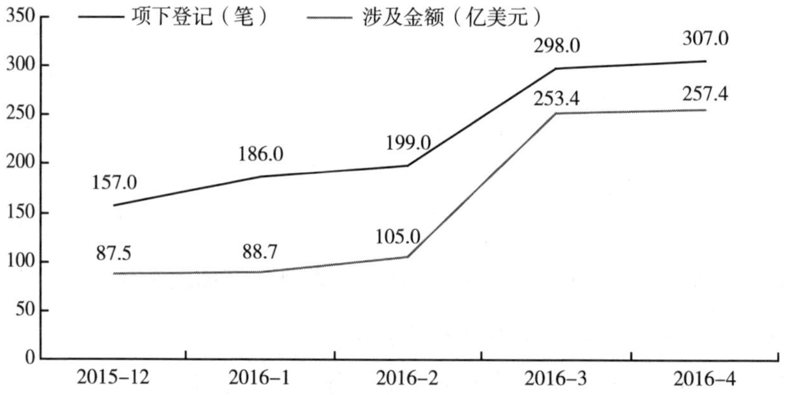

图 7　天津自贸区直接投资外汇登记下放银行办理业务发展情况

资料来源：中国人民银行天津分行、天津市金融办、天津自贸区。

该业务对自贸区金融创新的探索以及国家金融改革的深入有着极其重要的意义。首先，对于企业个体来说，直接投资下放银行办理迅速简化了该业务的审批手续，缩短了业务办理时间，资金的流转周期加快，资金利用效率提高，减少了业务流程烦琐导致的汇率风险。其次，对于自贸区金融创新发展来说，该业务提高了企业投融资便利化水平，为自贸区内企业特别是中小企业融资难、融资贵问题提供了多样化的解决方案。最后，从整个宏观上来说，直接投资外汇管理创新促进了人民币资本项目可兑换的发展，但同时对银行代位监管职责提出了更高要求。

（3）外汇资本金意愿结汇业务成功办理，极大便利了企业的投融资操作

在自贸区内注册的外商投资企业可享受外汇资本金100%意愿结汇，以及资本金结汇资金用于股权投资、支付便利化等多方面的政策红利。2015年末，该业务金额仅有6390.2万美元，2016年5月，业务额达到2亿美元（见图8）。

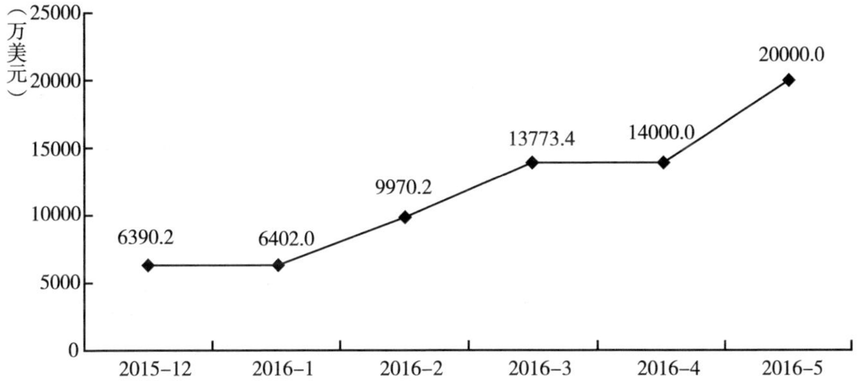

图8　天津自贸区外商投资企业外汇资本金意愿结汇业务发展情况

资料来源：中国人民银行天津分行、天津市金融办、天津自贸区。

“意愿结汇”意味着面对汇率持续不稳定的状况，企业有权利根据自己的意愿选择结汇时间，如需支付，可出示资料进行资金划拨。该业务给予企业结汇充分的自主权，使汇率风险按照企业意愿降低到其需要的水平。在目前的形势下，人民币汇率波动频繁，该业务在政策上给企业提供了规避风险的便利，资金成本进一步下降，贸易便捷化程度得到提高。

3. 促进租赁业发展

天津自贸区大力支持租赁业的创新与发展，形成了租赁业聚集区和创新基地，这是天津金融改革创新最显著的成果（见表2）。截至2016年3月末，天津自贸区注册的各类金融租赁公司1557家，累计注册资本1559.3亿元。天津自贸区租赁业涵盖了国内顶尖的内资试点租赁企业、外商投资租赁企、金融租赁企业，大型机械设备租赁资产累计总额达370.8亿美元，先后对单机单船公司、保税租赁模式、跨境资产包租赁、飞机发动机设备租赁、离岸出口租赁、转租赁等多种创新型租赁模式进行了试点，并积极探索资产证券化境外出口信贷、发行票据等丰富的融资方式，实现了业务创新突破。

表2　天津自贸区租赁业发展状况

时　间	发展状况
2016年3月末	截至2016年3月末,达到要求的区内金融租赁收取外币租金业务累计发生117笔,累计金额达到1.8亿美元。东疆获批成为全国唯一经营性租赁收取外币租金的试点区域。金融租赁集聚逐渐形成。首先,产业规模发展迅速。其次,租赁模式趋向专业化和精英化,形成飞机租赁、船舶海工租赁、基础设施和大型设备租赁、汽车租赁四大优势板块。最后,创新潜力加速释放
2016年6月末	租赁业创新在国内依旧扮演领导者角色,近2200家的租赁公司在自贸区内生根发芽,其中包括超过800家的金融租赁公司总部;租赁船舶82艘,大约占全国总数的80%,租赁飞机共计700多架,大约占全国总数的90%;聚集效应日益凸显

资料来源：中国人民银行天津分行、天津市金融办、天津自贸区官网。

（1）金融租赁类公司售后回租项下外币支付设备价款，切实防范汇率风险

2015年末，自贸区金融租赁收取外币租金额为4631.1万美元，2016年5月达到4.4亿美元，月增长率虽有一定的波动，但总体呈上升趋势。2016年1月以及5月，月增长率都非常高，分别为87.61%和83.33%（见图9）。

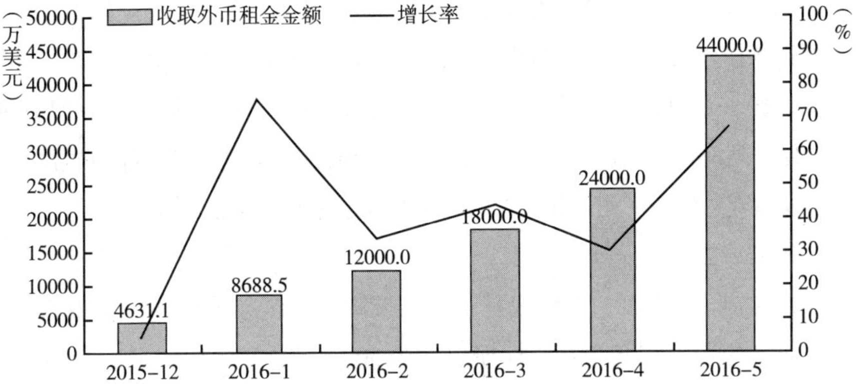

图9　天津自贸区融资租赁收取外币租金情况

资料来源：中国人民银行天津分行、天津市金融办、天津自贸区。

招银租赁设置SPV开展售后回租业务已经得到国家外汇管理局天津市分局的批准，用外币支付租赁设备价款，累计资金达到2亿美元，为企业节约年度财务成本200余万美元。开创了境内以外币形式支付回租项下设备价款的先例，天津自贸区金融租赁企业再享金融创新红利。依据该政策，交易双方均可降低汇兑交易成本，防范汇兑风险，有效解决了承租人在后续资金使用中面临的货币错配问题，促进了天津自贸区租赁企业的发展。

（2）首笔联合租赁业务成功办理，便利企业资金灵活运营

首笔联合租赁业务依托国家外汇管理局滨海新区中心支局的政策支持得以成功办理。该业务合作方为农银金融租赁有限公司、汇众（天津）融资租赁有限公司和农业银行天津自由贸易试验区分行。农银金融租赁有限公司和汇众（天津）融资租赁有限公司都在东疆保税港注册，两个公司一起购买了海洋工程装备，并在该项业务的办理中将该装备租给境外的承租人，租赁资产总额将近1.8亿美元。该笔业务创造了三个“第一”，即第一笔金融租赁公司与外资租赁公司合作进行的租赁业务，第一笔自贸区挂牌后的联合租赁业务，第一笔天津自贸区内以海洋工程装备为标的物的跨境租赁业务。

租赁方式由单一出租人发展到联合租赁，这表明租赁业得到进一步发展。联合租赁有其自身显著的优势，在这种模式下，交易风险得到合理控制，资

金占用规模减小。联合租赁拓展了承租人的租赁模式，在这种方式下，一方面，承租人可以得到更可靠的资金与信用担保，降低了资产交付时产生的违约风险；另一方面，联合租赁具有资本协同的优势，项目风险可以及时分散，同业合作得到深化，规模效应更加集中。联合租赁模式对丰富天津自贸区金融租赁产业模式、促进产业创新、加强行业优势起到了积极推动作用。

4. 批准设立民营银行

2015 年 4 月 27 日，金城银行正式在天津自贸区挂牌营业，金城银行是国内首批 5 家民营银行之一，注册资本为 30 亿元，业务以“公存公贷”为主。2016 年 4 月末，金城银行资产总规模达 180 亿元，一般性存款超 100 亿元，获得同业 30 余家机构近 300 亿元的授信额度。

金城银行 4 个方面的发展颇为引人注目。一是深入落实“一带一路”、京津冀协同发展战略和自贸区相关政策，把中小企业作为服务目标群体，积极与自贸区外贸平台对接，提供优质的批量金融服务。二是充分利用自贸区法人银行的优势，服务自贸区企业，在自贸区政策利好的背景下，建立境外银行合作平台，为境内企业拓展融资渠道、减少融资成本、加快资金周转提供高效的支持。三是树立为中小企业服务的理念，加强产品创新，如推出“政购通”“金物通”等服务中小企业的特色产品，降低企业融资成本，提高服务质量。四是重点进行投资银行业务，定向增发、产业基金、股权质押等投资银行项目已经陆续得到实践。

金城银行立足天津，辐射京津冀，是天津自贸区推进金融改革与创新的实践之一，作为北方唯一一家获批的民营银行，其设立对于天津自贸区金融改革乃至全国金融改革都具有重要意义。首先，金城银行完善了天津市银行业结构，使天津市银行业构成更丰富，更多样化，可以满足天津市不同的金融需求。其次，金城银行的设立为中小企业融资问题提供了进一步的解决方案。大中型企业信贷市场已被国有银行瓜分，为了自身发展，民营银行需要更专业的判断力和洞察力，在自由市场上主动寻求优质、高效的中小型企业作为客户目标群，同时，天津市金融资源的配置也得到了优化。民营银行的发展壮大有利于引导金融资源流向高效率的部门和行业，其在追求自身利益最大化的过程中实现社会整体利益的最大化，这就是发展民营银行的意义所在。最后，金城银行可以分散天津市金融业存在的风险。目前，国有银行面临转型与改革，不良贷款率持续攀升，我国金融风险进一步暴露。金城银行的设立与发展可以从体量上分担和缓解银行业现存的金融风险。我国金融机构目前的风险主要还是制度性的和系统性的，不进行必要的体制改革，消除增量问题的形成机制，存量问题就解决不好或根本解决不了。解决办法就是加快改革步伐，途径则是规范发展体制外民营银行，逐步消化和吸收旧体制的遗留问题，即通常所说的用体制外的增量来化解体制内的存量，这是我们20多年渐进式改革成功的最大经验所在。

四　天津自贸区的金融创新展望

（一）天津自贸区金融发展的优势及意义

天津自贸区金融创新政策落地对于整个市场来说具有三大优势。一是对贸易、本外币和投融资业务的相互融合进行了成功的运用和实践，市场主体业务的种类得到极大丰富，市场活力与生机迸发。二是市场主体向多元化、多层次方向发展迈进，充分显示自贸区金融制度的创新，让改革创新成果惠及广泛市场主体。三是实现了国内外市场资源的充分聚集，相对减少了政策阻碍，加大扶持企业走出去的力度，为增加企业投融资途径、寻求新增长引擎提供了适宜的政策保障。

（二）天津自贸区金融创新发展的意义

1. 促进天津融资产业聚集效应

截至2015年5月，天津自贸区内企业发生贸易融资业务资金金额共计8.58亿美元，外商直接投资资本金和直接外债资金流入金额分别达到1.56亿美元和1.33亿美元。产业聚集效应明显，直接投资资本金及直接外债资金流入的90%以上集中在金融租赁行业。

2. 简政放权，加强制度创新高地的构建

各项试点在获得宝贵经验的基础上，不仅让区内企业享受了政策红利，也加快了相关政策在全国的推广步伐。在推动简政放权和业务创新方面，针对天津自贸区外商投资和境外投资备案管理，外汇管理局天津分局简化了外汇业务办理材料，以三证合一的营业执照及企业备案两项证明材料代替原有的 4 项证明材料，简化企业手续，为其他地区提供了宝贵的经验。

3. 扩大人民币跨境使用服务企业与个人，促进人民币国际化的进程

允许企业开展境外证券和衍生品投资，在跨境双向人民币资金池业务中，净流入额、年度营业收入和经营时间均不受限制，允许达到条件的境外个人进行境内投资，为拓展国际业务、支持区内主体走出去、增强国际竞争力提供了强大的政策支持，推动了跨境人民币业务发展和人民币国际化的进程。对于推动贸易投资便利化，维护经济金融稳定大局，增强国家在世界经济金融改革中的影响力具有重大意义。

（三）天津自贸区金融发展面临的风险与挑战

天津自贸区金融创新发展十分迅速，但仍要警惕未来可能遇到的风险以及发展速度过快带来的“虚假繁荣”。自贸区的金融发展无论是依托中国人民银行的金融政策还是不断开放的金融环境，都要遵循发展的必然规律：在一个地区适度的金融体量与金融能力下，稳步开拓创新并兼顾地方特色。盲目的复制与推广必定会带来无法估计的损失与风险。比如，引进人民币离岸业务，为中国企业走出去提供金融支持等，要求各级政府设计的管理机制要以市场规律为基础，打破过去的垄断格局和行政管制壁垒，确保新一轮的改革符合中国经济健康发展的标准。天津自贸区金融创新不能简单地理解为对“别人无、自己有”的政策红利的分享，而应该被看作检验自己创新能力、转变创造财富模式的试验——成功意味着付出获得市场认可并得到了应有的回报，这并不是政府扶持的结果；失败则意味着改革准备不充分，能力还不成熟，需要进一步反思和学习。

（四）天津自贸区金融发展展望与建议

1. 完善金融产业链，推动产业集群发展

区域金融的核心竞争力在于拥有一条完善的金融产业链。金融产业集群效应显著。通常来说，产业集群需要 4 个方面支撑，分别是企业间分工紧密且形成复杂网络关系、特定区域空间上的集聚、产业链相对完整和产品专业化生产。天津商业保理和金融租赁体系基本符合上述 4 个方面，且相关政策充足到位。随着金融租赁市场的发展壮大，实体产业对金融租赁模式的接受度加强，贸易融资的便捷性意味着潜在的海外市场，未来应该有广阔的发展空间。同时，《指导意见》显示，在人民币国际化的大背景下，以境外财富管理基金或金融产业投资基金为主的金融机构集群的形成，有利于推进金融产业找到新的发展源泉。

2. 提升社会资本水平，完善天津市商业运营环境

良好的社会资本有利于提高金融企业的信任度，增强企业合作的意向，降低企业间交易成本，加快行业内知识的扩散和应用，并且可以实现外部规模经济效用的最大化。建立发展相应的商务服务业，包括会计、审计、税务、金融咨询、科技、信息等相关行业，在一定程度上可以对金融第三方服务机构的全面发展起促进作用。

3. 优化天津市金融从业人员结构

提升天津市目前金融从业人员的专业素质是工作的关键。为努力建设结构化的人才梯队，天津市应出台相关配套措施，面向世界引进高素质金融人才，加强金融学科专业建设，支持高校和相关科研院开展高水平的学术研究。此外，还应制定和出台一系列吸引高端金融人才落户天津的政策，其中应该包括就业、住房、子女上学等方面的优惠措施，还应包括税费减免、财政支持等政府让利的优惠政策，提高对高端金融人才的吸引力。

4. 在自贸区支持和发展具有天津特色的金融业务，大力支持航运金融的发展

鼓励金融机构创新有关航运的金融产品，如船舶（飞机）出口买方信

贷、船舶（飞机）抵押融资和港口基础设施建设融资等。面对航运业发展不断增加的融资需求，大力发展航空、飞机租赁和航运产业投资基金。鼓励区内拥有离岸业务资格的商业银行扩大相关业务品种和服务。加快推动保险业务的前进步伐，设立航运保险公司，扩大海上保险险种如海上工程保险和飞机保险等。努力建设并运营航运要素交易平台。

5. 持续推进人民币国际化进程

在自贸区内，在增加从境外借用人民币规模方面，应不断向金融机构和企业下放更多的权利；继续支持金融机构和企业发行境外人民币债券，所吸纳的资金可调回区内使用；给予企业境外母公司或子公司发行境内人民币债券的权利，可根据具体情况，允许企业在境内外使用所吸纳的资金，为人民币“走出去”奠定基础；继续加强人民币金融产品的创新与构建，扩大使用境外人民币在境内投资金融产品的范围，增加境外人民币投资回流的方式和方法；在金融基础设施平台的基础上，继续发展以人民币计价的产权、股权和金融资产等要素的交易，向区内和境外投资者提供人民币计价的结算和交割服务。

6. 推动资本项目可兑换的发展，纵向加大可兑换的深度

在外债宏观审慎管理的理念指导下，对内外资企业外债政策进行统一管理，开展外债资金意愿结汇的实践。支持区内金融机构进行人民币与外汇衍生品交易。区内证券期货机构可进行资产管理、跨境经纪等业务。区内保险机构也可以进行境外投资尝试。对于自贸区内的企业，可以扩大境外中长期国际商业贷款的专用额度。境外企业可以依托自贸区的平台进行特定品种期货的交易。区内达到要求的投资者可以在境内外证券期货市场上进行双向投资。对扩大个人可兑换的限额进行深入探索。达到要求的境内个人投资者可进行境外投资尝试，如境外实业、不动产和金融类投资。

7. 加大自贸区金融监管力度，切实防范风险

加大自贸区金融风险防范和监管的强度，着重加强对跨境资金流动风险的管理与监督，全方位监测企业和个人跨境收支及风险；不断研究监管

的新方法，积极建设区内金融监管协调机制。在国家对天津自贸区改革试点授权的基础上，严格遵守法律法规，逐渐放开金融机构的准入，对区内的金融高管人员实行备案制，简化行政审批环节和手续；切实了解金融机构跨市场和跨行业的发展特色，在此基础上不断构建系统性风险防范和预警体系。

B.15
参考文献

[1] 安国俊、孙明洁：《2015 年的中国债券市场》[M]，《中国金融发展报告（2016）》，社会科学文献出版社，2016，第 172～207 页。

[2] 巴曙松：《转轨经济中的非均衡区域金融格局与中国金融运行》[J]，《改革与战略》1998 年第 4 期，第 21～27 页。

[3]《北方国际信托股份有限公司 2015 年年度报告》，http：//www. nitic. cn/。

[4] 毕马威：《2015 年中国信托业调查报告》，http：//www. kpmg. com. cn/。

[5] 柴莹辉：《提振区域金融工银租赁助力天津领跑》[N]，《中国经营报》2012 年 11 月 19 日。

[6] 陈雯诗、叶修群：《银行间同业拆借利率的离在岸联动性实证研究》[J]，《金融发展研究》2015 年第 9 期，第 23～28 页。

[7] 程炼、王国刚：《中国金融发展与改革（2015）》[M]，社会科学文献出版社，2015。

[8] 范柏乃、沈荣芳、陈德棉：《中国风险企业成长性评价指标体系研究》[J]，《科研管理》2001 年第 22（1）期，第 112～117 页。

[9] 冯琦、徐卫刚：《外汇管理支持自贸区建设》[J]，《中国外汇》2014 年第 6 期。

[10] 管涛：《关于中国（上海）自由贸易试验区外汇管理创新的思考》[J]，《中国货币市场》2014 年第 8 期，第 4～6 页。

[11] 郭腾云、徐勇、王志强：《基于 DEA 的中国特大城市资源效率及其变化》[J]，《地理学报》2009 年第 64（4）期，第 408～414 页。

[12] 郝璐：《滨海新区融资租赁发展情况的调研报告》[D]，天津财经大

学，2015。
[13] 贾文杰：《天津自贸区对天津融资租赁发展的影响研究》[D]，天津财经大学，2015。
[14] 蒋海、范世龙、李东辉：《学习效应、金融中心偏好与基金绩效：来自中国的检验》[J]，《广东金融学院学报》2011年第1期，第120~129页。
[15] 蒋振声、金戈：《中国资本市场与货币市场的均衡关系》[J]，《世界经济》2001年第10期，第32~35页。
[16] 姜隅琼等：《构建开放型经济新体制三大战略亮点多》[J]，《上海证券报》，2015。
[17] 金建培：《中国上市公司治理结构与成长性》[D]，浙江大学，2010，第140~141页。
[18] 金术：《2015年金融市场评述》[J]，《中国金融》2016年第3期，第68~69页。
[19] 金雪军、田霖：《我国区域金融成长差异的态势：1978~2003年》[J]，《经济理论与经济管理》2004年第8期，第24~30页。
[20] 金永军、陈柳钦：《人民币汇率制度改革评述》[J]，《国际金融研究》2006年第1期，第73~79页。
[21] 鞠方、伍志文、张琦：《金融体系创新和金融功能再造——来自天津的调查分析》[J]，《生产力研究》2004年第10期，第40~41页。
[22] 康辉：《天津股权交易所发展模式研究》[D]，天津：天津财经大学，2014。
[23] 寇霭婷：《关于天津外汇局服务实体经济发展的思考》[J]，《天津经济》2015年第4期，第44~46页。
[24] 雷霆华：《天津自贸区融资租赁业发展研究》[D]，天津师范大学，2015。
[25] 李扬、王国刚、殷剑峰：《中国金融发展报告（2016）》[M]，社会科学文献出版社，2016。

[26] 李冰漪:《聚焦天津两会 关注自贸区》[J],《中国储运》2015 年第 3 期,第 78 ~78 页。

[27] 李超:《用正确的态度引领自贸区外汇管理改革》[J],《中国外汇》2015 年第 11 期。

[28] 李红锦、李胜会:《基于 DEA 模型的城市化效率实证研究》[J],《大连理工大学学报》2012 年第 33 (3) 期,第 51 ~56 页。

[29] 李萌:《天津市票据市场与再贴现业务有关情况分析》[J],《河北金融》2014 年第 5 期。

[30] 李思霖:《借自贸试验东风筑融资租赁高地——中国租赁业峰会 2015 年年会侧记》[J],《中国金融家》2015 年第 7 期,第 38 ~39 页。

[31] 李郇、徐现祥等:《20 世纪 90 年代中国城市效率的时空变化》[J],《地理学报》2005 年第 60 (4) 期,第 615 ~625 页。

[32] 李亦欣:《天津信托拟出资 3 亿元参股金融租赁公司 侧翼出击缓解主营转型之痛》[N],《证券日报》2016 年第 6 期。

[33] 李志云、潘南山、何烨等:《天津自贸区贸易便利化政策解读》[J],《中国对外贸易》2015 年第 7 期,第 50 ~51 页。

[34] 刘军:《中国金融发展中的总量结构与地区差异》[J],《中南财经政法大学学报》2010 年第 6 期,第 56 ~61 页。

[35] 刘韩婷、张建林:《我国信用债市场发展研究》[J],《东方企业文化》,2013,第 9 ~10 页。

[36] 刘红亮:《天津飞机船舶融资租赁业发展的现状、问题与对策》[J],《天津经济》2011 年第 12 期,第 20 ~23 页。

[37] 刘艳:《进一步推进跨境贸易人民币结算试点的外汇管理政策研究》[J],《南方金融》2010 年第 2 期,第 50 ~52 页。

[38] 马丁·迈耶:《货币市场》[M],海南出版社,2000。

[39] 马亚明:《金融信托创新与天津滨海新区的开发开放》[J],《滨海新区》2007 年第 11 期。

[40] 潘登:《天津金融服务业国际竞争力分析》[D],外交学院,2016。

[41] 饶慧君、刘李:《探析自由贸易账户体系》[J],《中国外汇》2016 年第 3 期，第 112 ~ 114 页。

[42] 任倩:《境内外人民币市场流动性传导检验——人民币离岸和在岸市场利率的传导机制分析》[J],《新金融》2016 年第 5 期。

[43] 沈艳娇:《我国地方政府债券发行制度研究》[D]，重庆：重庆大学，2013。

[44] 盛朝晖、梁珊珊:《同业拆借利率形成机制的国际比较及对 SHIBOR 的借鉴》[J],《金融与经济》2008 年第 7 期，第 30 ~ 33 页。

[45] 宿玉海、董腾宇、尚大鹏:《人民币香港银行间同业拆借利率与 SHIBOR 的联动性研究》[J],《东岳论丛》2014 年第 35 (11) 期。

[46] 宋绪钦:《中国资本市场中心对各地资本市场发展影响的距离衰减实证》[J],《地域研究与开发》2010 年第 3 期，第 11 ~ 14 页。

[47] 孙立坚：《上海自贸区总体方案的金融开放战略》[J]，《新金融》2013 年第 12 期，第 9 ~ 14 页。

[48] 孙其彬:《融资租赁区域性促进政策研究》[D]，天津师范大学，2014。

[49] 孙世重:《发展民营银行需要进一步澄清的几个关键问题》[J],《金融研究》2003 年第 2 期，第 22 ~ 29 页。

[50] 孙秀丽等：《城市经济发展的相对有效性评价》[J]，《东岳论坛》2007 年第 4 期，第 64 ~ 67 页。

[51] 陶长琪:《决策理论与方法》[M]，中国人民大学出版社，2010。

[52]《天津信托有限责任公司 2015 年年度报告》，http://www.tjtrust.com/。

[53] 天津市金融工作局:《天津市金融改革创新三年行动计划（2016 ~ 2018 年)》，http://www.tjjr.gov.cn/tjjrfzgk/tjjrfzgk/201511190453579-69eHz.shtml。

[54] 王国刚:《链接自由贸易区推进金融体制机制创新》[J]，《上海金融》2013 年第 11 期。

[55] 王爱俭、孔德昌:《天津金融发展报告（2015)》[M]，社会科学文献

出版社，2015。

[56] 王爱俭：《滨海新区外汇管理新政》[J]，《银行家》2007 年第 2 期，第 26～27 页。

[57] 王爱俭、李向前、林文浩、王璟怡、郭强、刘杨、邓黎桥：《建设天津金融创新运营中心以运营服务塑造金融新优势》[J]，《华北金融》2014 年第 8 期，第 21～25 页。

[58] 王琦、华夏、许宏岚：《基于 DEA 的京津冀科技资源绩效评价技术研究》[J]，《经济研究导刊》2014 年第 7 期，第 189～193 页。

[59] 吴盼文等：《深化滨海新区外汇管理政策改革研究》[J]，《华北金融》2007 年第 3 期，第 21～23 页。

[60] 吴思：《天津自贸区半年考》[J]，《中国经济报告》2015 年第 12 期，第 104～106 页。

[61] 吴晓灵：《中国外汇管理》[M]，中国金融出版社，2001。

[62] 谢多：《中国货币市场发展的分析》[J]，《经济研究》2001 年第 9 期，第 3～11 页。

[63] 谢仍明：《中国利率市场化研究》[D]，中国社会科学院研究生院，2014。

[64] 闫芳、周中明：《天津市票据贴现市场发展研究》[J]，《华北金融》2008 年第 10 期，第 18～19 页。

[65] 杨红员、闫芳、周中明：《我国金融租赁市场发展存在的问题及对策研究——基于天津市金融租赁市场的调查》[J]，《华北金融》2010 年第 7 期，第 17～19 页。

[66] 杨开忠、谢燮：《中国城市投入产出有效性的数据包络分析》[J]，《地理学与国土研究》2002 年第 3 期，第 45～47 页。

[67] 杨志荣、吴次芳、靳相木：《基于 DEA 模型的城市用地经济效益比较研究》[J]，《长江流域资源与环境》2009 年第 18（1）期，第 14～18 页。

[68] 姚林华：《在岸与离岸市场人民币利率联动性分析》[J]，《区域金融

研究》2014 年第 10 期，第 43 ~46 页。

[69] 叶亚飞、陶士贵：《人民币跨境交易对国际收支统计与管理的影响——基于 SVAR 模型的实证研究》[J]，《国际商务：对外经济贸易大学学报》2015 年第 1 期，第 83 ~95 页。

[70] 易纲：《外汇管理改革开放的方向》[J]，《中国金融》2015 年第 19 期，第 18 ~20 页。

[71] 易纲：《加快外汇管理理念和方式转变　深化外汇管理体制改革》[J]，《中国金融家》2011 年第 1 期，第 55 ~59 页。

[72] 易纲：《外汇管理方式的历史性转变》[J]，《中国金融》2014 年第 19 期，第 15 ~18 页。

[73] 尹中立：《股市缘何暴涨暴跌》[J]，《中国金融》2015 年第 16 期，第 77 ~79 页。

[74] 尹中立：《股市资金杠杆风险值得警惕》[J]，《金融博览：财富》2015 年第 12 期，第 18 ~19 页。

[75] 张丽娟：《我国银行间货币市场利率研究——兼论货币市场基准利率的选择》[D]，复旦大学，2007。

[76] 张立岚：《利率市场化背景下我国信托行业转型策略研究》[J]，《今日财富》2006 年第 8 期。

[77] 张圣晨：《票据市场贴现利率、转贴现利率与 SHIBOR 动态相关性分析》[D]，上海社会科学院，2013。

[78] 张庆民、王海燕、欧阳俊：《基于 DEA 的城市群环境投入产出效率测度研究》[J]，《中国人口》2011 年第 21（2）期，第 18 ~22 页。

[79] 张群：《从上海自贸区外汇管理政策试验情况看未来外汇管理改革思路》[J]，《武汉金融》2015 年第 10 期，第 15 ~17 页。

[80] 张少成：《天津金融租赁产业发展的制约因素及对策分析》[J]，《现代商业》2015 年 11 月，第 100 ~101 页。

[81] 张晓瑞、宗跃光：《城市开发的资源利用效率测度与评价》[J]，《资源与环境》2010 年第 20（5）期，第 95 ~99 页。

[82] 张秀生、刘伟：《创业板上市企业成长性影响因素研究》[J]，《企业管理》2013 年第 15 期，第 181 ~ 183 页。

[83] 张宇、张建楠：《余额宝能影响银行间市场利率吗？——基于 SHIBOR 数据的实证分析》[J]，《中国商贸》2015 年第 15 期，第 86 ~ 88 页。

[84] 张玉明、段升森：《不同行业中小型科技企业成长能力评价比较研究——以山东省中小型科技企业为样本》[J]，《统计与信息论坛》2009 年第 24（10）期，第 79 ~ 84 页。

[85] 张竹君：《我国银行间货币市场利率影响因素研究》[D]，南京大学，2015。

[86] 赵霞：《外汇管理负面清单模式研究》[J]，《华北金融》2016 年第 2 期，第 62 ~ 64 页。

[87] 赵维久、何小锋：《金融中心偏好与 IPO 年龄——来自中国上市公司的经验证据》[J]，《金融与经济》2016 年第 3 期，第 64 ~ 72 页。

[88] 中国人民银行上海总部：《解读上海自贸区外汇管理实施细则》[J]，《国际市场》2014 年第 2 期，第 54 ~ 54 页。

[89] 中国人民银行天津分行调查统计处：《天津市信托业发展中存在的问题及改进建议》[J]，《华北金融》2005 年第 9 期。

[90] 曾康霖：《要注重研究区域金融》[J]，《财经科学》1995 年第 4 期，第 15 ~ 18 页。

[91] 郑长德：《中国金融发展地区差异的泰尔指数分解及其形成因素分析》[J]，《财经理论与实践》2008 年第 4 期，第 7 ~ 13 页。

[92] 周海赟、王晓芳：《地方政府债券信用风险研究——基于改进的 KMV 模型》[J]，《审计与经济研究》2015 年第 4 期，第 95 ~ 102 页。

[93] 周立、王子明：《中国各地区金融发展与经济增长实证分析：1978 ~ 2000》[J]，《金融研究》2002 年第 10 期，第 1 ~ 13 页。

[94] 周先平、李标、邹万鹏：《境内外银行间人民币同业拆借利率的联动关系研究》[J]，《国际金融研究》2014 年第 8 期，第 69 ~ 77 页。

[95] 周振海：《天津自贸区金融支持政策》[J]，《中国金融》2016 年第 2

期，第 50 ~ 52 页。

[96] 邹江、汪办兴：《2015 年以来票据市场运行情况分析及展望》[J]，《中国城市金融》2015 年第 9 期，第 54 ~ 56 页。

[97] Corbridge, S., Thrift, N., and Martin, R. (eds.), 1994, *Money, Power and Space*, Oxford, Blackwell.

[98] Klagge, B., and Martin, R., 2005, Decentralisedlocal capital markets? Journal of Economic versus centralised financial systems: is there a case for Geography, vol. 5, pp. 387 – 422.

[99] Loughran, T., and Schultz, P., 2005, Liquidity: Urban versus Rural Firms, *Journal of Financial Economics*, vol. 78, pp. 341 – 74.

[100] Martin, R.. (eds.), 1999, Money and the Space Economy, Chichester, 7 Wiley&Sons

[101] Wojcik, D., 2008, The Role of Proximity in Secondary Equity Markets, Working Paper, www. ssrn. com.

[102] Wójcik D., Financial Centre Bias: Another Puzzling Anomaly in the IPO Market? [J]. 2008.

B.16
后　记

《天津金融发展报告（2016）》是在中国滨海金融协同创新中心领导专家的指导下完成的。本报告在撰写过程中得到了天津财经大学、南开大学、中央财经大学、中国人民银行金融研究所、中国社会科学院金融研究所、中国银行国际金融研究所、天津市金融工作局、天津市滨海新区人民政府和环渤海区域合作市长联席会等协同单位的鼎力帮助。本报告的出版得到社会科学文献出版社经济与管理出版分社社长恽薇和责任编辑陈欣的大力支持，在此表示真诚感谢。本报告由王爱俭、孔德昌担任主编，负责组织编写和审定；林文浩、李向前、庞镭、刘通午、安志勇、王文刚担任副主编，负责撰写和统编。各部分执笔人为：总报告 B.1，王爱俭、吴敬、林文浩；总报告 B.2，孔德昌、李向前；分报告 B.3，仪轲、庞镭；分报告 B.4，董亮、杨帆；分报告 B.5，姚舜达、王璟怡；分报告 B.6，袁佳、张爽；分报告 B.7，袁佳、郭晓娜；分报告 B.8，宋欢、林文浩；分报告 B.9，宋欢、周胜强；分报告 B.10，唐雪晴、林文浩；分报告 B.11，安志勇、唐雪晴；专题报告 B.12，王爱俭、林文浩；专题报告 B.13，王文刚、姚舜达；专题报告 B.14，刘通午、仪轲。作为一个前景广阔、令人兴奋的研究领域，"天津金融蓝皮书"系列年度报告倾注了参编同志的热情与心血，我们期待持续开展这项研究，以此促进学术界更加重视区域金融创新和天津金融发展。我们与社会各界一起展望中国区域金融的未来！

皮书起源

“皮书”起源于十七、十八世纪的英国，主要指官方或社会组织正式发表的重要文件或报告，多以“白皮书”命名。在中国，“皮书”这一概念被社会广泛接受，并被成功运作、发展成为一种全新的出版形态，则源于中国社会科学院社会科学文献出版社。

皮书定义

皮书是对中国与世界发展状况和热点问题进行年度监测，以专业的角度、专家的视野和实证研究方法，针对某一领域或区域现状与发展态势展开分析和预测，具备原创性、实证性、专业性、连续性、前沿性、时效性等特点的公开出版物，由一系列权威研究报告组成。

皮书作者

皮书系列的作者以中国社会科学院、著名高校、地方社会科学院的研究人员为主，多为国内一流研究机构的权威专家学者，他们的看法和观点代表了学界对中国与世界的现实和未来最高水平的解读与分析。

皮书荣誉

皮书系列已成为社会科学文献出版社的著名图书品牌和中国社会科学院的知名学术品牌。2016 年，皮书系列正式列入“十三五”国家重点出版规划项目；2012~2016 年，重点皮书列入中国社会科学院承担的国家哲学社会科学创新工程项目；2017 年，55 种院外皮书使用“中国社会科学院创新工程学术出版项目”标识。

S 子库介绍
Sub-Database Introduction

中国经济发展数据库

涵盖宏观经济、农业经济、工业经济、产业经济、财政金融、交通旅游、商业贸易、劳动经济、企业经济、房地产经济、城市经济、区域经济等领域，为用户实时了解经济运行态势、 把握经济发展规律、 洞察经济形势、 做出经济决策提供参考和依据。

中国社会发展数据库

全面整合国内外有关中国社会发展的统计数据、 深度分析报告、 专家解读和热点资讯构建而成的专业学术数据库。涉及宗教、社会、人口、政治、外交、法律、文化、教育、体育、文学艺术、医药卫生、资源环境等多个领域。

中国行业发展数据库

以中国国民经济行业分类为依据，跟踪分析国民经济各行业市场运行状况和政策导向，提供行业发展最前沿的资讯，为用户投资、从业及各种经济决策提供理论基础和实践指导。内容涵盖农业，能源与矿产业，交通运输业，制造业，金融业，房地产业，租赁和商务服务业，科学研究，环境和公共设施管理，居民服务业，教育，卫生和社会保障，文化、体育和娱乐业等 100 余个行业。

中国区域发展数据库

对特定区域内的经济、社会、文化、法治、资源环境等领域的现状与发展情况进行分析和预测。涵盖中部、西部、东北、西北等地区，长三角、珠三角、黄三角、京津冀、环渤海、合肥经济圈、长株潭城市群、关中—天水经济区、海峡经济区等区域经济体和城市圈，北京、上海、浙江、河南、陕西等 34 个省份及中国台湾地区 。

中国文化传媒数据库

包括文化事业、文化产业、宗教、群众文化、图书馆事业、博物馆事业、档案事业、语言文字、文学、历史地理、新闻传播、广播电视、出版事业、艺术、电影、娱乐等多个子库。

世界经济与国际关系数据库

以皮书系列中涉及世界经济与国际关系的研究成果为基础，全面整合国内外有关世界经济与国际关系的统计数据、深度分析报告、专家解读和热点资讯构建而成的专业学术数据库。包括世界经济、国际政治、世界文化与科技、全球性问题、国际组织与国际法、区域研究等多个子库。

法律声明

“皮书系列”（含蓝皮书、绿皮书、黄皮书）之品牌由社会科学文献出版社最早使用并持续至今，现已被中国图书市场所熟知。“皮书系列”的LOGO（）与“经济蓝皮书”“社会蓝皮书”均已在中华人民共和国国家工商行政管理总局商标局登记注册。“皮书系列”图书的注册商标专用权及封面设计、版式设计的著作权均为社会科学文献出版社所有。未经社会科学文献出版社书面授权许可，任何使用与“皮书系列”图书注册商标、封面设计、版式设计相同或者近似的文字、图形或其组合的行为均系侵权行为。

经作者授权，本书的专有出版权及信息网络传播权为社会科学文献出版社享有。未经社会科学文献出版社书面授权许可，任何就本书内容的复制、发行或以数字形式进行网络传播的行为均系侵权行为。

社会科学文献出版社将通过法律途径追究上述侵权行为的法律责任，维护自身合法权益。

欢迎社会各界人士对侵犯社会科学文献出版社上述权利的侵权行为进行举报。电话：010－59367121，电子邮箱：fawubu@ssap.cn。

社会科学文献出版社